Legal Usage and Terms Revised 2nd ed.
Toshiaki Hasegawa

法律英語の用法・用語

長谷川俊明 著

第一法規

改訂第 2 版 はしがき

　本書は，2018年12月に初版を出した『改訂版　法律英語の用法・用語』の改訂第 2 版である。改訂初版は，法律英語がいかに「特別な言語」であり，独特の使い方をするかを用法・用語実例をもって示す，との方針のもとに執筆をした。改訂第 2 版を執筆するにあたってもこの方針は変えることなく引き継いでいる。

　そこで，本執筆方針の説明にいまでも最適と考える初版「はしがき」の一部を以下に再録させてもらう。

　英文法律文書には，"without prejudice" という決まり文句がある。契約を解除するための英文解約通知のレターには，太字で目立つように留保文言として書き入れるのが慣行的になっている（398頁参照〔編注：改訂第 2 版においては449頁〕）。一般的にもよく使う英語の組み合わせだけに，法律英語として正しく訳さないと誤訳になりやすい。

　とくに英語をよく勉強し，ジェーン・オースティンの小説 "Pride and Prejudice"『高慢と偏見』のことも知っている人は，"without prejudice" をつい「偏見なしに」と訳すかもしれない。

　ただ，"without prejudice" は，留保文言として，解約通知に使ったときは，「損害賠償請求権を留保しつつ契約を解除する」を意味する。なぜそうなるのかは，本書398頁〔編注：改訂第 2 版においては449頁〕を見ていただくとして，法律英語には，一つひとつの単語としてよりは，成句として特別の意味をもつものが少なくない。

　やさしい英語でも，他の英語と組み合わさって，法律英語特有の意味をもつことがある。and や or のような基本語も，その前にコンマ（,）が入るかどうか，どのような文脈で使うかによって意味が違ってくる。

　法律英語は，アメリカ人やイギリス人が，英語とは別の another language であると称するくらい特別で扱いが難しい。法律英語を Legal English といわず legalese ということが多いのは，これをよく示している。

　-ese を接尾辞につけて言語を表すのは，Japanese や Chinese でおなじみだが，日本語も中国語も漢字を用いるし，西欧人には難解でわかりにくい言語の代表格である。

　ほかにも -ese をつけた "難解な" 言語の例としては，officialese「お役所用語」が

ある。概して，わけのわからぬチンプンカンプンな言語を表すのに使う。

ことほどさように，法律英語は，ふつうの英語とは違う勉強法で取り組まなければ身に付けられない別言語といわなくてはならない。何が難しいかといえば，法律英語独特の用法・用語がある点であろう。

本書で，一つひとつの法律英語の意味や意義を解説する『法律英語辞典』とは別に，ふつうの英語の法律英語としての特殊な用法・用語を集め，読む「事典」風にまとめたのは，そのためである。

執筆方針そのものに変更はないものの，改訂第2版では新たに「見出し」語句を20項目ほど足し，随所に読み物風のコラム欄を設け親しみやすさを心がけた。

内容的には，近時の急速なデジタル化の流れを受け，IT関連法律英語の用法・用語がふえている。これには，日本語化したカタカナ法律英語が多く含まれているので，日本語法律用語との"概念"ギャップが生まれやすい。「アプリ」や「ログ」のほか，IT用語とはいえない「リース」や「ローン」が典型例といってよいが，本書においては，コラム欄なども使いながら，とくにわかりやすい解説を試みるようにした。

本書を装いも新たに出版することができたのは，第一法規株式会社・出版編集局による格別のご支援のおかげである。同局の三戸紗津生さん，並木ゆず葉さん，風間暁希子さんには，新規項目の選定から校正にいたるまで貴重なアドバイスをいただいた。ここに記して感謝申し上げたい。

2025年3月

長谷川　俊明

iii

目　次

はしがき　　i

用法・用語

apostrophe(')　　*1*　　colon(:) / semicolon(;) / comma(,)　　*2*　　dash(—)　　*4*
hyphen(-)　　*5*

A … a, an / the　　*6*　　above / aforesaid　　*10*　　absolute　　*11*
according / in accordance with　　*12*　　accordingly　　*14*
actual / compensatory / constructive　　*15*　　adhesive / adhesion　　*16*
adoption / convergence　　*18*　　advice / opinion　　*21*
after / since / from　　*22*　　agency / agent　　*23*　　agree / agreement　　*25*
a.k.a. / d.b.a.　　*29*　　also / too　　*30*　　amend / correct / revise　　*31*
among / between　　*33*　　and　　*34*　　and / or　　*36*　　any / all　　*38*
any one or more　　*40*　　apply / application　　*42*
arbitrage / arbitration/ arbitrator　　*45*
arising out of / in connection with / in relation to　　*47*　　as / as is　　*49*
as to / regarding / as regards / concerning　　*50*　　assume / presume　　*51*
at law / in equity　　*53*　　at law and in equity　　*55*　　at one's discretion　　*57*
at one's option　　*58*　　attorney / lawyer　　*60*
award / judg(e)ment / decision　　*61*　　aware / awareness　　*63*

B … bar / dry　　*65*　　be free to / at liberty　　*66*　　because / since / for　　*67*
before / by　　*68*　　behalf / for　　*70*
best efforts / reasonable efforts / good-faith efforts / diligent efforts　　*71*
(to the) best of one's knowledge　　*73*　　bind / binding　　*75*
board / boarding / border　　*77*　　boilerplate　　*78*
breach / default　　*80*　　business　　*82*　　buyout / cashout / earnout　　*84*
by and between　　*87*　　by mutual consent (agreement)　　*89*

C … cancel　　*91*　　chair / chairperson　　*93*　　charge　　*95*　　charter　　*97*
class / classic　　*99*　　comfort　　*101*　　commercially reasonable　　*103*
common / mutual　　*105*　　compact　　*106*　　compliance / comply　　*108*
condition　　*110*　　conform / conformity　　*114*　　consideration　　*116*
consort / consortium　　*117*　　constitute / constitution　　*119*
construe / constructive　　*121*　　corporate authority　　*122*　　covenant　　*124*

iv

custom / customary / customer   *126*

D ⋯ damages   *127*   data portability   *129*   data protection   *131*
data transfer   *134*   date   *136*   deadlock   *138*   deem   *141*
default rule   *143*   define / definite / definition   *145*   demand   *147*
deposit / depository   *149*   derivative   *151*   discovery   *152*
dispute   *154*   distributor / distributorship   *157*   due   *160*
due to   *161*   durable / duration   *163*

E ⋯ each / every / either   *165*   escalate / escalation / escalator   *167*
estimate / estimation   *169*   evidence / proof   *170*
exclusive / sole   *171*   exclusive negotiation   *173*   exclusively   *175*
execute / execution / executive   *177*   exhibit   *179*
express / expressly   *181*

F ⋯ facilitate / facilitation   *182*   fee   *185*   file   *187*   final   *189*
firm / firm offer   *190*   franchise / franchisor / franchisee   *192*
free from ～ / free of ～   *194*   freelance / gig worker   *196*
from ～ to ～ / from ～ till ～   *197*   fundamental   *199*

G ⋯ geopolitical / geopolitics   *200*   global   *202*   good / goods   *204*
good faith   *208*   grant / grantor   *211*
guaranty of collection / guaranty of payment   *213*

H ⋯ here / there   *216*   hereby   *218*
hold harmless from (*or* against) ～   *220*   hub   *223*

I ⋯ if / when / where / in case   *225*
in connection with / in relation to / out of   *227*   in kind   *229*
in one's judgment   *230*   including without limitation ～   *231*
inconsistent   *233*   independent   *235*   individual / individually   *237*
intelligence / information   *239*   irreparable   *241*

J ⋯ joint and several liability   *243*   jurisdiction / jurist   *244*

K ⋯ knowingly   *246*

L ⋯ lawyerism   *248*   lease agreement / loan agreement   *250*
legal / lawful / licit   *252*   liability   *253*   liquidate / liquidation   *255*
log / record   *257*

M ⋯ master   *259*   material   *260*   may [1]   *262*
may [2]   *264*   memorandum   *266*   mitigate / mitigation   *268*
must / shall   *270*   mutual / mutually   *272*

N ⋯ nation / national   *274*   net (ting)   *275*   no adverse change   *277*

no shopping clause / no talk clause　*279*
non-sublicensable / non-transferable　*281*　notwithstanding　*283*

O ⋯　obligee / obligor　*285*　offer / order　*287*　on / upon　*290*
one(1)　*292*　or [1]　*293*　or [2]　*295*　or otherwise　*297*
outlet　*300*

P ⋯　pan-　*302*　perform / performance　*304*　permanent　*306*
plan / program　*308*　post / posting　*309*　prevail　*311*
principal / principle　*313*　private / privity / privy　*315*　privilege　*317*
prompt / without delay / soon　*319*　protest　*320*　provided　*322*
;provided, however, that ～　*324*　provider / supplier / sponsor　*326*
public　*328*

R ⋯　reasonable　*330*　reasonable care / utmost care　*333*　recall　*335*
recitals　*337*　recourse / non-recourse　*339*
refer / referee / reference　*341*　refusal (right)　*343*
remedy / relief　*345*　rent / rental　*346*　represent / warrant　*348*
representation　*350*　requirement(s)　*352*　resort　*354*　right　*356*
risk allocation / risk assumption　*358*　rule / ruling / regulation　*361*

S ⋯　same / such / said　*363*　scout　*366*
secure / secured / security(ies)　*367*　shall　*369*　shall / will　*372*
-ship　*374*　shop / shopping　*376*　should / would　*378*
sign / signature　*380*　simulate / simulation / simulator　*382*
sight / site　*383*　social / anti-social　*385*　solution / resolution　*387*
specific　*389*　squeeze　*391*　standard-form contract　*392*
standstill　*394*　sur-　*396*　subscribe / subscription　*398*
subject to / conditional upon (on)　*400*
substitute / substitution　*403*　survive / survival　*405*

T ⋯　term(s)　*407*　terminate　*410*　territory　*411*　text　*413*
therefore / therefor　*414*　third party　*416*　time is of the essence　*418*
trade　*420*　transfer　*421*　try / trial　*423*

U ⋯　U.S.$ ～　*424*　unconditionally　*426*　understand / understanding　*427*
unless otherwise ～　*428*　until　*429*

V ⋯　veil　*431*

W ⋯　waive / waiver　*433*　war　*435*　ware / wear　*437*　warranty　*439*
wash / laundering　*441*　whatsoever / howsoever　*443*
whereas　*444*　will　*445*　within / under　*446*
without limiting the generality of the foregoing　*447*

vi

without prejudice　*449*　work / worker　*451*

X … X / DX　*453*

コラム

agreement と contract　*27*

Contract Agreement はどんな契約か　*27*

サイバーハイジーンはなぜ最善のサイバー攻撃防衛策となるのか？　*44*

anti- がつくのはどんな法律か？　*52*

Cash is king！はいまも正しいか？　*86*

公園をコモンというのはなぜか？　*105*

バリューチェーンの強靭化も必要か？　*109*

プロファイリングとプロフィールの関係は？　*130*

data と datum　*137*

デッドロックは deadrock？　*140*

diversity　*164*

PEPs はどんな人たちか？　*184*

フェアユースを「公正な利用」と訳さないのはなぜ？　*186*

ドジャースは何を避ける人たちか？　*193*

freedom と liberty の違いについて　*195*

international から global へ　*203*

なぜ goods は「物品」か？　*207*

キックオフ，キッカー，キックバック，キックアウトの法律用語としての意味は何か？　*247*

ワンタイムパスワードは以前使ったパスワードのことか？　*291*

「安くて良い製品」は cheap and good product か？　*299*

サッカーとフットボール　*310*

「パーパス経営」の目的は何か？　*314*

リスキリングでは何を学び直したらよいか？　*353*

クライシスマネジメントは「危機管理」でよいか？　*360*

BREXIT はどんな「出口」か？　*365*

EC サイトはどんなサイト？　*384*

フィッシングとウェブの関係は？　*384*

スタートアップとアップスタートは大違い？　*402*

ターゲッティング広告は誰をめがけた広告か？　*422*

カーボンニュートラルはカーボンオフセッティングが正しいか？　*442*

ウェルビーイング　*448*

シェアリングで従業員も共有できるか？　*452*

事項索引　……………………………………………………………　*455*

Usage and Terms

用法・用語

apostrophe(')

apostrophe(')（アポストロフィ）は，通常，３つの使い方をする。(1)所有関係の表示，(2)複数符号（文字や数字の場合），および(3)省略符号としてである。このうち法律文書に最も多く登場するのが(1)であろう。the company's といえば，「その会社の所有のもの」という意味であり，代名詞の場合は its，theirs のように表す。

英文契約書のサイン欄は，以下のようになっていることがよくある。

> *By :* _____
>
> *Name :*
>
> *Its : President, CEO*

この場合の Its は，会社がその契約の当事者として代理人（代表者）を通じて署名・締結することを前提として，it で受けたその会社の何であるかを聞いている。したがって，この欄には「最高経営責任者社長」といった「肩書」を書く。代理人の肩書でサインをするのであれば "Attorney-in-fact" と書いたりする。

Its の代わりに Title を使うことも多い。こちらのほうが，「資格，肩書」を表す語としては一般的である。

(2)の用法は，two M's や three 7's のような表現でおなじみであろう。

(3)の省略符号の例としては don't や can't で，契約書の条項などにもつい使ってしまいそうであるが，日常的なメモの類以外は使わないほうがよい。なぜなら，インフォーマルだからである。

上記の its を it's としてしまうと，it is の略であるから明らかに間違いである。

colon(:) | semicolon(;) | comma(,)

　法律英語，契約英語においてコロン，セミコロンの正確な使い分けはきわめて重要なので，いわゆるリーガル・ドラフティングの必須知識としておさえておくべきである。

　まず，**colon(:)**（コロン）だが，英文契約書などで最もよく見かけるのが，次のようないい方である。

> *The parties hereby agree as follows:*
> *1._____.*
> *2._____.*
> *3._____.*
> 「当事者は本書面によって以下のとおり合意する。」

　契約書の冒頭近くにこうした書き方をするのは，日本語の国内契約でも同様だが，その場合「当事者は下記のとおり合意する」のようにし，続く行の中ほどに「記」と書き，合意事項を列挙することが多い。

　この「記」にあたるいい方がコロンの使い方にあたる。コロンの前における説明をより詳細に箇条書き的に列挙するときなどに使い，その前と後はいい方を変えているだけで同じものがくる。同じ用法で，英文契約にはよく次のような文章が出てくる。

> *The following conditions shall be satisfied for terminating the contract:*
> *1._____;*
> *2._____; and*
> *3._____.*
> 「本契約を終了させるには，以下の条件を満たさなくてはならない。
> 1._____.
> 2._____，および
> 3._____. 」

colon(:) / semicolon(;) / comma(,)　　　3

　これには日本語としておかしい点がある。英語は，列挙項目を含んだ1つのセンテンスであり，ピリオドで終わっているのに対し，日本語では1つの文章が終わった後の列挙が句点ではなくピリオドで終わっているからである。

　実際に日本語でどう書くかというと，列挙事項の部分をただ並べるだけでコンマもピリオドもつけない。ただ，そうすると解約のためには3つの条件がすべて重畳的に満たされなくてはならないことを表す"and"が訳されていないことになってしまう。

　もし"and"の代わりに"or"を入れてあれば，いずれか1つの条件でも選択的に満たせばよくなってしまう。そこでさきほどのような苦しまぎれの訳になったのである。

　コロンにはもう1つの使い方がある。それは法律や契約書の定義条項などにおいて導入句の後につける使い方で，たとえば，次のようないい方がある。

> *In this contract:*
> *(1) The "Company" means 〜 ; and*
> *(2) The "Subsidiary" means 〜 .*
> 「この契約において
> (1)『会社』は，……を意味し，かつ
> (2)『子会社』は，……を意味する。」

　一方，**semicolon(;)**（セミコロン）は上記の文例にも出ているが，ピリオドとコロンの中間的休止符である。

　ある英和辞典は「period よりは軽く，：よりは重い句読点」としている。上記文例での使い方はまさにそれである。

　独立した語，句，節をつなぐのだが，コロンとの違いは，前と後に置かれたものが異なる点にある。上記文例で代わりに**comma(,)**（コンマ）を使うこともできるが，違うものを列挙するような場合は；を使うのが正しい。

dash(—)

dash(—)（ダッシュ）は，文章中の中断・変更や省略などを表すのに用いる。うまく使いこなせれば便利な表現方法であるが，そのあいまいさに気をつけなくてはならない。ダッシュの用法の1つは，説明を加える場合である。

たとえば，～ in one competitive race to the bottom — namely, the taxation of interstate business — the federal courts ～．「あるあくなき競争，すなわち，州際ビジネスの課税において，連邦裁判所は……。」のように使う。この場合，ダッシュの代わりにコンマでも足りるが，ダッシュを使うことにより"文学的"な表現に近くなる。

具体的に例示をするときにも，たとえば，In this regard I have attempted to present three paradigms — white, black and gray.「この関連で私は，3つの範例，つまり白，黒，および灰色を提供しようと試みた。」のようないい方がある。

しかし，これもより正確ないい方をするならば，ダッシュの前でいったん文章を終了させ，別の文章で These paradigms have included white, black and gray. としたほうがよい。

また，ダッシュは，より技巧的な文章表現であるからその意味するところは読者に考えさせるというものもある。

> *The Bank was not willing to file a suit — litigation would be too expensive.*
> 「その銀行は訴訟を起こしたがらなかった — 訴訟は費用がかかりすぎるであろうから。」

この場合，ダッシュ以下は，前の文章の理由になっているので，ダッシュの代わりに because で置きかえることができるため，より正確な表現をするのであれば，このほうがよい。

結局のところ，契約書をはじめとする法律文書にダッシュを用いるのは，避けたほうが賢明である。

hyphen(-)

hyphen(-)（ハイフン）は，３つの場合に使われる。(1)行の終わりで単語を分けるとき，(2)修飾語を結びつけるとき，および(3)特定の接頭辞を使うときである。

いずれも契約書などでよく使う用法であるが，単語を分けるときのルールがあるので，最も安全なのは，そのつど辞書をチェックすることである。

頁の終わりや固有名詞は切らないほうがよいことも覚えておこう。

(2)の修飾語を結びつける表現の例には，job-related, general-interest, fifteen-year-old boy などがある。この表現にも，Supreme Court opinion のように固有名詞には使わないなどの例外がある。便利だからといって多用しないほうがよいであろう。

(3)の用法は，re-sale, semi-annually, ex-wife, self-explanatory といった例でおなじみである。ただ，この用法も，以下のような場合にはあいまいにならないようにしなくてはならない。

He was planning to re-sell the products.
「彼はその製品を再販売することを計画していた。」

つまり，re-sell の意味が明確であれば問題がないが，そうでなければ to sell the products again としたほうがより正確なことがある。

net-net-net lease という法律用語がある。これは net lease，すなわち lessor「賃貸人」に純利益を保証するタイプの賃貸借＝リースのうち，純利益を保証する度合いが強いものに net をハイフンでつなぎこのような法律英語になった。アメリカで不動産のファイナンスリースについて使う。

net-net-net lease は，Black's Law Dictionary にも載っているテクニカルタームだが，ハイフンでつながった net のうち２つをミスタイプと思い削除してしまったとの "失敗例" がある。

a, an / the

英語の冠詞といえば，不定冠詞の **a, an** と定冠詞の **the** がある。

この2通りの冠詞の使い分けは，法律英語ではかなり重要な意味をもつ。たとえば，ある契約中の「いずれの当事者も，相手方当事者の同意なくして本件情報を第三者に開示してはならない。」という日本文を英訳してみよう。

日本語では単数，複数の区別があいまいであるため，本契約の当事者が何名であるかははっきりしない。ごくふつうにXとYとの契約として考えてみる。

まず，この文章は「禁止形」であるから，契約文によくあるようにshall not を使うこととする。ただ，Both parties shall not ～. といういい方は，日本語の表現にとらわれすぎたものである。

日本語と英語は，構造や組み立てが違うので注意が必要なところだが，both を否定すると部分否定になってしまう。「両当事者は……してはならない。」ということは，英語では裏返しに「一方当事者ならば……してよい。」ことになるからである。

XもYもどちらも……してはならない，というのであれば，Neither party shall ～. あるいは Neither X nor Y shall ～. とするのが最も適切であろう。そこで，全体の文章をまずドラフトしてみる。

Neither party shall disclose ① information to ② third party without consent of ③ other party.

この文章中で，①，②，③としてブランクになっているところには，何らかの冠詞が入るべき箇所である。

①は，「本件情報」というのであるから，はっきり特定された情報であるということができる。したがって，冠詞としてはふつう the を入れることになろう。

ただ，「本件」を強調するためには，this としたいところであるが，法律英語ではむしろ the same ～ とすることがよくある。この場合，the を省いて same だけでも使う。法律用語的に this と同じ意味になる。

②は，不定冠詞でないとおかしい。a を入れるのがふつうである。しかし，

この条項の"真の狙い"を考えると，法律英語表現としては，any のほうがベターではないかと考えられる。

というのは，本条項はいわゆる秘密保持条項といわれるものの1つであるが，相手方の同意なくして，当事者（X および Y）以外のいかなる第三者にも本件情報を開示してはならない，というところにポイントがあるからである。であれば，a よりも any のほうが，「いかなる」というニュアンスを出すにはふさわしいからにほかならない。

不定冠詞の a が入るならばまだよいが，ここに the を入れると，意味するところがまったく異なってしまう。

the third party とあれば，「特定の第三者」である。X と Y がともにある会社を頭に描いていて，あの会社にだけは絶対に秘密を開示してもらっては困るという場合には，例の第三者 Z という意味で the を用いてよいであろう。

そうでない限り，ここでは the は使うべきではない。裏返しに「特定の第三者には開示してはならないが，その他に開示することは許される」という解釈をされてしまうおそれが生じる。

この当事者関係を示したのが以下の図である。

③はどうであろうか。ここには，どうしても定冠詞の the が入らなくてはならない。具体的に「誰の」承諾を得る必要があるかということと直接かかわってくるからである。

たとえば，X がいま本件情報を第三者に開示しようとする。その場合に，X は誰の承諾を得なくてはならないかが，最も問題となる点である。

the other party とあれば，the が生きてくる。本件契約の当事者は X と Y の 2 者である。したがって，X から見て Y が，Y から見て X がそれぞれ「相手方当事者」ということに特定されてくる。

さらに，neither は単数扱いであるため，いずれか一方が主語となり，the

other party といえば，特定のしかたとしては十分ということになる。

これを，場合分けして，「X が情報開示しようとしたら Y の承諾を，Y が情報を開示しようとしたら X の承諾をそれぞれとらなくてはならない。」とドラフトすればより周到ではある。だが，この当事者関係で，しかも neither, either, each などで導かれた主語を用いるのであれば，必ずしもそうする必要はない。

冠詞の使い方1つでまったく意味するところが異なってくる。特に法律や契約の関係ではそれがきわめて重要なポイントとなり得ることはさきほどの例でわかることと思う。

うっかり，②のところに the を入れ，③のところに an や any を入れて契約を締結したとする。「本件情報」は，どこかの誰かの承諾の下に，知らない第三者に開示されても，契約文言上クレームをつけるわけにはいかないであろう。

契約中の条項などにおいては，常に当事者関係に気を配っておかないといけない。たとえばある契約の債務不履行条項に以下のような規定があったとする。

> *In the event that either party hereto shall fail to comply with any of the terms hereof, and so often as the same may occur, the other party hereto may terminate this Agreement on sixty(60) days' written notice to the defaulting party of its intention so to do.*

かなり法律文章的特徴にあふれた内容であるが，訳せば以下のようになる。

> 「いずれか本契約の当事者の一方が，本契約のいかなる条項も遵守することを怠った場合は，そうした不履行が発生するたびごとに，本契約の他方当事者は，その不履行を起こした当事者に書面による60日の事前通知で解約の意思を知らせることによって本契約を解約することができる。」

このなかで，either party と the other party との対置関係はさきほどの例と同様である。ただ，ここでは「相手方当事者が通知を送る相手」をいい表すのに，either party を再び用いたのでは，特定ができなくなってしまうの

で the defaulting party としている。

　また，the same といういい方が出てくるが，「上記の」「その」というすでに登場した特定の何かをさす用語として使われている。

　ただ，こうした法律文書によく表れる same の用語については，heavy footed jargon「重苦しい専門用語」の例であるという人もいる。

　たとえば，Please sign the enclosed copy of this Contract and return same to us.「同封の本契約書の写しに署名の上，それをわれわれのもとに送りかえして下さい。」といった，よくありそうないい方がある。

　same は別に it であっても何の問題もなく意味も変わらない。であれば，わざわざもったいをつけて same を用いなくてもよい。plain English で，なおかつ誤解の余地のない表現が最も望ましい。

above | aforesaid

aforesaid は，「前述の」という意味で使う。ただし，この場合にも the above company「上述の会社」，あるいは，単に the company だけで特定できることが多く，あえて aforesaid を使わなければならない場面は多くないと思われる。法律の分野だけで使う用語，すなわち legalese の典型例といわれる。

あえて，たとえば the aforesaid company というときは，その後の文章中に別の company が登場し，これと区別するために aforesaid を使うのでなければ意味がない。

aforementioned を aforesaid の代わりに使うこともできる。ふつうの英和辞典のなかには，aforementioned だけを載せ，aforesaid の項には aforementioned を見よ，とだけしているものもあるので，一般には，aforesaid よりもポピュラーであろう。

だが，法律英語の世界では，逆である。アメリカの Law Dictionary には aforesaid の見出ししか載せていないものがある。

above は副詞として as mentioned above「上記のように」と使うが，aforesaid は形容詞として名詞の前でしか使わない。

absolute

absolute は，「絶対の，絶対的な」「無条件，無制限の」「完全な」を表す語である。この語が法律的な意味をもつ場合も，一般的な用法と同様に多義的である。

たとえば，英文保証状に This guaranty is absolute and unconditional.「本ギャランティは絶対的で無条件である。」とあったとする。この absolute は法的にどれだけの意味をもつであろうか。ここでの「絶対的」にはそれほど厳密な法的意味はないものといってよい。

特に保証の場合，重要なのは，日本の民法でいえば，ふつうの保証と連帯保証の区別である。両者の最大の違いはどこにあるかといえば，連帯保証においては，催告の抗弁権と検索の抗弁権という2通りの抗弁権をもたない点である。

ところが，英語で保証が absolute でかつ unconditional であるといってみても，必ずしも法的にこれら2つの抗弁権をもたないところの連帯保証を表すわけではない。これらをもたないことをはっきりさせるためには一つひとつ抗弁権を放棄させる以外にない。

法律用語で absolute がつくものは多い。absolute deed といえば，何らの制約ないしは不動産権の効力を失わせる条件（defeasance）のない「完全な譲渡証書」を表す。absolute liability は，「絶対責任」であって，何らの過失（fault *or* negligence）なくして負わされる無過失責任に近い。

製造物責任（PL）の分野で使われる strict liability「厳格責任」はこれと似ているが，製造物責任法理として使われるので，そこでの特有の要件により，一般的に用いる absolute liability と同一というわけではない。

結局，absolute の語の内容は，どのような意味で「絶対」あるいは「完全」なのか，個々の場合によって使い分けられている。

decisive という語があるが，これは「決定的」という意味で determinative と同義で法律文書中では用いられることが多い。

according / in accordance with

according は，ふつう to をともなって according to the precedent ～「その先例によれば……」のように使う。「……に従って」という意味もある。この場合は，The right shall be exercised according to such procedure.「その権利は，その手続に従って行使されなくてはならない。」のようになる。文頭ではなく，文中に用いることが多い。

後者の according to は，**in accordance with** と同義で用いられる。「……と一致して」「……に従って」がその意味であるが，契約書中の準拠法条項には，以下のように用いられる。

> *This Agreement shall in all respects be governed by and construed in accordance with the laws of Japan.*
> 「この契約はすべての点で，日本法によって支配され，これに従って解釈される。」

「……に従って」解釈されるということを「準拠して」と置きかえることができることから governing law あるいは applicable law のことを準拠法（または支配法）というのである。

「……に従って」は，手続的規定などの場合は，under ～「……の下で」といいかえることもできる。そこで，仲裁条項においては，次のような表現がよく使われる。

> *All disputes ～ shall be finally settled by arbitration in Tokyo, Japan in accordance with the Commercial Arbitration Rules of The Japan Commercial Arbitration Association.*
> 「あらゆる紛争……は，最終的に日本国東京における仲裁により一般社団法人 日本商事仲裁協会の商事仲裁規則のもとで（これに従って）解決される。」

規則や法律上の要件を遵守し，これに従ってというニュアンスでも in accordance with を使う。この場合，他の英語に置きかえるとすれば，in conformity with ～であろう。

in compliance with ～もこれと同じような意味をもつ。in accordance with を使ったときは，The search was conducted in accordance with the regulations. で，「捜索は，その規則を遵守して行われた。」となる。in conformity with ～ や in compliance with ～ は，より厳密に規則や手続に従っていることを表しているといってよい。compliance「コンプライアンス」は，「法令遵守」と訳されることもあり，すっかり日本語として定着した。動詞は comply である。

これに似た表現としては，pursuant to がある。文頭にこれをもってきて，Pursuant to Section X of the agreement ～ .「その契約の第10条に従って，……。」のように使う。

according as という表現があるが，これは他の英語に置きかえるならば，in a manner corresponding to the way in which となり，「……に応じて，準じて」という意味である。The law is either favorable or unfavorable according as it enlarges or restricts the rights of ～ .「その法律は，……の権利を拡張あるいは制限することに応じて有利にも不利にもなる。」のように使う。

accordingly

　accordinglyは，契約中にもよく使われる語である。ただ，一般には，according to Professor Wilson, ～「ウィルソン教授によれば，……」というときの according の代わりに誤用されることも多い。

　accordingly は，therefore と同じような意味の副詞として「その結果，したがって」を表すこともある。その場合には，文頭にきて，軽く順接的に訳しておけばよい。契約書などに使われてむずかしいのは，むしろ文末にきて「それに応じて適当に」という意味になるときであろう。たとえば，

> *If the new law is promulgated, the Buyer shall make a proper change in the schedule attached to the Order Agreement accordingly.*
> 「新しい法律が制定されたときは，買主は発注書に添付される別表に適当な変更を加えなくてはならない。」

のように使うが，この場合の accordingly は，「新法の内容に適合するようにしかるべく」という意味を含んでいる。

　このように accordingly が用いられたときは，何に応じて，あるいは何に従ってなのかをよく見極めないといけない。さまざまな内容のことが書かれてあって，最後の部分で，the price of the Products shall be adjusted accordingly となっているときは，何らかの価格調整の方式や基準が前の部分に含まれていることがよくあるので慎重に扱わなければならない。

actual | compensatory | constructive

actual は，「現実の」「事実上の」「真の」を表す語である。actual payment といえば，「実際の支払い」を表す。Interest rate is calculated for actual days elapsed. は，「利率は，経過した実際の日数につき計算される。」という意味になる。

actual damages は，「実損害額」を表すが，compensatory damages と同義で使われる。この場合の **compensatory** は，「補償的」「償いの」という意味である。不法行為（tort）によって損害を与えた者は，損害を賠償する責任があるというのが不法行為のポイントであるが，どの範囲で賠償すべきかとなると，考え方によって差が生まれる。

不法行為法の目的をあくまで被害者の損害補填としてとらえるならば，賠償額は被害者が実際に被った損害をもとにその範囲で考えられるであろう。その意味で actual damages は，「補償的損害賠償額」である。

一方，英米法には，exemplary damages あるいは punitive damages，つまり「懲罰賠償」と呼ばれる種類の損害賠償の考え方がある。これは actual damages，compensatory damages にとどまらず，実損害の何倍もの賠償責任を加害者に課す。その目的は，加害者を"懲らしめ"，不法行為の再発を防止するところにある。アメリカでは，製造物責任（PL）訴訟に関連して巨額の懲罰的賠償が製造者側に課されることがある。

actual は **constructive** と対比して使われることがある。この場合の constructive は，「擬制的」という意味である。actual fraud に対し，constructive fraud は，実際に詐欺はなくとも詐欺がなされたかのように扱う「擬制詐欺」である。また，constructive notice は，実際に通知があったかのようにみなす「擬制通知」である。

adhesive / adhesion

　adhesive には，「粘着性の」「くっついて離れない」といった意味があり，名詞では「粘着物」「接着剤」の意味をもつ。

　adhesive の元の語は「しっかりとくっつく」「付着・粘着する」を表す動詞 adhere で，語源を探ると「……に付着する」のラテン語 *adhaerēre* である。*ad-* は「……に」を示す接頭辞で，*haerēre* がいまの英語で to stick to を表す。

　adhere から派生した名詞には，**adhesion** があり，特に契約法の分野で「附合契約」を表す adhesion contract のいい方が重要である。「粘着」とは一見結びつかないのであるが，「附合」や「付着」は似た意味の語である。

　「附合契約」は「附従契約」ともいう。この場合なぜ「附合」や「附従」を使うかといえば，一方の当事者による契約条件の押し付けがあり，これに対して他方当事者が服従させられる関係があるからである。附合契約は，いわゆる約款によくみられる。

　「約款」は，「多数取引の画一的処理のため，あらかじめ定型化された契約条項（又は条項群）」（高橋和之他編集『法律学小辞典　第5版』（有斐閣，2016））と説明されている。誰でも意識せずに日常的に使っている約款には，預金通帳の最後の数頁に小さな字で入っている預金取引約款やホテル宿泊約款などがある。

　このように B to C（企業対消費者）の取引で使われる約款を特に消費者約款といったりする。私たちのほとんど全員を対象に大量に使われる消費者約款ほどではないが，B to B の取引においても，運送約款，倉庫寄託約款，銀行取引約定書などとしてさかんに使われる。また，B to B の約款取引は，国際取引においてより広範囲にまた古くから行われてきた。

　国際取引といえば，物品の貿易取引が中心だが，これに関しては，かなり古くから船荷証券（bill of lading）や輸送備船のための契約（charter party）などが業界団体などの主導で標準化が進められてきた。国際物品売買に付随する海上保険や国際金融の分野でも同様に標準化が行われている。

　この種の標準約款のことを英語で standard-form contract と呼び，"A usu. preprinted contract containing set clauses, used repeatedly by a business or within a particular industry with only slight additions or modifications to meet the specific situation." (Black's Law Dictionary, Fifth Pocket Edition より)「通常，あらかじめ印刷され決まった条項を含む契約のことで，具体的な状況に合致させるためわずかな追加あるいは変更を行うだけで企業によりもしくは特定の業界において繰り返し使われる。」とされる。

B to C，B to B のいずれであっても，約款は相手と交渉をすることなく一方的に作成される。相手としては提示された契約条件を受け入れるか否かの自由しかもたない附合契約性をもつ点に特徴がある。附合契約のことは adhesion contract といい，adhesion は，「くっつく，付着する」を表すので，約款の内容を受け容れるか受け容れないかの判断しかできない一方的な状況をよく表している。

ところで，2017年に成立した改正民法のための「中間試案」づくりに至る過程において，ヨーロッパの立法例のように不当条項をリストアップしそれに該当すれば無効となるとの規制を導入すべきとする意見も主張されたが，法案はこうしたリストによる規制は見送った。

そのかわり，改正後の民法548条の2第1項は，「定型約款」の定義を置き，定型取引を行うことの合意をした者が，①定型約款を契約の内容とする旨の合意をしたとき，②定型約款を準備した者があらかじめその定型約款を契約の内容とする旨を相手方に表示していたときには，定型約款の個別の条項についても合意をしたものとみなすとしている。

また，同じ条文（民法548条の2）の第2項においては，不当条項につき，合意をしなかったものとみなすとしている。

消費者契約法は，消費者契約の申込みまたはその承諾の意思表示を消費者が取消せる場合について定め（同法4条)，消費者契約の一定の条項を無効とすると規定する（同法8条)。

民法は，B to C，B to B のいずれの場合も対象に含み，広く私人間の取引を規律する。対して消費者契約法は，B to C を中心に消費者契約（consumer contract）の場合を中心に，消費者保護を目的とするため，より厳しく「不当条項」を規制する。

adoption / convergence

adoption は adopt の名詞形で「採用」「採択」を表すが，法律用語として「養子縁組」も表す。**convergence** は，「（道路・線などが）一点に集まる，集中する」「意見などが1つにまとまる，収束する」を表す converge の名詞形である。法律文書に登場することは少ない。

adoption と convergence がビジネスの世界で急に使われるようになったのは，いわゆる国際会計基準（IFRS）の関連である。

IFRS は，International Financial Reporting Standards の略で，直訳すれば「国際財務報告基準」となる。ただ，企業会計審議会が2009年6月30日に公表した「我が国における国際会計基準の取扱いに関する意見書（中間報告）」では，「国際会計基準（IFRS）」と意訳している。

正確には，広義の IFRS は，狭義の国際財務報告基準（IFRS）と国際会計基準（IAS）などの総称である。

IFRS は国際会計基準審議会（IASB）が設定し採用した会計基準を内容としており，EU（欧州連合）は，2005年に域内の上場企業に IFRS の適用を義務づけた。アメリカと日本の動向が注目されたが，アメリカの SEC（連邦証券取引委員会）は，2008年8月，アメリカ企業につき2014年から2016年にかけて段階的に IFRS を強制適用する案を示しつつ，まずは一定の企業に任意適用を認めるロードマップ（工程表）案を示すことにした。ロードマップ案は，2008年11月に公表された。

日本でも投資者への財務報告の品質・国際的な比較可能性の向上，企業，監査人および金融資本市場の国際競争力強化などの観点から，将来的には IFRS に移行すべきとの方向性がこの「意見書」で示された。

強制適用に至るまでのロードマップの中身で問題になるのが，IFRS の導入方法である。対応のしかたとしてコンバージェンス（convergence）とアドプション（adoption）が提唱された。この「意見書」はコンバージェンスを「収れん」，アドプションを「採用」としており，日本もアメリカもコンバージェンスを進めつつアドプションをめざしているといってよいであろう。

というのは，両国とも自国の会計基準を長い間使っており，一気に IFRS

を adopt しようとするならば混乱は避けられない。そこで，日本でいえば日本基準と IFRS の差異をピックアップし，2011年6月末までにそれらを解消するように努め，2012年を目途に上場企業に強制適用できるかどうかを判断し，早ければ2015年にも強制適用に踏み切ろうとするロードマップにした。このうち差異解消の動きを convergence と称する。

　ちなみに，convergence の動詞形である converge の語源は「互いに近づく」を表すラテン語である。そこから，convergence には「漸次一点に集合すること，収束，収れん」の意味が導かれる。コンバージェンスを推進する一方で IFRS に基づく財務諸表の法定開示を義務づける前段階のステップとして金融庁は「一定の上場企業」に2010年3月期の連結財務諸表から，IFRS の任意適用を認めることにした（連結先行）。

　金融庁の連結財務諸表規則等改正案では IFRS の任意適用の対象企業は，IFRS に基づく適正な財務報告を行うための体制整備（内部統制）要件や国際的な事業活動を行っている企業であることなどの要件を充足しなくてはならないとされた。

　したがって IFRS は一見すると国際取引などと関係がなさそうだが，導入の際には，国際契約をしっかり文書化し取引の「見える化」「記録化」ができる企業であることが前提になっている。

　なお，金融庁は2009年12月11日，IFRS に基づく有価証券報告書の提出を認める内閣府令を公布した。

　その後，2012年7月2日，企業会計審議会から，「国際会計基準（IFRS）への対応の在り方についてのこれまでの議論（中間的論点整理）」が公表されたが，最終的な結論は出されず，最短で2015年とされていた強制適用は先送りとなった。

　IFRS 財団が公表した「IFRS の国際的な適用の進捗状況評価−168法域の概要−」によれば，2023年5月時点で，「強制適用せず」が日本，スイスなど22法域，「強制適用」が146法域であった。

　「強制適用せず」のなかで「任意適用を認める」が日本をはじめ13法域あり，「IFRS のアドプション又は自国基準のコンバージェンスの途中」がインドネシアのみ，「自国基準を使用」が，「米国，中国，ベトナム，エジプト，インド，ボリビア，マカオ」の7法域であった。

「強制適用」の146法域中，大半を占める140法域では，「全てまたは大部分の重要企業」に強制適用としていた。(2023年6月2日付企業会計審議会・第10回会計部会資料より。)

advice / opinion

　弁護士が事件について鑑定し意見を述べるときの鑑定意見は**opinion**である。opinion は，広く法律問題につき解釈や見解などを述べたものであり，依頼者宛てに書面化されたものが opinion letter である。

　legal opinion（letter）といえば，より正確には，単に法律上の意見というよりは，弁護士の作成する意見書をさす。expert opinion といえば，「（専門家の）鑑定意見」である。

　医療分野では，担当医師とは別の医師に求める意見をセカンドオピニオン（second opinion）という。法実務の分野でも使うことがあるが，どうやら和製英語らしい。

　advice は「忠告，アドバイス」という意味があるように，弁護士が依頼者に一定の行動をとることを示唆することを含む。follow lawyer's advice は「弁護士の助言に従う」である。advise は動詞で，ad「人を」＋ vise「注意して見る」が語源である。

after | since | from

commencing with A and ending with B という期間の表し方もある。この表現において，A，B いずれの日も含まれると解されている。

within one(1) month period after March 10のように **after** を使ったときはどうであろうか。after March 10といえば3月10日は入らず3月11日から起算する。この点 **from** と同じように初日不算入である。ただし，after の後に単なる日付ではなく一定の事実が発生した日がくるときは，この日を含むことに注意する必要がある。

from や after とともに「……以降」を表す語に **since** がある。since は，過去の一定の時から現在または過去の一定の時まで継続することの出発点を表す。

from は，過去・現在・未来のいずれにも用いるが，since は過去のことのみに用いる。また，after は未来の時に関して用いることはできず，継続の意味を含まない。

「……以降」という起算日のことを，公文書や契約書では This Agreement shall become effective as from March 5. 「3月5日をもってこの日から本契約は発効する。」のようにいうことが多い。これは，起算日を正確に表そうとするためのいい方で on and after と同義である。

アメリカでは，as from の意味で as of という言葉を使うことがしばしばある。だが，as of は as at と同様に，「何月何日時点で」「何月何日現在で」を表すので区別があいまいになるおそれを含む。

重要なことは，after, since, from いずれも，たとえば「5日以降」を表すのに使うが，5日が入るかどうかは100％正確ではないということである。

after 5th (including this day) のように5日を含む旨をはっきり表すのがよい。

agency / agent

個人事業主を含む事業者・企業間で取り交わす **agency** agreement は，日本法でいうと，商法の「代理商」の関係を扱う契約になる。代理商は「取引の代理又は媒介」（商法27条）をする。

他人の代理をして契約をする「締約代理商」と契約の成立に尽力するだけで代理行為をしない「媒介代理商」があるが，日本では，一般に代理店と称していても多くは媒介代理商である。

この場合，本人と代理商の関係は代理商契約によって規律されるが，同契約は，締約代理商については委任契約，媒介代理商については準委任契約の性質を有する。そのため，特約がない限り，いずれにも委任に関する民法や商法の規定が適用される。

agency agreement の準拠法が英米法であるとすると，英米契約法における law of agency「代理に関する法」ルールが適用される。同ルールの下では，代理人（**agent**）が本人（principal）の名において行為する場合の他，自己の名において行為する場合にもその効果が本人に帰属することがある。これを undisclosed principal「隠れた本人」の法理と呼んでいる。

agency agreement においては，代理権が明示的に与えられているか否かにかかわらず，契約当事者（parties）を principal「本人」と agent「代理人」で表すのがふつうである。

重要なのは，agent は受任者として契約で定めてあれば，委任事務を行ったことの対価として報酬を受け取れるということである。これを fee と称したり commission と称したりするのである。さらに，受任者は受任事務を行うのに必要な費用の前払いを請求できる（民法649条）。

報酬や費用請求に係る受任者の権利は，英米契約法の下でも，契約で内容を明記しておけばそれが優先する点において，それほど大きく変わらない。

ただ，贈収賄などの腐敗行為が日常茶飯事である国や地域で締結する agency agreement 中の報酬などに関する規定は，内容があいまいになりがちである。

なぜかというと，現地の agent や consultant「コンサルタント」が「この

国（地域）では賄賂なくビジネスを成功させることはできないので，いわば必要経費だと思ってまとまった金額で10万米ドルほど前払いしてほしい」といったケースがよくあるからである。

agency agreement の下での報酬そのものは，たとえば，「成立させた売買の代金額の2％を後払い」のように決めるのはふつうである。それとは別に，裏金含みの"retainer fee"「かかえ料」名目でまとまった金額の前払いを要求することもよくある。

そこで，贈賄行為を防止するには，何よりもまず，agent に支払う報酬などの内容（支払時期，金額，費用の使い途の内訳）を適正にすべきだとされるのである。

agent の原義は，「何かをする，推進する，行う（ag）人（ent）」である。そこから，主に代理人や代理店，仲介者といった意味が生じる。同じように代理業務を行うといっても，行う「人」に重点を置くのが agent であり，「場所」に重点を置くのが agency である。

政府の役人のことも agent というが，情報収集など特別な任務を与えられた職員をさし，secret agent といえば「特別捜査官」である。外国政府から特命を帯びて情報収集にあたる agent は，「諜報員」であり，端的に「スパイ」と訳される。

特定の結果をひき起こす物質も〜 agent と称する。bleaching agent といえば，「漂白剤」であり，Agent Orange は，ベトナム戦争で米軍が用いた猛毒のダイオキシンを含んだ強力枯葉剤をさす。容器識別用の縞の色がオレンジ色だったことからこの名がついたという。

agree / agreement

　法律英語，契約英語としては最も基本的な語が **agree** であり **agreement** である。agree は，「（申し出などに）応ずる，（意見などに）同意する」というのがその基本的な意味である。自動詞としての用法と他動詞としての用法がある。

　自動詞としての agree は，to あるいは with とともに用いる。agree with はその後に人あるいは事柄のいずれかをともなうこともあるのに対し，agree to はその後に人がくることはない。つまり，I agree with you.「私はあなたに同意する。」はよいが，I agree to you. とはいわない。ただ，I agree to your idea.「私はあなたの考えに同意する。」ならばよい。

　また，agree with 〜 on 〜は，「……の点について……に合意する」である。たとえば，Seller agreed with Buyer on such contractual provisions.「売主は，買主とその契約条項につき合意した。」のように使う。

　agreed upon を agreed の代わりに使う用法も法律英語ではよく見かける。agreed judgement の代わりに agreed upon judgement というようにである。

　英文契約の前文中には，NOW IT IS HEREBY AGREED as follows：〜.「そこで本書面により以下のとおり合意する。」のように書かれることが多い。この agree は，契約の基礎になる意思表示の合致があることを示している。

　ただ，agree は，「契約を締結する」という法律上の拘束力に直接かかわる意味だけではなく，「了解する，協定する」のような事実上の意味をも表すことがある。このことは，agree の名詞形である agreement と contract の違いという英米契約法の最も基本的な事項と密接にかかわる。

　すなわち，英米法（コモンロー）においては，大陸法におけるように意思表示の合致があれば即契約として法的拘束力をもつわけではない。合意が約因（consideration）をそなえ enforceable by law「法律上強制可能」なものであるときにのみ，contract として法的拘束力を生ずる。

　一般に英米法で契約（contract）とは，「二人以上の当事者間に締結された法律上強制可能な合意（agreement）をいう」とされている。したがって，

agreementを訳すときにも「合意」が原則であるが，「協定」「了解」「申し合わせ」ぐらいの訳のほうが適切なことがある。gentlemen's agreementはいわゆる「紳士協定」である。これに対しcontractは，法律上の拘束力をもった正式な「契約」を表すときにのみ用いる。

このように，英米法においては，単なる合意と契約とを，consideration「約因」を介在させて区別する点に特色があり，大陸法とは異なるのである。

これに関連して，2017年に成立した改正民法は，新設の522条2項が「契約の成立には，法令に特別の定めがある場合を除き，書面の作成その他の方式を具備することを要しない」として，英米法の約因理論や詐欺法（Statute of Frauds）によらないことを注意的に述べている。

同改正民法は，522条全体を「契約の成立と方式」として新設したが，同条1項は，「契約は，契約の内容を示してその締結を申し入れる意思表示（以下「申込み」という。）に対して相手方が承諾をしたときに成立する。」としている。

契約が申込みと承諾の意思表示の合致で成立するとの基本ルールが，本改正まで規定されていなかったのはやや不思議である。改めて522条の1項，2項を全体で見ると次のような改正意図が読み取れる。

つまり，改正民法522条は，1項で，offer（申込み）とacceptance（承諾）の合致でagreement（合意）が成立しこれが契約であるとする。だが，agreementは「合意」でしかなく，contractになるためには，書面の作成などの一定の要件を具備しなくてはならないとする英文契約法との差違を2項と合わせて明確にしようとしている。

ちなみに，改正民法522条2項と同趣旨の規定は，ウィーン国際物品売買条約（CISG）に関する国際連合条約11条にみることができる。いずれも，契約の成立については，英米法ではなく大陸法の考え方による旨を明確にしている。

Column
agreement と contract

　英米契約法の下で，「契約」にあたる法律英語は，contract である。ただ，実務でよく扱う契約書のタイトルには，Sales Agreement, License Agreement や Distributorship Agreement, Agency Agreement のように，contract ではなく，agreement を使うものが多い。

　agreement は，「合意」と訳すのが正確で，特に英米契約法では，合意の存在が contract 成立の前提になる。一方大陸法では，要物契約などでもないかぎり，申込みと承諾が合致した合意があれば契約は成立する。

　英米契約法における contract は，"enforceable by law"「法律上強行可能」な agreement と教科書的には説明されている。当事者間の意思表示の合致＝合意だけでは足りないので，contract を「契約」と訳すのは，正しいようで正確ではなく，contract は厳密には「コントラクト」としか訳しようがない。

　ちなみに，enforceable by law といえるためには，agreement が①consideration（約因）の存在，②書面性（一部の契約につき），③合意の明確性，の3要件を満たさなくてはならない。

Contract Agreement はどんな契約か

　実務では Contract Agreement と題する英文契約が登場して，和訳しようにも戸惑うことがある。contract と agreement が並んで出てきて契約書のタイトル（表題）になっているので，戸惑うのは無理もない。

　contract は，一般的な「契約」だけでなく，「請負（契約）」を特に表す語である。ふつうの英和辞典でも contract に「契約，約定，婚約」に続けて「請負」を載せている。一方，日本法の「契約」の説明に請負（契約）が特に出てくるわけではない。

　この違いは英米法における契約概念の"特殊性"からくるといってよい。古今東西を問わず，人間の生存の基盤は衣食住にあり，私たちは「物」に囲まれて生活している。ルーツが農耕民族たる日本人は，物のうち不動産，なかでも土地を重視してきた。

　遊牧民族・狩猟民族をルーツにもつ外国の人々は，不動産では土地だけよりも住宅，動産では，羊や牛などの家畜に重きを置いてきた。そのため，contract といえば，家畜をはじめとした物品の売買（sale of goods）あるいは，物品特に建物の建築請負をした。

　いまでも，物品のことは，同義語重複で goods and chattels という。

chattel は，古期フランス語の cattle から生まれた語で，家畜を表す。

contractor といえば，単なる「契約者」ではなく，「請負人」のことである。 general contractor は，「総合建設請負業者」「ゼネコン」を意味する。したがって，タイトルに Contract Agreement とあったら，「請負契約」と訳して，まず外れることはない。

a.k.a. / d.b.a.

a.k.a.（AKA とも表記する）は，also known as の略で，直訳すれば「……としても知られるところの」となる。ある英和辞典には，略記せずに the Inuit also [otherwise] known as the Eskimo「別名エスキモーとして知られるイヌイット」の使用例を載せてあった。

英文契約の当事者表示によく使うのが **d.b.a.**（d/b/a）である。doing business as の略で，「……として事業を行う……」というときに使う。したがって，d.b.a. の後にくるのはいわゆる「屋号」である。Black's Law Dictionary には，Paul Smith d/b/a Paul's Dry Cleaner「ポールのドライクリーナーを屋号とするポール・スミス」（筆者訳）の例が載っている。

also / too

　also と **too** は，ともに「～もまた」を表す英語である。しかし両者は使われる文章中の位置が異なり，それによって意味が異なってくる。似たような意味に使われる語に as well がある。

　これらのうち，最も口語的なのが as well で，次に口語的なのが too といわれる。契約書のように伝統的で古い表現を多く用いる文書では also が使われることが多い。

　また，also は客観的事実を述べるのに適すが，too はより口語的で感情的な意味合いをもつとされる。また，表現上，too は肯定文に用い，否定文には either を用いる。

　too は，文頭に用いることはないのに対し，also は文頭に用いてもよい。次に He also owns shares of the company. は，「彼もまたその会社の株式を所有している。」となるが，He owns shares of the company also. では，「彼はその会社の株式も所有している。」という意味になる。

　しかし，He has the shares too. というときは，口語的に he か shares のいずれに強勢を置くかによって，上記どちらの意味にもなる。

amend / correct / revise

　法律用語としての「修正」で最もよく使うのは**amend**の名詞形 amendmentであろう。有名なのは，アメリカ合衆国憲法の修正条項（the Amendments）で，この部分は，同国憲法中の権利章典（bill of rights）として基本的人権に関する規定をしている。

　First Amendmentは表現の自由，集会の自由を，Fourteenth Amendmentは法の下の平等をそれぞれ保障しておりよく知られている。

　amendは，「正す」を表すラテン語*emendo*の変形で，mendoはmenda ＝faultであり，誤りをなくすとの意味になる。そこで，amendは，「（欠点などを取り除いて行いなどを）改める」との一般的な意味がある一方で，憲法や法律を改正，修正するといった公式的な意味をもつ。

　契約を修正する覚書にAmendmentと一語でタイトルをつけることがある。他にAmendment Letter，Memorandum of Amendmentなど状況に応じて使い分ける。

　correctにも，「訂正する」の意味がある。語源は「まっすぐにする」を表すラテン語で，amendと比べると憲法を修正するといった公式的で大がかりな場面ではなく，「誤りを直す」比較的小さな対象について使う。計算ミスの指摘や校正に使うのはこのためである。そのため，名詞形の correctionを改訂合意書のタイトルに使うことはほとんどなく，せいぜい「正誤一覧表」のタイトルに使う程度である。

　reviseは，「再び見る」を意味するラテン語*reviso*が語源である。「修正する，改訂する」との意味もあるが，「見直した上で改める」が正確なようである。そこで本などの改訂版のことはrevised versionという。

　特にRevised Versionといえば，「改訳聖書」のことでAuthorized Versionを改訂して1881年に新約，1885年に旧約，1895年に外典につき，イギリスで発行されている。アメリカではRevised Standard Versionがあり，American Standard Versionを改訂して，1946年（新約），1952年（旧約），および1957年（外典）に発行されている。

　契約書の発効後何年か経過して内容を見直し改訂を加えたものであれば，

revised version あるいは単に revision と呼んでもおかしくないであろう。ただ慣行的に amendment や modification ほどは使わない。

modify は，ラテン語の *modifico*「適応させる，変える」から生まれた。ラテン語で「尺度」を表す *modus* も語源なので，modify は，「(何らかの基準に照らして) 加減する，変更する」が元の意味である。最も一般的な使い方は，「(計画や意見などを) 変更する」で，別の英語では，adapt「適合させる」が近いニュアンスをもっている。

「変える」で誰でも知っている英語は change である。この語には，「訂正する，改訂する」といった意味はほとんどなく，「一部分または全体を質的に変化させる」意味をもつ。語源は，「交換する」を意味するラテン語である。

かなり重要な契約を正式に改訂する重みをもたせるのであれば Amendment Agreement と名づけるのが最も適当であろう。

among / *between*

　いずれも「～の間で」を表す英語であるが，一般に2者間の場合に**between**を用い，3者以上になると**among**を用いる。たとえば，This agreement was made between A and B.「本契約は，AとBとの間で締結された。」となるが，3者以上の場合は among A, B and C のようになる。

　by and between (among) ～のように by とともに用いる表現もあるが，これは法律英語特有の同義語重複である。

　同義語重複の典型例では，ゲルマン系統の語とロマンス系統の語を並べるのだが，by and between の場合，いずれも語源は古期英語（OE）である。同義語重複が単なる"慣行"となったことを示す。

　3つ以上のものの場合でも，among ではなく between を用いることがある。それは，数は3つ以上でも，それぞれ相互の関係を強調するようなケースにおいてである。The treaty was made between the four (4) nations.「その条約は4国間で締結された。」といえば，それぞれの国相互間で締結されたという意味がある。

and

　英語のなかで，**and** や or は基本語中の基本語である。これが使えなければ，英文を書くことはもちろん読むこともできない。

　だが，これらのきわめてありふれてみえる基本語が，じつは多義的でむずかしいものであることに気づく。

　まず and であるが，誰でも知っているのが接続的用法である。同じ性質の語を並べるときに使う。table and chair は「テーブルと椅子」，pen and ink「ペンとインク」，you and I は「あなたと私」になることは誰にでもわかる。

　We have a black and white dog. はどうであろうか。「われわれは黒と白のブチの犬を飼っている。」でよさそうである。だが We have black and white dogs. となると，「黒と白のブチの犬を（複数）飼っている。」という意味と「黒犬と白犬を飼っている。」という意味のいずれにもとれる。いずれであるかは文脈によって判定するしかない。

　husband and wife には，夫婦という意味がある。bread and butter が「バターつきパン」であるのと同じことで，上記の pen and ink も write pen and ink といえば，ただ「ペンで書く」とすればよい。

　たとえば，「すべての夫と妻はその集会に出席しなければならない。」という文章があったとする。これを Every husband and wife shall attend the meeting. としたら正確性を欠く。husband and wife の結びつきからして，「すべての夫婦は……。」という意味になってしまうからである。「すべての夫とすべての妻は……。」を正確に表現したければ，Every husband and every wife shall ～ . とすべきである。

　それでは，Every wife and mother shall ～ . とあったらどうか。「すべての妻と母は……。」という意味が１つ考えられるが，それだけではない。「妻であり母でもある人すべては……。」と解することもできる。He is a writer and politician.「彼は作家でかつ政治家である。」と近い用法といえる。

　このように and が単語と単語を結びつける場合にも，２通りも３通りもあることになる。

and   35

　契約条項などをドラフトする際に特に注意しなければならないのが，次の
ような表現である。

> *"X shall be liable to Y if :*
> *(a)* ——————————— *; and*
> *(b)* ——————————— *; and*
> *(c)* ————————————.*"*
> 「X は Y に対し（a），（b），（c）の場合に責任を負わなくてはならない。」

　上記のように訳しても，別段間違いとはいえないが，（a），（b），（c）を結
びつけている and の役割を忘れてはいけない。X が Y に対して責任を負わ
なければならないのは，（a），（b），かつ（c）に書かれている事態がすべて
発生した場合である。つまり，責任発生要件が３つあることになる。

　法律文書では，権利や義務の発生条件を特にきちんとおさえておく必要が
ある。この文例にある and を書き忘れたり，あるいは，うっかり or を代わ
りに入れてしまったとしたらどうだろう。

　X が Y に対して責任を負うのは（a），（b），（c）いずれか１つの場合にお
いてもということになってしまうおそれがある。or を（a），（b）の後それ
ぞれに入れたとしたら確実にそう解釈されてしまう。and を入れた場合との
違いは説明するまでもなく，うっかりミスではとてもすまなくなりそうであ
る。

　ふつうの英文では，この文例のような並記のしかたをするときは，
（a）＿＿＿，（b）＿＿＿，and（c）＿＿＿．のように最後に列記するものの直
前に and や or を入れればすむ。だが，法律や契約中の文章においては，
and や or のもつ意味とそのもたらす効果はあまりにも大きいので，すべて
の項目の後に and や or を書き込むことが多い。

　何十項目にわたるときも同様である。むしろ，何十項目にもなり数頁に列
挙項目がわたっていくような場合にこそ，最後になってうっかり忘れたと
いったことのないように，１つずつ書いていくのだと思えばよい。

and/or

　and と or は多義的であるが，これらが結合された表現で **and/or** という語句がある。契約書などにもさかんに使われる。

　たとえば，Seller shall be responsible for all loss and/or damage. とあれば，「売主はあらゆる損失かつ／または損害について責任を負わなければならない。」と訳しておけばよいが，問題は英語，日本語いずれにしてもその正確な意味である。

　A and/or B は，ふつうは，（A and B）or（A or B）のことを意味する。and と or の間にある／は，or のことと考えられるからである。しかし，より正確には，（A and B）or A or B ではないかとも考えられる。その違いというのは，ここではあまり明らかにはなってこない。

　and/or という簡略化したいい方については，かなり以前から「論争」がくりひろげられてきた。アメリカでは，裁判官がこの表現を判決のなかで，"linguistic abomination"「言語上忌わしいもの」とか "a verbal monstrosity"「言葉の怪物」とかの非難を浴びせている。また，正規の英文法や構文法にのっとっては説明のできないもので，一部では "English language" ではないとさえいわれている。

　and/or を使うのはどのような場合であろうか。単に A or B と述べただけでは，いずれか一方のみになってしまって両方を含ませたい場合が漏れてしまう。また，A and B としたのでは，A または B いずれか一方のみである場合が除外される。そこで，これらすべてをカバーさせるための便法的な表現として and/or があるといえる。

　and/or のような簡単な表現は，しかるべき箇所で適切に使ったときは，あいまいさを残すことなくその意味内容は明確である。ただし，あくまで厳密性・正確性を追及するのであれば，あまりこうした表現に頼りすぎるのはよくない。

　A and/or B shall not sell the products to C. という表現は，A，B 双方が一緒になって売却することも，一人ずつ売却することもいずれも禁止する趣旨であろう。しかし，and と or それぞれの語のもつ上記のような多義性を

考えると何となく不安である。

　Neither A nor B shall sell ～. とすれば「A も B もいずれも売却してはならない。」という意味になり，いずれも禁止されるのであるからもちろん双方ですることもできないことになる。こちらの表現の方がベターであろう。

any / all

　英文契約書を少しでも扱ったことのある人は，Any and all students shall
〜 . のような英文を見たことがあるに違いない。any and all の部分は，「同
義語重複」の用法であって，意味が **any** と **all** で重なっているため，訳すと
きは「すべての学生は……をしなくてはならない。」と訳せばよい。

　同義語重複は，法律英語表現における慣行的一大特徴である。もともとは，
1066年のノルマン征服（Norman Conquest）以降，イングランドで使われ
てきた English が，ゲルマン系統とロマンス系統の言語を中心に混交語
（mixed language）になったことからはじまった。

　典型的には，同じ意味で系統の違うことばを並べて使う。たとえば，「新
しい製品」を new and novel product と書く。new はドイツ語の *neu* と同じ
で，ゲルマン語系のルーツをもつ。novel は，イタリア語の *novella* と同じで，
ラテン語系のルーツをもつ。いずれも「新しい」を意味する形容詞であり，
訳すときは，「新しく新規の」といった具合にあえて重ねて日本語を並べる
必要はない。new and novel product は，「新製品」と訳せば足りる。

　any and all の any は，ゲルマン語のルーツをもち，all も同じである。なぜ，
語系が同じ語を並べるかといえば，同義語重複が同じ語系の語でも重ねて使
う慣行として定着したからである。理由はそれだけではない。any と all は，
似た意味をもつが，用法上は，ニュアンスの違いがあるからである。

　any は，肯定文中で使うときは，「どんな人やどんなものでも……」を意
味する。all は，「すべての，全部の」を表す代表的な英語である。そこで，
any and all students を「どんな学生もすべて」と訳すべき場合があること
に注意しなくてはならない。

　「すべての学生は……。」を All students shall 〜 . のようにとまとめて訳し
ても間違いとはいえないが，英語の原文が，強調的に「どんな学生も一人残
らず……。」といいたいのであれば，それを忠実に Any and all students
shall〜 . と訳出するほうがよい。こう訳すべきかどうかは，文脈のなかで判
断するしかない。

　法律英語は，とかく難解でややこしいので，なるべく平易でわかりやすく

書こうとの Plain English Movement がアメリカで起こり，同義語重複もなるべくせずに，一語にすべきとされたことがある。ドラフティング＝作文の際は，用法的には all だけを使うのがわかりやすいであろう。とはいえ，上記「一人残らず」のように強調的なニュアンスを出したければ，話は別である。

any one or more

この一見不思議ないい方は，法律英語特有のものといってよいであろう。たしかに訳せば，「1つまたはそれより多く」でいくつでもよいのであるが，この表現はいくつかの事実がさまざまな組み合わせで起こるときに使う。以下のような文例がみられる。

This Agreement shall terminate automatically and forthwith upon the happening of any one or more of the following events:

　　a)　if either party hereto should totally discontinue business;

　　b)　if either party hereto should adopt a resolution calling for, or institute any proceeding providing for, dissolution, winding up or liquidation;

　　c)　if either party hereto should institute proceedings in bankruptcy, under insolvency law, or for reorganization or receivership;

　　d)　if either party hereto should make any assignment for the benefit of creditors or any other general arrangement with creditors;

　　e)　if a receiver should be appointed with respect to all of the property of either party hereto;

　　f)　if either party hereto should be adjudged bankrupt or insolvent.

契約当事者の一方でも倒産状態に陥った際は，契約が自動的に終了することを述べている。ただ，列挙された終了事由のうちの「1つまたはそれより多くのことが起こったら」と書いてあるところが変わっている。

upon the happening of any one of following events「以下の事由のうち1つでも起こったときは」として，各事由を or でつなぐのではどうしてまずいのであろうか。文例には事由列挙の後に or は入っていない。

各事由に掲げられているのは，a) 事業を完全に止めること，b) 解散，整理もしくは清算の決議をするか，そのための手続を開始すること，c) 倒産法の下で破産手続または会社再建，管財のための手続を開始すること，d) 債権者の利益のために債権譲渡をするか，その他債権者と一般的な取り決め

をすること，e) すべての資産につき管財人が任命されること，f) 破産もし
くは支払不能・債務超過を宣告されることである。いずれも企業の倒産状態
あるいはその前段階の状態を広く拾い上げている。

　ただ，これらの事由は択一的，個々的に起こるとは限らない。企業が倒産
するときは，営業活動を停止し，破産宣告を受け，その後破産管財人が選任
されるといった具合に，上記の例でいえば，a)，c)，e)，および f) が相次
いで起こることが考えられる。これらの事由がすべて起こることはほとんど
考えられないとしても，いくつかがさまざまな組み合わせで起こることが考
えられる。

　そこで書き方としては，「いずれか1つ」というよりは「1つでもよいが，
これらのうちのいくつか，もしくはすべて」といった表現ができればベスト
である。たしかに理屈の上では，これらの事由のうちいずれか1つでも起こ
ればよいのであるが，どのような組み合わせでどう起こってもといいたいと
きに，**any one or more** の表現を使うのである。

　「どれか1つでも」といいたければ，upon the happening of any one of
the following events：でよいが，このように3つ以上の事由を列挙するとき
でも，各セミコロンの後に"or"を入れる。ふつうは，最後のセミコロンの
後に1つだけ or を入れればよいが，法律英語の場合，正確を期して確認的
な意味も込めてこのようにする。

apply / application

apply のふつうの意味は、「申し込む」「求める」である。apply の名詞形が **application** であり、「申込み」「申請（書）」「適用」「用途」を表す。

apply は「……に（ap）くっつける（ply)」が組み合わさっており、ラテン語にルーツをもつ。その語源に近い用法としては、「薬や塗料などを塗る」との意味がある。

現代 IT 社会における用語としては、日本語で「アプリ」として略す、application software がある。英語では app として使う。app. のようにピリオドをつけると、appendix「付録・付表」など、別の語になるので注意を要する。

パソコンやスマートフォンを使っていれば、アプリを知らないはずはない。日常的に使っていながら、「アプリとは何か」を正確に言える人は意外に少ない。「アプリ」は、もともと、パソコンやサーバーなどの情報処理装置にインストールされた基本ソフト（OS）上で動作するソフトウェアを指した。

ソフトウェアをアプリ（app）と略すのは、本来の「適用、応用」から導かれた言い方であるとすぐわかるが、2008年、iPhone（アイフォーン）3 G が発売になったのをきっかけに、アプリの呼称が広まったという。いまでは、スマートフォンの普及とともにひろく定着しており、電話や写真の機能、電子メールからゲームなどすべてアプリと呼ばれている。

アプリには、さまざまな種類があるが、スマホアプリ、web アプリ、およびパソコンアプリの3種類が主なものである。このうち、パソコンアプリは、従来、ソフト（ウェア）と呼ばれていたものである。ソフトウェアと単にいったときは、基本ソフト（OS）を含んでいたが、いまは、OS 上で動作するソフトに限定して使う。

スマホアプリは、スマートフォンにダウンロードして使うアプリケーションソフトウェアをさし、スマートフォン端末上にインストールして使う。アプリをインストールさえしていれば、ネット環境がなくてもすぐに使えるのが、アプリの強みといってよい。アプリとブラウザ（web サイト閲覧）の長短をよく比較するが、アプリは特定の用途に特化しており、簡単な操作で迅

速に高い機能性を発揮できる点がメリットである。

　アプリを実際にインストールして使うにあたって，注意しなければならないリスクも考えておこう。最大のリスクは，危険なアプリを気づかずにインストールしてしまうことである。これによって，スマホに入っている情報や画像が不正に持ち出されたり送付されかねないので，こうした危険なアプリでないことを事前によく確認しておくべきである。

　また，ほとんどのアプリは無料であるが，なかにはインストール時に一括で料金を支払ったり，サブスクリプション方式で毎月一定額を支払うようになっているアプリがある。

　ゲームアプリの利用で，いつの間にか多額の「課金」がなされるなどのトラブルが増えている。必ず事前に，有料か無料か，有料の場合の「課金方式」などをチェックしておかなくてはならない。手軽に使える便利なものほど，落とし穴が多かったりする。

　apply や application を法律用語としてよく使う用法は，裁判手続などの「申立」としてである。apply for an injunctive order は，「差止命令を申し立てる」である。法律や規則などを「適用する」というときにも，The rule applies to this case.「その規則はこの事例に適用される。」のように使う。applies の代わりに is applicable to といってもよい。

　applicable law といえば，「適用されるべき法律，適用法」をさす。英文契約でこの title「表題」の条項があったら，準拠法条項のことである。governing law の表題にすることも多い。

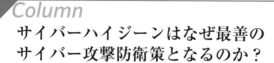

Column サイバーハイジーンはなぜ最善の
サイバー攻撃防衛策となるのか？

　パソコンやサーバーのネットワークを経由し，機器の動作異常を起こす攻撃をサイバー攻撃（cyber attack）という。攻撃対象のサイバーは，もともとギリシャ語で「舵手」を意味したサイバネティクスから生まれ，「コンピューター（ネットワーク）に関係した」，との形容詞で広く使うようになった。

　サイバー攻撃が猛威をふるうなかサイバーハイジーン（cyber hygiene：CH）の徹底こそが，最善の防御策であるとする考え方が，有力になりつつある。英語の hygiene は，「衛生（cleanliness）」を表す語で，public hygiene は「公衆衛生」と訳す。

　CH は，アメリカの The Center for Internet Security が提唱する CIS Controls でも重視している。日本では，「サイバー衛生管理」として紹介され，企業社会においても徐々に浸透しつつある。いくつかの資料をもとにその内容をまとめると，以下のようになる。

　CH は，サイバー攻撃からビジネスを守るための予防に重点を置く。そのため，会社における IT 環境をよく把握した上で可視化し，会社（グループ）全体のセキュリティ意識を醸成するなかで，リスクの予防と軽減をめざす。

　サイバー攻撃の"手口"は，日々高度化しており，対応すべく，セキュリティソリューションやセキュリティガイドラインがつくられているが，企業がそうした対応策を講じきれているかというと，追いつけずに後手に回っているきらいがある。

　CH は，対策における基本を重視する。会社が使う端末や PC の状況を把握した上で，認識した脆弱性を修正するパッチを適用する，認証とアクセス制御による最小権限の原則を適用する，などの対策を着実に実践していけば，最も有効にサイバー攻撃を防げるとの考えに基づく。

　最新の情報や技術に振り回されるのではなく，"足元を固める"のが最善の予防策である。

arbitrage / arbitration / arbitrator

arbitrage を英和辞典で引くと,「鞘(さや)取り」といきなり出てきて戸惑うことがある。これは金融取引で使う用語で,「裁定取引」すなわち,同一通貨・証券を異なる市場で同時に売買し市場間の価格差の利益を得ようとする取引をさす。「アービトラージ」として日本語でも使う。

arbitrage の元は,「決定(権)者」「仲裁人」を表す arbiter である。語源はラテン語であり,「裁判官」の意味ももっていた。

いまは,法律用語として「仲裁人」のことは **arbitrator**「仲裁」は **arbitration** という。そこで「本件紛争は仲裁によって解決されるものとする」は "The dispute shall be settled by arbitration." のようにいう。

仲裁(arbitration)は,裁判によらずに,すなわち裁判を受ける権利(日本国憲法32条)を放棄して,民間の仲裁機関における手続によって紛争を解決することになるから当事者の合意がなくては利用できない。

合意は当事者間で紛争が起こってからしてもよいが,仲裁で問題を解決するところまでは合意できてもどこで仲裁を行うかでもめることがよくある。それならばというので,事前に合意しておくための契約条項が仲裁条項(arbitration clause)である。それでも仲裁地については,いずれの当事者も「ホームでの戦い」を希望して譲らず,なかなか契約を締結できないことが多く起こる。

解決案としては,中立的な第三国で仲裁を行う,あるいは申立を受ける当事者の本拠地で仲裁を行う「被告地主義」で仲裁条項をつくるなどがよく行われる。問題はどの国・地域を中立的な仲裁地として選ぶかである。

一昔前までは,日中企業間の合弁契約でもストックホルムが仲裁地に選ばれる例を見かけた。スウェーデンは,スイスと並んで中立国のイメージが強い国で,相手にもよるが,北欧の仲裁地となると日本からは遠く離れていてより日本企業に不利かもしれない。

アメリカ企業との契約で,地理的には中間に近いハワイ州ホノルルで仲裁するのがよいのではという人もいるが,ハワイはあくまでアメリカ合衆国の一部であって,第三国とはいえない。やはり,地理的な要素よりは中立性を

重視すべきであろう。

　仲裁における中立性や公正さは，仲裁人によるところが大きいので，当事者以外の国の仲裁人候補者を多く抱えている仲裁機関のある国際都市での仲裁を選ぶべきである。日本にも比較的近い国際都市といえば，シンガポールや香港がすぐ思い浮かぶが，いずれも国際仲裁センターとしてよく知られており，当事者以外の国の仲裁人を選ぶのにもそれほど苦労はしなくてすむであろう。

　仲裁地を第三国にしたときは，そこで下される仲裁判断のその国以外の国・地域における承認・執行の可能性を考えておく必要がある。勝つ，負けるいずれの場合であっても，第三国での仲裁判断はその地で執行されることは，ふつうはなく，勝った当事者は相手方が直接執行の対象になり得る資産を保有する地に持ち込んで承認・執行を求めなくてはならない。

　外国仲裁判断の承認・執行に関しては，多国間の国際連合条約（いわゆるニューヨーク条約）があり，締約国間では形式的要件さえ充足すれば相互に承認・執行され得ることになっている。日本はニューヨーク条約の締約国であるし，アメリカ，イギリス，シンガポール，中国もそうである。仲裁地から見て外国にあたる国がこの条約の締約国でそこに大きな資産をもっているときはその資産に対して仲裁判断の執行を受けるおそれがある。

　香港はといえば，いまは中国の一部だが，イギリスの植民地であった時代からニューヨーク条約の適用を受けてきた。1997年7月，主権回復にともない中国政府は，香港特別行政区に対してもニューヨーク条約の適用を拡張することとした。

arising out of / in connection with / in relation to

"all disputes arising out of the contract"は「本契約から生じるすべての紛争」と訳される。"out of"の代わりに"in connection with"や"in relation to"を使ったときは，「紛争」の範囲に差が生じるのであろうか。

この点がよく問題になるのは，英文契約の仲裁条項（arbitration clause）においてである。

実務で使う仲裁条項（arbitration clause）は，ほとんどの場合，仲裁を行う常設の仲裁機関の推奨するモデル仲裁条項をベースに作成する。そうすることで，いざ仲裁を申し立てたものの仲裁合意が不明瞭であるなどとして受け付けてもらえないリスクを最小限にできるからである。

代表的な国際仲裁機関である国際商業会議所（International Chamber of Commerce：ICC）のモデル仲裁条項は，"All disputes arising in connection with the present contract shall be finally settled ～ ."「本契約に関連して生じるあらゆる紛争は，……で最終的に解決されるものとする。」として **in connection with** を使っている。

日本で広く国際商事仲裁を行っている一般社団法人 日本商事仲裁協会（Japan Commercial Arbitration Association：JCAA）の同条項は，2019年1月に改訂され"All disputes, controversies or differences arising out of or in connection with this contract shall be finally settled ～ ."「この契約から又はこの契約に関連して，当事者の間に生ずることがあるすべての紛争，論争または意見の相違は，……により最終的に解決されるものとする……。」となっている。

両モデル条項を比べると，後者ではin connection with に加えて out ofを使っている点が異なる。では，こうした英語表現の違いによって仲裁対象範囲に差は生じるものだろうか。

結論からいうと，この両条項のいい方ではほとんど差は生じないといってよい。ただ，JCAAの条項のほうが，この契約から直接的に発生する紛争とこの契約に関連して間接的に発生する紛争の双方を意識しているので，ICCの条項よりも対象を広く解釈する余地がありそうである。

なかには **arising out of** 〜だけの条項もあるが，これだと対象がより狭くなる。〜 out of this Contract のようにいうときは「本契約から（直接的に）生じた」と解釈されるからである。

in connection with 〜，in relation to 〜は，ほぼ同じく「……に関連して」との意味をもち，対象を広げる。あえていえば，relation を使った場合のほうがニュアンス的に広くなる。

ある英和辞典は，in relation to 〜を「……に関して」とした後（about のおおげさない言い方）と付け加えている。about の基本的な意味は「……の周辺に」であり，本契約に関するあれこれという感じでアバウトな広がりを生み出す。これが「おおげさ」になるとかなり広範になり得る。

なお，JCAA の「標準仲裁条項」の改訂は，2019年1月1日から施行になった同協会の改正仲裁規則を踏まえて行われた。

正確に言うと，JCAA は，それまで使っていた2つの規則を改正するとともに，新たに1つの規則を制定し，商事仲裁規則，インタラクティヴ仲裁規則，および国際連合国際商取引法委員会（United Nations Commission on International Trade Law：UNCITRAL）仲裁規則の3つの仲裁規則をそろえることになった。

そのため，標準仲裁条項も，これら3つのいずれの仲裁規則によって仲裁を行う場合かで分け，3通りの仲裁条項が用意されている。

前頁で引用したのは，3通りの仲裁条項に共通する冒頭部分であり，続けて各仲裁規則に従って仲裁により最終的に解決されるものとするとして，各仲裁規則の英文名称が書き込まれている。

規則やモデル仲裁条項の改正・改訂は，日本での仲裁を広く誘致することをめざしている。仲裁条項における英語表現の微妙な改訂も関係があるとみてよい。

as / as is

　as はさまざまな意味をもっているが，「理由・原因」を表す接続詞でもあることはよく知られている。ただ，法律表現としては，as をこの用法で使うことは避けるべきである。

　というのは，as には，while に置きかえることのできるような「時」に関する接続詞の用法があるからである。特に as に導かれた clause が文頭にくるときはまぎらわしい。したがって，as の代わりに because を使うのがより正確である。

　2つの文章をつなげる位置に「理由・原因」を表す趣旨で as を用いることもある。たとえば，

> *The Plaintiff's brief is misleading, as the case cited does not support the contention made.*
>
> 「原告の準備書面は誤導的である。なぜならば引用された事件は，行われている主張を裏づけていないから。」

　この as は，for で置きかえることができ，そのほうが適切である。場合によっては，as を取り除きセミコロンにするだけでも，よりすっきりとしたかたちになるであろう。

　as は多義的であって，センテンスの長い法律英語の文章にはいくつも出てくることがまれではない。それぞれの as につき正確に意味をとらえるのは必ずしも容易ではないので，なるべく使わずに他の語で代用するのがよいであろう。

　ただ，as が理由・原因を表す接続詞として用いられたときは，67頁に説明する because や since に比べて間接的に付帯状況を述べるときであることに注意すればよい。

　as is は，「アズ・イズ」として，日本の法律用語辞典である高橋和之他編集『法律学小辞典 第5版』（有斐閣，2016）に，「有姿のままで，現状有姿で」との意味が載っているほどポピュラーな法律英語である。The goods are sold "as is." 「本物品は『有姿のままで』売却される。」のように使う。

as to | regarding | as regards | concerning

これらは「～に関し」を表す。ただし，**as regards** は **regarding** や **concerning** よりも明確性の点で劣るいい方である。

as to や as for を同じ意味で用いることもあるが，これらはさらに法律文書には向かない表現であり，多用するのはよくないとされる。

なお，レターアグリーメントなどで，"Re: Stock Purchase"「株式買取の件」のように件名を表示することがある。re はラテン語で「……に関して」を意味する。まれに Re.:＿＿＿のように re の後にピリオドを入れる例を見る。regarding か relating の略のつもりかもしれないが，ラテン語の re であればピリオドはいらない。

ふつうのビジネスレターではあまり使わないが，*in re* として事件名を書く例もある。*in re* もラテン語で「……に関して」「……の問題については」を意味する。英語に置きかえれば in the matter of が近いであろう。

対立当事者間の訴訟であれば，"ABC, Inc. v. XYZ Corp."「ABC 社対 XYZ 社事件」のように表記するが，米連邦取引委員会（Federal Trade Commission）の審判事件などでは *In Re* ABC, Inc"「ABC 社の件」のように表す。

assume / presume

　これらの語は，いずれも「仮定する」「憶測する」という意味をもつ。両者の間に明確な区別はない。強いていえば，名詞形で使う presumption のほうが assumption よりも「推論的（inferential)」であるといわれる。assumption は，これに対しより仮説的で仮定的（hypothetical）である。

　したがって，法律用語としてよく用いられる「推定」には，presumption の語を用いるのがより正確である。「推定する」というときも，**presume** を以下のような文章に用いる。

> *It is presumed that such part of the agreement is X's hand writing.*
> 「その契約のその部分は，Xの手書きによるものと推定されている。」

　presumption と assumption の違いを，ある本では，Presumptions lead to decisions, whereas assumptions do not. として決定を導くか否かにあると説明している。したがって，We assume, without deciding, that ～ .「われわれは，決定するのではなく……と推認する」のような表現が成り立つのだとする。ちなみに，「推定相続人」のことは，heir presumptive という。ここに assumptive の語は用いない。

　assumption には，その代わり「引受」という重要な意味がある。to assume a lease といえば，賃借権を譲受し，その賃貸借に関する一切の権利義務を承継することである。また，assumption of risk は，「危険の引受」である。

　これは *volenti non fit injuria* というラテン語で表される法理であって，この法理の下では原告はみずから承認・承知していた損害について賠償請求が制限されたり，あるいは損害額の算定につき相殺がなされる。みずから危険を認めた上でこれに接近したとされるからである。

　assume と語源を同じくするラテン語で，*assumpsit* という語がある。これは，「引受訴訟」であるが，もともとの意味は「彼は引き受けた」である。高柳賢三，末延三次編『英米法辞典』（有斐閣，1952）によれば，「……一旦ある事を引き受けておきながら，これを不当になした（一種の詐欺）場合に，

損害賠償を求めるために提起されたものであったが，後に引受は擬制化され，不作為の場合にも及び，捺印証書（deed）によらない単純契約（simple contract）のすべての場合の契約違反に対して提起される訴訟となり，英米契約法を形成するのに重要な役割を果たした」とある。

Column
anti- がつくのはどんな法律か？

　anti- がついた英語は，「反…」「抗…」を表し，用法は，「固有名詞・固有形容詞の前，また母音 i（時に他の母音）で始まる語の前では hyphen を用いる」とされる（リーダーズ英和辞典第 3 版より）。anti- がついた法律で最もよく知られているのは，アメリカの Federal AntiTrust Laws「連邦反トラスト法」であろう。ただ，連邦の独占禁止諸法をなぜこう呼ぶかについては，歴史的に立法経緯を説明しなくてはならない。

　連邦反トラスト法で中心的なシャーマン法が制定された1890年当時，アメリカでは，プール（pool）と呼ぶ価格協定のカルテルが多く行われていた。プールによるカルテルは，英米コモンロー上は違法とされるから，巨大企業は，次第に衡平法（equity）のトラスト（trust）によって，市場の独占をはかろうとした。ロックフェラー 1 世（John D. Rockefeller）が1882年につくり上げたスタンダード石油トラストはよく知られる。

　シャーマン法は，いわば巨大トラストつぶしのために制定されたといってよく，爾来，同国の独禁諸法を反トラスト法と通称するようになった。

at law / in equity

lawは，「法律」とばかり思い込んでいる人が多いかもしれない。lawは，
自然界の法則を表すこともあるし，制定法を表すこともある。きわめて内容
の多い語ということができる。それに，lawは，英米法において最も基本的
な語でもある。

一般に英米法といわれる法体系は，慣習法と判例法に基づいている。対す
る大陸法は，ローマ法の流れを汲む制定法主義である。したがって，英米法
は元来，基本的な法分野に法典をつくらないことを特色としている。そのな
かでlawは，具体的な法律というよりは，"書かれざる法"，すなわち自然法
に近いものを意味すると考えられてきた。

英米法のことをよくコモンローという。コモンローは，かつてゲルマン諸
民族間における「共通の慣習法」を意味していた。さらにコモンローは，狭
義では，大法官裁判所で発達してきたエクイティ（衡平法）の法理に対して，
王座裁判所などの通常裁判所で発達をみた法理を意味することがある。

エクイティは，衡平法と訳されるように，利益衡量によって物事を判断す
る基準と考えればよい。狭義のコモンローは，原則的で抽象的なものであっ
て，そのまま適用しても必ずしも具体的に妥当な結論を導くとは限らない。
そこで，個々のケースについて，コモンローを修正し補充する原理として発
展し制度化してきたのが衡平法である。

英文契約書などで，any remedies existing at law or in equity or otherwise
とあるのを見ることがある。訳せば，「コモンロー上あるいは衡平法上その
他のもとで存在するところのあらゆる救済方法」となる。つまり，慣習法，
判例法，制定法，規則，命令などのもとで考えられるすべての法的救済方法
をさしている。

このように，**at law**は，単に「法律上」というのではなく，「コモンロー
上」を表す言葉である。これに対して，「衡平法上」というには**in equity**
を使う。

たとえば，アメリカでは弁護士のことをattorney-at-lawという。この語は，
かつてコモンロー裁判所において仕事のできる資格を意味していた。英米法

は，狭義のコモンローと衡平法とに分かれるが，以前は裁判所組織も2本立てで，弁護士資格も別々であった。衡平法裁判所における弁護士資格のことは，solicitor-in-equity といった。

現在，イギリスの弁護士制度は，barrister と solicitor とからなる二元的システムになっていることでよく知られているが，このうち，solicitor が solicitor-in-equity からきた語であることは容易に理解できるであろう。アメリカでは，こうした二元的システムをとってはいないが，attorney-at-law の語を，広く弁護士を表す語としている。

なお，「法律上の」というにはどう表現したらよいかというと，in law を用いる。「法律上の父親」つまり養父のことは，father in law といえばよい。「法律上の母親」（養母）は，mother in law である。

at law and in equity

　英文契約中の損害賠償の請求などの救済方法を書いた部分に゛remedies **at law and in equity**"と使ったりする。

　これは,「コモンロー上およびエクイティ上の救済方法」と訳すのが正しい。remedy は,債務不履行(default)などによって被害を受けた場合の救済方法を表す。この救済方法につき,英米法の場合,独自の分け方をする。

　正確にいうと,remedy は,権利の侵害を防止し,あるいは,権利侵害が行われたときに,損害の補塡もしくは回復をはかる手段,方法のことである。

　英米法で救済の中心をなすのは給付判決に相当する執行的判決(executory judgment)であり,第一次的救済は,コモンロー上の損害賠償(damages)である。損害賠償では救済の目的を達し得ないときは,第二次的救済として衡平法上の特定履行(specific performance)ないし差止命令(injunction)が与えられる。

　英米法すなわちコモンローの法体系は,狭義のコモンローとエクイティの2本立てになっている。この両者の関係はややわかりにくいのだが,前者が基本原理を定め,後者がこれに対する例外や修正原理を定めているといってよいであろう。

　law は誰でも知っている英語で,「法律」と訳して間違いではないが,エクイティと対置して使ったときは狭義のコモンローを意味するので注意を要する。

　特に契約の関係でいうと,コモンローは契約義務の絶対性をうたい,これを原則どおり貫くと実際問題の解決としてはそぐわない場合も出てくる。そうした場合では,エクイティが登場し,多少の allowance(酌量)を認めて具体的に妥当な結論を導こうとする。

　エクイティ(equity)のことは衡平法と訳す。「衡」は秤を表すが,秤といっても天秤だと思えばよいであろう。物の重さを量るにも2つのやり方があって,秤の上に乗せると「○○kg」のように重さを表示するやり方と,天秤皿の上に基準になる重しを乗せて,それより重いかどうかを量るやり方とがある。

狭義のコモンローの場合は，物の重さを数値に照らしてはかるやり方といえる。数値は，法規範であり価値判断の基準になるものである。しかしながら，いつも一定の規範に照らして物事を判断しようとしても限界がある。

むしろ，AとBいずれのいい分が正しいかを判断するだけであれば，両方を天秤に乗せてどちらが重いかを知るだけでいいはずである。そのほうが，具体的な妥当性を得られるかもしれない。

被害の救済方法に話を戻すと，債務不履行や不法行為があった場合の被害救済は，何といっても損害賠償であろう。これが日本の民法の下でも原則的な救済方法である。英米法においては狭義のコモンローの下でのdamagesが第一次的な救済とされるのはその意味においてである。

ところが，損害賠償はほとんどが金銭でなされる事後的な被害救済である。被害によっては，後からいくら金銭で賠償してもらっても取り返しがつかない場合もある。

そこで，英米法においては補助的にエクイティ上の救済方法が登場する。その代表的なものに差止請求（injunction）があることは，あまり説明を要しないかもしれない。被害が大きく広がる前に侵害行為を止めさせるものである。

これでもなお被害救済の方法として十分とはいえないことがある。名誉毀損が行われたときは，金銭賠償などよりも名誉回復措置をとってくれたほうがずっとありがたいこともあるだろう。特定履行（specific performance）として新聞紙上の謝罪広告などを命じることがあるのはそのためである。

日本の民法723条は，英米法のエクイティと同様の考え方に基づいた規定である。

民法723条【名誉毀損における原状回復】

他人の名誉を毀損した者に対しては，裁判所は，被害者の請求により，損害賠償に代えて，又は損害賠償とともに，名誉を回復するのに適当な処分を命ずることができる。

at one's discretion

discrete は，「別々の分離した」を表す。その名詞形が discretion であって，「（判断や選択の）自由，裁量，思慮分別，慎重」を意味する。

法律文書でよく見かけるのが，**at one's discretion** といういい方である。たとえば以下のように使う。

> *Buyer may, at its sole discretion, extend the time of taking delivery of the Goods or terminate unconditionally this Contract.*
> 「買主は，まったくの自由裁量でもって，商品の引渡しを受ける時期を延長し，あるいは無条件で本契約を終了させることができる。」

この文例で Buyer に与えられているのは，商品の引渡しを受ける時期を延長するか無条件で本契約を終了させるかのいずれかを選ぶ権利である。いずれも選ばなくてもよい。つまり，判断はまったくその裁量に委ねられている。

at discretion だけでも，「随意に，無条件で」という意味になるが，sole（唯一の，単独の）がつくことによって，この文例であれば，Buyer 単独の判断でということを明記していることになる。それとともに，「まったくの自由裁量で」というニュアンスを強調する意味合いをもっている。

at one's option

　法律用語としての option のふつうの意味は，「選択権」である。並列的に
いくつかあるもののうち，いずれかを選ぶというよりは，一定期間内に，あ
らかじめ決められた値段で，ある商品や先物契約を売る，あるいは買う権利
のことをさす。

　売買選択権ともいい，「オプション取引」に使う option はこれである。こ
の意味の option には，売る権利を対象とする put option と買う権利を対象
とする call option とがある。

　option は，より一般的には「取捨，選択」を表す。I have no option in the
matter. は，「私は，その件では選択の自由がない。」であり，ここで option
は choice と同じ意味で使われている。

　たとえば，X has the option to deliver the goods at Y port.「X は，その物
品を Y 港で引き渡す選択権をもつ。」というと，X は Y 港で物品を引き渡す
こともできるが，それをしなくてもよいということである。

　この場合，一応「選択権」と訳したが，何か並列的にあるもののうちから
1 つを選ぶのではなく，どちらかというと「あることをする権利」（このな
かには権利を行使しない場合も含む）をもつのと何ら変わらないことがある。

　上記英文を，X may (*or* is entitled to) deliver the goods at Y port. として
もほぼ同じといってよい。あるいはもっと直接的に，X has the right to
〜 . とすることもできる。

　ただ，option は，正確には当事者間に契約によって明示的に与えられたも
のをさす（この場合，option を「与える」というには，give あるいは grant
を用いる）。したがって，option を使うよりは，may や right を使ったほうが，
法律的には内容がより明確であるということができる。

　また，**at one's option** という表現を以下のように用いることもある。

> *Seller shall, <u>at its option</u>, repair or replace the defective products.*
> 「売主は，その選択でもって，欠陥製品の修繕または交換をしなくては
> ならない。」

ここでは，選択の余地があるといっても，売主は義務として「修繕」か「交換」のいずれかを選ばなければならない。ここでのオプションは，AかBの二者択一の権利である。この場合は，57頁の at one's discretion と置きかえても意味はそれほど変わらない。ただ，option には「売買選択権」という特有の法律的意味があるため，at one's option を用いるほうがベターである。

attorney / lawyer

いずれも「弁護士」であるが，厳密にいうと **attorney** は，裁判などにおいて依頼人を代理する特定の弁護士をさして使う。

Attorney Johnson moved for a new trial.
「ジョンソン弁護士は再審理を申し立てた。」

これに対し，**lawyer** は，弁護士資格をもった者をさしていうことが多い。アメリカでは，法曹一元制が採られており，法曹資格の大もとに弁護士資格を据えるために，広く法曹のことを lawyer ということもある。

正確にいうと，「法曹になる」であるがアメリカのように法曹一元制を採っていると，裁判官や検察官の資格のベースに弁護士資格があるので「法曹になる」は「弁護士になる」と同義である。

ちなみに，「弁護士になる」を go to the bar ということがある。この場合 the bar が「法曹界」を表す。法廷の傍聴席との間の仕切りからきた用語といわれている。たしかに，bar は立入禁止を示す横木のことをいう。

award | judg(e)ment | decision

　民事訴訟のことを litigation といい，その結果下される判決のことは，**judgment**（イギリスでは judgement と綴ることが多い）あるいは **decision** という。

　これに対し，私人間の紛争を訴訟によらないで解決する代表的方法の1つに仲裁があり，英語では arbitration という。仲裁の場合，「判決」にあたる仲裁廷（arbitral tribunal）の結論を「仲裁判断」といい，英語では，(arbitration) award という。

　UNCITRAL（国連国際商取引法委員会）の仲裁原則第4章（Section IV.）を見ると，"The award" をタイトルとし，その article 34の見出しは，"Form and effect of the award"「仲裁判断の形式と効力」となっている。

　UNCITRAL の仲裁規則は，世界主要国の仲裁法のモデルにもなっている。日本の仲裁法45条は，仲裁判断が法定の事由がある場合を除き確定判決と同一の効力をもつとする。仲裁判断に裁判所の執行決定を得れば強制執行もできる（同法46条）。

　ところで，**award** はカタカナ法律英語の1つといってよい。○○賞や賞金のことを「～アワード」あるいは，単にアワードということがあり，半ば日本語化しているからである。

　映画でよく知られたアカデミー賞のことは The Academy Award という。正確な法律英語としての award は，日本語化した意味とは離れ，「賠償金などの付与，認定，裁定」を意味する。

　award の語源は古期フランス語（OF）の *esg(u)ard* で，ノルマン人が英国を征服（1066年）後，英国で中世が終わるまで使われたフランス方言（Anglo-French）のなかで award となった。French としてのもとの意味は，「裁定する」であった。

　裁定は当否を判断して決定することだが，正式な手続を経ての決定という意味では，裁判の結果下される判決が最もこれにあたる。実際に中世に award を「判決を下す」との動詞でよく使ったようである。

　ただ，この判決は，ほぼ金銭賠償を命ずる給与判決のことをもっぱらさし

た。award にはもともと「授与する，贈る」との意味があり，名詞では「賞，（報酬などの）支払」を意味したからである。

いまでも，「賠償（を命ずる）判決」を award という例がある。あるアメリカの Law Dictionary は，award を "To grant by formal process or by judicial decree"「正式な手続または裁判所の命令によって付与すること」と説明している。

とはいえ，別の Law Dictionary の award の項を引くと，"see arbitrator [AWARD]"「仲裁人［仲裁判断］を見よ」となっており，そこには「仲裁人の下す決定（裁判所の命令または判決に相当）で，AWARD と呼ばれる」と説明している。

まとめると，award は正式な手続を経て下される金銭賠償を命ずる決定のことで，いまでは主に仲裁判断をさす。

また，「判決」には給付判決のほか確認判決や形式判決がある。これら「判決」のすべてが，訴訟によらない ADR（alternative dispute resolution：代替的紛争解決手段）である仲裁に向いているか否かといった問題もある。

aware / awareness

　誰でも知っているが，法律英語として特別な訳し方をしなければならない英語表現がある。be aware of ～は，その１つといってよいだろう。

　ふつうの英和辞典で **aware** の項を見ると，「……を知って」の前に「……に気づいて」の意味が載っている。We are aware of ～ . のように使うことが多いが，しばしば of を省略することもある。

　さらに，「認識，意識のある」として，She is socially aware.「彼女は社会的意識がある。」と文例がある。この延長上に法律英語としての意味がありそうだ。

　ただある事実を知っているというだけなら She knows ～ . のように know を使えばよさそうである。aware は，単にある事実を知っているだけではなく，その事実を「認識，承知」しているとの意味に使う。

　「認識，承知」を法律用語として評価すると何らかの責任をともなう。日本には，「念書」と題する，昔ながらの法的意味のあいまいな文書がある。昔だと，「この件，たしかに承知つかまつり候」などと書いたものである。

　こうした書き方をすると，単に「知っている」ではすまない責任を生じさせそうだとは誰でも気づくのではないだろうか。これに近い英語表現が be aware of ～である。

　生じさせる責任で実務上最も問題になるのが，保証責任である。国内取引に関連して，経営指導念書を出した親会社が，子会社債務の保証をしたのではないかとして争われた裁判事例がいくつもある。

　経営指導念書の国際取引版を letter of awareness という。letter of comfort の別称であるが，文書中に aware の語をよく使うためにこのように呼ぶ。

　awareness は aware の名詞形で，辞書には「意識，認識」の他に，「自覚」の意味も載っている。

　letter of comfort の comfort には，「慰め」といったふつうの意味の他「援助，救助」の意味がある。「強める，元気づける」の意味のラテン語から派生した語であり，letter of comfort を，support letter や keep-well letter と呼ぶことがある（101頁参照）。

誰が何を support「支援」したり keep-well「（経営状態を）良好に保つ」ようにするかといえば、親会社が子会社の債務についてというシチュエーションが多い。

経営状態を良好に保つよう支援することを通じて子会社が債務不履行を起こさないことを誓約するのが、letter of comfort などと呼ばれるこれらの文書である。letter of awareness では、be aware of 〜の目的部分に何を書き入れるかがポイントになる。親会社であれば子会社の債務内容をよく承知しておりますと書くのがふつうであるが、債務内容の具体的記述によっては、保証意思が認定されてもおかしくない。

たとえば、We are aware of specific obligations of the subsidiary.「当社は子会社の特定の債務を承知している。」と述べ、obligations として「差し入れている担保物の価値が下落したときの代担保、追加担保の差し入れ義務」を具体的に説明していたとする。

保証をしたのかどうかが問題とされる者が specifically に、担保提供義務についてその内容をよく承知していると述べることは、保証も人的担保であることからすれば、その債務を履行できないときは自分が代わって履行するとの保証意思を表明したと解釈されてもおかしくないだろう。

bar / dry

　バーと聞けば，「酒を飲む場所」を想起するのがふつうだが，陸上競技の走り高跳びでクリアすべき横木のこともバーという。一見したところ，両者に共通点はなさそうだが，酒場のバーにも「とまり木」的カウンター，横木があるからというのが定説である。法律英語の **bar** は，集合的に「法曹（界）」を表す。法律的表現のなかで go to the bar は，「あの酒場に行く」ではなく，「法曹になる，弁護士になる」と訳さなくてはならない。法廷（court）には，法曹が活動する空間と傍聴席を隔てる仕切りがある。その昔，仕切りが立ち入り禁止を示すための横木であったらしく，その内側で仕事をするプロフェッションを bar と呼称するようになった。そういえば bar には，「禁止」の意味があり，動詞で，Don't forget to bar the door. といえば，「ドアを（かんぬきをするなどして）閉鎖するのを忘れないように。」となる。

　dry にも法律英語としての用法があり，正確に使わないと失敗する。たとえば，アメリカで dry law といえば，「禁酒法」をさし，dry town は，砂漠のなかの「乾いた街」ではなく，「禁酒の町」である。「禁酒が行われている州」として dry state ということもある。パーティを開くにあたって Let's go dry tonight! といえば，「今夜は，酒抜きでやろう！」である。

　一方で，dry には，酒だけに関しても，ネガティブな意味だけでなく，「辛口の」という，前向きな意味がある。「スーパードライ」として超辛口を売りものにするビールがあるのは，そのためである。dry martini（ドライマティーニ）は，辛口ベルモットとジンを使ってつくるカクテルとして人気がある。

　また，リース契約の分野で dry lease といえば，乗組員を含まない航空機リースのことである。かと思えば，dry lake は「乾燥湖」，dry land は「乾燥地域」で，dry を本来の意味で使っている。dry nurse は，辞書では「自分の乳を飲ませない保母，育児婦」あるいは「経験の乏しい上役を盛り立てる人，お守り役，相談役」をいうとある。

be free to / at liberty

free は，「自由な，自由に……できる，随意の」という意味である。そこ
で，X is free to exercise the right.「X は随意に，その権利を行使できる。」
のように使うことがある。

ただ，「随意に，自由に」といっても，時期についてのみいうのか，権利
を行使しなくてもよいのかは，はなはだあいまいである。したがって，57頁
の at one's discretion のところで掲げた最初の文例で，Buyer is free to
extend ～. といいかえるのはあまり感心しない。この表現は，厳密に法律
的ないい方としては，あまり使わないようである。

似たようないい方に **at liberty** があるが，liberty は freedom と同じく「自
由」を表す。ただ，liberty のほうが歴史的に過去の一定の束縛や制約から
の「解放」といった意味合いが強いのに対し，freedom は，より広く積極的
な意味合いをもつ。

from liberty「……からの自由」と to freedom「……への自由」というが，
両者の違いをよく表している。

そこで，Buyer is at liberty to dispose or sell the goods. といえば「買主は，
自由にその物品を処分または売却することができる。」である。ただ，**be
free to** といういい方と同じように，法律的に厳密な表現にはあまり向いて
おらず，一般的な表現で「自由に」というときに用いる。

because | since | for

as が49頁で述べたように，ややあいまいな語であるとすると，法律表現に使うことのできる他の英語はといえば，**because, since** および **for** がある。

これら3つの語のうちで，because は，最も論理的・直接的な理由を表すときに用いる。why と対応して使うのもこの語である。

since は because よりも論理的な関係として使うことは少なく，推論の根拠を示すときに用いる。

これらの語に比較すると，for はずっと主観的で弱い理由・原因を表現するための語であり，法律文章中で使われることは少ない。補完的に説明を加えるような場面で用いられる。

理由を表すこれらの類語を語意の強い順に並べるならば，because，since，as，for となる。

法律表現で理由や根拠を明確に示さなければならない場面は多いので，各語の違いをよく頭に入れておく必要がある。

before / by

「何日までに」というように期限を表すいい方を考えてみよう。「売主は本件物品を20××年6月15日までに引き渡さなければならない。」という契約文言を,

The seller shall deliver the Goods before June 15, 20××. のようにドラフトすることが考えられる。**before** のところに **by** を使ってもよい。

ところが, ここで注意しなくてはならないのは,「15日までに」が15日を含むのではないかという点である。契約文言であるから, 1日くらいさほど気にする必要はないというわけにもいかない。15日を含むのであれば, 15日中に引渡しがなされたときは債務不履行にならず, 逆に含まなければ債務不履行（履行遅滞）になるおそれがある。

before は, the day before yesterday が「一昨日」であるように,「……より前に」を意味し, before の後に具体的な日時がくるときは, その日時を含まないとするのが一般的である。

一方, by June 15のように by を使ったときは, 日本語の「15日までに」という表現により近くなる。この場合, 15日を含むと考えられているからである。

ただ, before や by の一般的な解釈は上記のようだと一応はいえるが, 厳密には100％含むあるいは含まないとする定説はないようである。

そこで正確をモットーとする法律英語のドラフティングとしては, その日を含むのであれば, on or prior to February 15あるいは not later than February 15のようにするのがベターである。

また, by や before を使うときも確認的に before and excluding February 15, あるいは by and including February 15とすることも考えられよう。

いずれにしても, 契約文言であるから, わずか1日の違いで法律上の効果に大きな差異をもたらすかもしれないことをよく認識すべきである。

この関連で, 英文契約中に Time of shipment or delivery is of the essence of this Contract.「積荷あるいは引渡しの時期は本契約の要素である。」と書くことがある。

英米法には，狭義のコモンローに対するエクイティすなわち衡平法という
制度があるが，コモンローの原則を補完する機能をもつ衡平法上は，単に契
約中に時期や期間が書かれているだけではこれらを契約の要素としないこと
がある。

すなわち，契約上特定された日に，たとえば目的物の引渡しが1，2日遅
れたとしても，重要でない遅れと考えてこれを無視する慣例がある。

時期をもって契約の要素としたかったら，先に述べたような文言を入れて
おくことが欠かせない。

なお，国際契約としての英文契約では，以上のような点を考慮しただけで
は日時の書き方として十分ではない。

「2月15日までに」と明記しても，こちらの15日が彼の地ではまだ14日か
もしれない。いうまでもなく時差の関係からである。

そこで，国際取引において日時を表すときは，必ずどの場所における日時
であるかの基準を示すようにすべきである。

たとえば，The payment shall be made by and including June 15, 20××
(Tokyo Time).「支払いは当日を含む20××年6月15日（東京時間）までに
なされなければならない。」のように書いておけば間違いない。

London Time や New York Time も同様である。ただ，U.S. Time などは
意味のない書き方である。国土の広いアメリカにはいくつもの時差がある。
特定するならば，あくまで正確にするべきである。Japan Time は，その意
味では，特定がなされているといってよい。

behalf / for

behalf は,「大義, 利益, 支持」を表す。in behalf of 〜および on behalf of 〜という2つのフレーズが法律表現として重要であるが, 両者は区別されなくてはならない。

つまり, in behalf of 〜は,「……の利益のために」「……を支持して」「……を防御して」という意味である。The attorney fought in behalf of her.「その弁護士は, 彼女の利益のために〔彼女を弁護して〕闘った」のように用いる。in her behalf といってもよい。

一方, on behalf of 〜は,「……を代理して」「……に代わって」を意味する。代理文言としてもよく用いられ, as the agent of や as representative of で置きかえることができる。代理文言としては, **for** を用いることもある。しかし, speak for the company といったとき,「その会社の〔利益の〕のために代弁する」という意味と,「その会社を代理(代表)して話す」という意味の両方にとることができる。

いってみれば, for は in behalf of 〜と on behalf of 〜の両方の意味に使える便利さがある反面, いずれを意味するかあいまいになりやすいという欠点をもつ。法律表現としてはあまり使わないほうがよいであろう。

法人や会社が契約の当事者になる場合のサイン欄に, For and on behalf of 〜：と書いた上でサインをすることがある。英米法では, 業務執行役員(executive officer) がサインをする場合であっても, 日本法におけるような「代表」概念を用いることなく, もっぱら代理関係としてとらえるため, こうした代理文言が必要とされるのである。for だけで用いることもよくある。

ただ, アメリカでは, こうした代理文言を省略し, for さえも省略することが多い。

best efforts | reasonable efforts | good-faith efforts | diligent efforts

effort をふつうの英和辞典で引くと「努力，奮闘，骨折り」とある。類似語に endeavor があるが，これは effort より形式ばった語で，より長期にわたる真剣な努力をいう。

best efforts は「最善の努力」のことである。スポーツでも勉学でも常にベストを尽くして取り組むのは美しいことである。ただ，これを契約書のなかで使うと，一般的な意味合いとはやや異なる。

一般に「最善の努力」というと，目標を達成するためにできる限りの手段を尽くすことを意味するが，アメリカの裁判例などは，そこまでは要求しない。best efforts といっても，good faith に近いもの，あるいは diligence の一種であるとする判決もある。

その一方で，どこまでやれば最善努力を尽くしたかは，人によって異なり，内容があいまいなので，無効とする裁判例もある。

good faith は「誠実」を表し，diligence は，具体的な状況の下で人に要求される注意のことで，「勤勉，精励」と訳すこともある。まとめると，best efforts を尽くすといっても，誠実に精一杯のことを行えばよく，**good-faith efforts** あるいは **diligent efforts** というのと変わらないとされる。

このあいまいさはどこからくるかといえば，efforts よりも best からくるとみられる。子供の頃自分では best を尽くしているつもりでも，親からは努力が足りないといわれたことはないであろうか。それだけ best を計るものさしは主観的といえそうである。あなたのゴルフのベストスコアが，トッププロのワーストスコアに及ばないとしても誰も驚きはしない。

それならばというので reasonable best efforts とする表現法もある。reasonable は「合理的な」「相当な」を表す語で，これまたあいまいであるが，英文契約にはよく使う。best efforts が good faith や diligence に近いのであれば，結局のところ reasonable な努力を要求するのと変わらないのではないかというわけである。現に，アメリカには，best efforts と **reasonable efforts** をほぼ同じものとする裁判例が多くある。

細かくいうと，契約で diligent efforts を要求すると，その基準は，good-faith efforts よりは厳格な内容を含む。

契約で，best efforts による履行を義務づけるドラフティングがよいかどうかは，当事者の置かれた立場にもよる。絶対的に義務を履行してほしかったらこの表現は避けるべきであるが，多少のあいまいさを残した allowance のあるいい方のほうが実務上は"落ち着き"がよいこともある。義務内容をきっちり詰めようとして交渉がなかなかまとまらないケースもよくある。

best efforts による義務づけがあいまいだとすると，法的拘束力（binding effect）はあるか否かが問題となる。アメリカの多くの裁判例は，強行性（enforceability）をもつとするが，具体的に行うべきことの内容を明らかにしない限り強制的に実現させる力はないとする判決例もある。いずれにせよ，best efforts に多くの期待は禁物である。なお make one's efforts のように effort はこの場合複数形で使う。

(to the)best of one's knowledge

　この語句は英文契約中の保証条項（warranty clause）中に使うことが多い。売買契約を例に考えてみる。

　物の買主としては，特にそれを再販売（resale）する場合には第三者から知的財産権侵害で訴えられることを警戒する。損害賠償だけでなく差止めまで請求されることになれば，販売者も大きなダメージを受けかねないからである。

　そこで，買主はいくつかの項目につき warranty を求める。項目は，買主側で考え要求しなければ，売主は定型的な項目しか保証してくれない。ただ，英米法には implied warranty「黙示的保証（担保）」の原則があり，契約書に何も書かなくても一定の事項について売主は保証したことにされてしまう。

　黙示的保証の対象には，fitness for purpose「目的への適合性」，および merchantability「商品性」が含まれるが，第三者の知的財産権の侵害（infringement of intellectual property right）は対象に含まれない。第三者の知的財産権を侵害していないと保証してもらいたければ明示的に（expressly）契約書中に書かせる必要がある。

　一方，warranty をする売主の側からすると，何をどこまで保証できるかをよく検討しておかないといけない。warranty の対象になるのは，ほとんどが事実関係の事項である。

　たとえば，民事訴訟は一切抱えていないと "no litigation" の表題の下に warranty した後で訴訟を起こされていたことが判明したときは warranty 違反，すなわち債務不履行（default）になってしまう。その訴訟が契約の履行に直接影響を与えるものであれば，損害賠償責任も生じかねない。

　したがって，warranty する側の当事者は，事実を断定的にいい切るのではなく，「最善知るところでは」といった制約文言を入れることを望む。これにあたる英語の表現が **to the best of one's knowledge** である。たとえば，

> *To the best of our knowledge, the Products do not infringe intellectual property right of any third party.*
>
> 「当社の最善知る限り，本件製品はいかなる第三者の知的財産権も侵害していない。」

のようになるであろう。こうした制約文言を入れることによって実際上どの程度の違いが生じるのであろうか。まず，best の語がもつあいまいさに着目することである。たとえば，best efforts「最善努力」を尽くしたといわれても，どの程度で best といえるのかは人によって異なる。A さんにとっての best は，B さんにとっての best の半分以下といったこともあり得る。

知的財産権には登録や公開されるものばかりではなく，ノウハウ (know-how) のように秘密を保たれているものがある。また，特許 (patent) は公開されるが，最近のようにビジネスモデル特許（英語では business method patent ということが多い）が次々と認められるようになると，どこで誰のどのような知的財産権を侵害していないとも限らない。

まして外国のこととなると，その国の専門家を使っての徹底的な調査後でなければ侵害がない旨の保証を安易にすることはできない。

保証をする側としては，to the best of one's knowledge と入れておけばひとまず安心ということになる。それでも best の文字が入っている以上，何らの調査もせずに，後で「こんな権利者がいたとは，知らなかった」ではすまないであろう。

bind / binding

bind は,「(人や物をひもなどで) 縛る, 結ぶ, くくりつける, 拘束する」を表す。Hands are bound together with rope.「手がロープで縛られている」のように使う。

binding は, 名詞では「拘束 (物), 縛ること, ひも, 包帯」を表すが, 形容詞では「(契約などが) 拘束力のある」を意味する。特に「法的拘束力」を binding effect といい, これがある状態を The Memorandum is legally binding.「本覚書は法的拘束力をもつ。」のように使う。

正式契約に至る前の段階で締結する覚書 (memorandum) 的な合意書を, 国際取引ではよくレター・オブ・インテント (LOI) と総称することがある。この種の文書は正式契約ではなく, それに至る途中段階のものなので, どの程度当事者を法的に拘束できるかが争われることがある。

LOI には, 法的拘束力 (binding effect) がないと一概にいうことはできないし, 独占的交渉権 (exclusive negotiation) やこれに対する違約罰 (penalty) を認めた内容だけに法的拘束力を認めることもある。そこで, 問題となる条項のみならず交渉経過, 当事者の意思などを総合的に勘案してケースバイケースで判断しなくてはならない。

予備的交渉段階での覚書にすぎないので, 当事者納得の上で, This memorandum has no binding effect.「この覚書には法的拘束力がない」と覚書の末尾にでも書いておけば問題が生じないのではという人もいるが, これで万全とはいかない。

なぜなら, 合意書, 念書, 覚書, どのような名称を使おうとこの種の予備的合意文書は何らかの法的拘束力をもたせるために書面化するからである。最終, 正式契約の拘束をもたないというだけで, 途中段階なりに"つなぎ"の役割を期待されるのが原則である。

この原則を覆し法的拘束力を一切認めないとするためには, もっと徹底したやり方をしなくてはいけない。当事者がこぞって法的拘束力を認めたくないのであれば, 文書は残さないことである。

具体的な取引に関連して, 予備的ではあってもこのような合意文書を残す

ことは，法的拘束力をもたせる趣旨との推定を受ける。この推定を打ち破るのは容易ではなく，本体部分の最後に「一切法的拘束力がない」と書いてみても，何かとってつけたようで奇異な感じがする。

それに，この種の文書に，「法的拘束力の有無を含めて当事者間に紛争，意見の食い違いが生じたときは仲裁でもって問題を解決する」との仲裁合意を入れたとする。

この部分を含めて法的拘束力がないとすると，仲裁契約の意味がなくなるので，この部分だけは独立して法的拘束力は認める必要がある。また，さきほどの独占的交渉のための条項にしても，何らかの法的拘束力をもたせないと意味がなく，違約罰条項となるとなおさらである。

結局，この種の文書に「一切法的拘束力がない」と書いても，矛盾しているとみられかねないことになる。その例外とすべき条項もいくつか認めざるを得ないことになれば，結局，「一切」には文字通りの意味は認められない。

board / boarding / border

board, committee いずれにも「委員会」の意味がある。用法上どのように使い分けたらよいであろうか。

board の最も一般的な意味は「板」である。ここから「掲示板」の意味が生まれ, black board といえば「黒板」である。board の語源は古期英語（OE）で「切ったもの」「へり, 縁, 板」を表す bord である。bord は, 船の「舷側（の板)」も表した。ここから **boarding** に「乗船」「板囲い」「(食事付きの) 下宿」の意味が生まれた。

また, 英和辞典を引くと board には「会議の卓, テーブル」の意味が載っている。ここから「会議」「会議体としての委員会」が導かれた。board of education は「教育委員会」であり, board of trade は「商業（工）会議所」である。

一方, board of directors は,「理事会」「取締役会」と訳されている。特に会社法の分野では board member が「取締役」, board resolution が「取締役会決議」, board meeting は「取締役会会議」になる。

board を使った法律英語的表現としては, 〜(be) above board で「(取引などが) 公明正大な」となり, take 〜 on board が「(問題などを) 理解する：(提案などを) 採用する, 受け入れる」となる用法が重要である。

ただ, board は, 多義的に用いられるので要注意である。たとえば, 辞書には, go on [tread, walk] the boards で「舞台を踏む, 俳優になる」との用例が載っている。ふつう board を単数扱いで the もつけず go on board といえば,「乗船する,（飛行機などに) 搭乗する」でよい。

日本語で「合格ボーダーラインぎりぎりの成績」のようにいうが, この場合のボーダーは, 英語の boarder からきている。**border** とは綴りが異なるが語源は, 上記の bord で共通する。元の意味は「へり, 縁」であるから border には「国境, 境界（線)」の意味がある。

boilerplate

boilerplate は，ボイラー（汽罐）を覆っている plate「鋼板，圧延鋼」のことである。これだけだと法律英語とは関係なさそうであるが，boilerplate には，「ボイラー板」のふつうの意味の他，契約書などで使う「定型的文言，決まり文句」の意味がある。

なぜこのような意味で使うようになったかは定かではないが，boiler は，本来の意味以外ではあまりよい意味には使わないようだ。boilermaker's delight といえば，俗語で「安ウィスキー，密造酒」のことである。

また boiler room は「金融商品や不動産などの詐欺的な売込みや，取立てなどの集中的電話作戦を行う部屋」になる。boiling には「煮えくり返るほどの」「うだるように暑い」の意味があり，boiler room の雰囲気はよく伝わる。

boilerplate 文言とは，さまざまな文書に適合する「出来合いのまたは汎用性のある文言」のことである。もともとは，ボイラーを覆う鋼板だが，その後 boiler に付着した鉄板を表すようになり，さらに，19世紀末，アメリカのある新聞社が輪転機のプレートに，ステロ版のニュース記事を刻印して地方新聞社に配送したところ，配送を受けた地方新聞社がその地方のニュースとともに新聞として発行し，これを boilerplate と呼んだという。

推察するところ，輪転機に刻印したステロ版が形状的にボイラーに付着させた鋼板に似ているからこのような呼び方をしたのではないかと思われる。なお，「ステロ版」のステロはステロタイプの略，ステロタイプはステレオタイプの訛で，ステレオタイプには，「絞切り型，常套的な形式」の意味がある，と広辞苑は説明している。

これでようやく，なぜ boilerplate clause が英文契約で使われる定型的な内容の条項をさすかがわかった。英文契約でどのような条項がこれにあたるかといえば，完全合意条項（entire agreement clause），分離条項（severability clause）などがそうで，他に準拠法条項（governing law clause）や譲渡条項（assignment clause）を入れることもある。

これらの条項は，どんなタイプの契約にもほぼ共通してよくみられる一般

的条項である。英米法は，慣習法，判例法の体系のため，個別の取引ごとに気になることを契約書に書かないと安心できない。そのため，制定法主義の大陸法と異なり，契約に一般条項が多くなりがちである。英文契約にboilerplate clause が多いのはこのためといってよい。

boilerplate clause は，上記のとおり「定型的」文言が特徴だが，「定型性」にも差があることに注意してほしい。たとえば準拠法条項の英文そのものは "This agreement is governed by ～ law." 「この契約は……法によって支配される。」のように，定型的でも，どの国の法律が準拠法として指定されるかによって大きな差が生じる。

譲渡条項もよく内容を吟味しないと「完全子会社には相手方の承諾なくこの契約を譲渡できる。」 "～ may assign this contract to a wholly-owned subsidiary without any consent of the other party." といった例外が前面に出されている場合もある。この点に関し，大きな裁判紛争になったのが有名な東京ヒルトン事件である。

breach / default

契約に「違反する」を法律英語でどう表現したらよいであろうか。to breach the contract というのが答えである。

たとえば，ウィーン国際物品売買条約（CISG）の英文正本（同関連条約の正本は他にアラビア語，中国語，フランス語，ロシア語およびスペイン語で作成されているが日本語は入っていない。）の第3部，第2章，第3節「売主による契約違反についての救済」を "Remedies for breach of contract by the seller" としている。

さらに，同第3節冒頭の第45条（1）は「買主は，売主が契約又はこの条約に基づく義務を履行しない場合には，……」を "If the seller fails to perform any of his obligations under the contract or this Convention,……" とし，「契約違反」と「契約上の義務の不履行」で表現を分けている。したがって，後者であればこれを一語で表すには nonperformance がよいであろう。

なお，CISG は，第3部，第5章，第1節を「履行期前の違反及び分割履行契約」"Anticipatory breach and instalment contracts" として，第71条以下にいわゆる「不安の抗弁（権）」を規定している。

breach は，break「破る」と同様に古期英語（OE）の *brecan* から派生し，break はドイツ語の *brechen* と同じ意味をもつ。ただ，breach の語源は「破る」を表す古期フランス語（OF）のようで，いずれにしても原義は，「突然力を加えて物を壊す」であるから，契約や約束を破り意味のないものにするとの契約違反にはふさわしい語といえる。

一方，契約義務の不履行をいうのには **default** を使うことがある。default は，債務不履行や義務の懈怠を表す語として使うので，契約違反よりは広い概念をもつ。この語は de+fault から成り，fault だけで「過失，落ち度」の意味がある。

fault の語源は，「だますこと」を表すラテン語の *fallo* である。「だます」ほうが「だまされる」より悪いはずだが，だますことがうっかりだまされることすなわち「落ち度」の意味に変化したようだ。

default は，古期フランス語（OF）の *de* + *faillir* が元の語で，これを借り入れた中世英語（ME）では *defaut(e)* と l を抜いて綴っていた。*defaillir* の *de* は強調，*faillir* が「失敗すること」を表す。fail といえば，「失敗する」がすぐ思いつくところだが，原義からしても，「怠る」「……しそこなう」がその後に続くのは理解しやすいところである。

CISG が「（義務を）不履行する」を fail to perform としているのはこの関連だとよくわかる。fail の名詞形を使って failure of performance でもよいであろう。default を法律用語の用法辞典（Garner, A Dictionary of Modern Legal Usage, 2nd Edition）で引くと "a failure to act when an action is required, esp. the failure to pay a debt — either interest or principal — as it becomes due"「ある行動が求められるときに行動をしないこと，特に債務の支払いを―利息または元本のいずれでも―期限に達したときに支払わないこと」とある。

「△△に対し銀行団デフォルト宣言か」のような新聞記事の見出しを見かけることがあるが，これは default が債務不履行全般よりは，特に日本語化した使い方においてローンアグリーメントなどの場面に限定して使う傾向があることを示している。

business

　日本語で「ビジネスマン」や「ビジネスホテル」のように身近にビジネスの語を使う。英語の **business** は，日本語よりも形式ばって公式的な使い方をする。「業務，（やるべき）仕事」から「商業，取引」さらに，「会社」「商店」まで意味する。

　business を使った取引・契約に関する用語・成句は多い。business hours は「営業・執務時間」で business day は「営業日，（休日以外の）平日」である。businessman は「実業家，（企業の）経営者」を意味するので，これよりはるかに広く，「勤め人」のことをさす日本語のビジネスマンとは用法が異なる。

　法律英語のフレーズで特に重要なのは，in the ordinary course of business である。このフレーズは別の英語でいえば according to the common practices and customs of commercial transactions となり，「通常の商取引慣行に従って」と訳せばよい。

　この語句は，日本の私法でいう「商慣習に従って」との法的意味をもち得る点が重要である。

　商慣習は，日本では商法1条2項が「商事に関し，この法律に定めがない事項については商慣習に従い，商慣習がないときは，民法（明治29年法律第89号）の定めるところによる」と書いているように，民法を上回る効力が認められ，商慣習法を形成する。

　ちなみに法律英語で慣習のことは custom という。customs と複数形にすると「関税」を表す。custom について Black's Law Dictionary (Fifth Poclct Edition) は，次のように説明している。

> *"A practice that by its common adoption and long, unvarying habit has come to have the force of law."*
> 「社会一般に採り入れられることおよび長く変わらない習慣によって法の効力をもつようになった慣行。」

business　judgement は，企業が下す「経営判断」と訳されるが，会社法の分野でいう business　judgement　rule が重要である。日本でも「経営判断原則」としてほぼ同じ法原則が判例上定着しつつある。

business　judgement　rule は，アメリカ法の下で一般的に「取締役が権限内の経営事項につき，合理的な根拠に基づいて誠実に会社の最大利益となると信じて経営判断を下すならばその結果として会社に損害が生じたとしても，裁判所が事後的判断で経営に干渉したり取締役の判断に代えることで取締役の会社に対する損害賠償責任を問うことはできない」とする考え方をいう。

損害発生の結果よりも意思決定過程（プロセス）における"慎重さ"を重視する考え方といってよい。

buyout / cashout / earnout

いずれも M&A（merger and acquisition）の関係で使う。

buyout は，この語だけで企業をほぼ丸ごと買収することを表す。企業買収といっても"買い物"には違いないので buy の語を使うと思えばわかりやすい。

buyout の"やり方"によって，leveraged buyout（LBO）や management buyout（MBO）の語がつくられ広く実務界で使われている。

LBO は，"レバレッヂ"を利かせた買収のことで，買収対象企業の資産を担保にして金融機関などからの借入れを買収資金にして買収を行う。

MBO は，経営者（陣）が会社の株式の大半を現株主から買い受けて支配権を取得することをいう。現経営陣が敵対的な（hostile）企業買収によって無理矢理いわば"城を開け渡す"ことを避けるための究極的買収防衛策である。

他にも cash「現金」を全株式の対価として支払うことで企業の支配権を取得する"やり方"を **cashout** と呼ぶ。合併（merger）対価を現金で支払うのであれば，cashout merger という。おそらく cash による buyout を短くして cashout というようになったものとみられる。

また，買収代金の支払法に関する **earnout** 方式もある。earn は，「稼ぐ，利益などをもたらす」を表す動詞なので cashout よりも buyout に近い合成語かもしれない。買収契約中で，買収後の業績に応じて買収代金を分割延べ払いにすることを約することによる。この合意を earnout agreement と称する。

earnout agreement を Black's Law Dictionary（Fifth Pocket Edition）は，次のように説明をしている。

> *"An agreement for the sale of a business whereby the buyer first pays an agreed amount up front, leaving the final purchase price to be determined by the business's future profits."*
>
> 「企業の売却のための契約で，これにより買主は合意された金額を前払いし最終買取価格はその企業の将来の利益によって決められるようにする。」

　これからわかるのは，M&A（企業買収）において earnout　agreement は，買収代金の支払方法についての合意であることである。では，なぜこのタイプの合意がこのところ目立つようになったのであろうか。

　それは，日本企業が特に海外 M&A で買収代価を払いすぎる傾向があるからである。日本企業はいま，国内市場が縮小しているなかで，円高を追い風にさかんに海外 M&A を敢行し海外子会社化を進めてきた。

　その際，買収候補企業（target　company）の純資産価値を大きく超えるプレミアム（premium）を上乗せして買収金額のオファー（offer）をすることが少なくない。

　ある調査によれば，2005年から2016年までの500億円以上の日本企業による海外 M&A のうち，プレミアムが判明している案件のプレミアム額の平均値は48.5％だったという。

　なぜ，このように大きなプレミアムを支払うかといえば，M&A の「時間を買う」効果とともに，買収した海外子会社とのシナジー（synergy）を狙うからである。

　加えて競争入札方式で同業他社とのターゲットの"奪い合い"になると，期待するシナジーをはるかに超えたプレミアムを上乗せして買収金額として呈示する。

　earnout の合意をするならば，海外 M&A での"高すぎる買い物"を避け，シナジー発揮をより期待できる。アーンアウト方式は，買収代金のいわば延べ払いであり，買収金額を将来の成長に期待しこれを織り込んで決定する，あるいは，買収後の業績向上につき買収対象企業の経営者にインセンティブを与えるために使える。

　しかもこの方式によるときは，買収後の業績向上がなければ追加代金を支

払わないようにできるから，合理的な支払内容にできる。

「追加支払」は，財務上の目標数値と連動させるのがふつうだが，同数値の計算に関してトラブルが絶えない。従前のやり方で事業を続けたい売主側と企業文化を融合させた上でシナジーを狙いたい買主側の思惑が一致しないためのトラブルもよく起こる。

earnout agreement の内容は，会計の専門家も交えて慎重に検討する必要がある。

取締役会に出席する社外の監査役員（監査役，監査等委員，または監査委員）による専門的知見に基づいた適切な発言にも期待すべきである。

Column
Cash is king！はいまも正しいか？

英語の諺は "Take the cash, and let the credit go."「信用貸しはやめて現金を取れ」という。よりくだけて "Cash is king！" ともいう。古今東西を問わず，現金が最もありがたいとされてきた。冒頭の諺を「名を捨て実をとれ。」と訳す例もある。

しかし，いまは「キャッシュレス」が急速に進行し，cash は敬遠される傾向がある。理由は，電子マネーによるなどデジタル化を進め，新型コロナウイルスや細菌に感染するリスクを極力小さくしようとするからである。もうひとつの理由は，cash による支払いを優先し，cash を手許に多く持っていると，強盗に狙われやすいからである。身近なところでは，たとえば，電子マネーやクレジットカードで支払えるタクシーが増えたのはこのためである。

by and between

by and between は，同義語重複の一例である。This agreement was made and entered into by and between X and Y. 「この契約はXとYによって締結された。」のように使う。by だけでも between だけでも意味をほとんど変えることなく通じる。

なぜこのようにむだにも見える重複表現をするかといえば，法律英語特有の慣行からくる。

英語は mixed language 「混交語」であり，系統の異なる言語がいくつも混ざり合ってできた。なかでも法律英語の場合，1066年のノルマン征服 (Norman Conquest) 以降，ゲルマン語が中心であったところにラテン系の法律用語が大量に"流入"した。

基本的で一般的な語は，いずれの言語にも含まれているので，英語には多くの同義語が生じた。封建時代，法律は「支配の道具」であったから，征服王朝のノルマン人は自分たちの言語であったノルマンフレンチ (Norman French) で法令をつくり，被支配民のゲルマン人向けに発した。ただ，被支配民のアングル族やサクソン族は頑固で鳴る人々であったので押し付けられた古いフランス語の一種を受け付けようとしなかった。

このまま被支配側に伝わらなくては支配の道具として意味をもたないので，ノルマン王朝は一計を案じ系統の違う同義語を並べて使うようにした。これが法律英語における同義語重複のはじまりとされる。したがって，fit and proper や keep and maintain のように，ゲルマン系の語とロマンス系の語を組み合わせるのが典型例であった。

ところが，この同義語重複の用語法は，やがて"癖"となり，系統が同じであってもとにかく同義語を並べるように定着して現在に至っている。by and between がそうであるし，上記文例中の made and entered into もそうである。なお，between は2当事者間で使う語なので，3者以上の当事者間の契約であれば by and among とするのが適切であるし実際にそのように表記する例は見かける。

すべてがそうではないとしても，by and between (*or* among) や made

and entered into のような同義語の重複はいってみればむだな表現例である。英作文的に英文契約を drafting するときは，一語だけ使えばよい。残すのであれば短い by を残すべきであろう。また，日本語に訳すときも重複して訳す必要はない。

by mutual consent(agreement)

mutual をふつうの英和辞典で引くと「相互の」「相互に関係のある」とある。もともと mutual は，ラテン語の「借用〔交換〕した」から派生したとされ，reciprocal「互恵的な」との意味をもつ。

consent もラテン語の「共に感じる，調和する」の意味から生まれた語とされている。"consent by X and Y" といえば，mutual consent といわなくても，「X および Y の相互の同意によって」との意味になる。

agreement は，同意の上でできる合意のことであるから，by agreement だけで，「双方合意の上で」との意味になる。mutual はなくてもよいであろう。それに agreement は，テクニカルタームとして，契約の基礎になる合意との意味が確立している。

したがって，「相互の同意によって」というときは，by agreement が by consent よりもよいといえる。法律用語としての agreement は，双方の同意，すなわち合意を表すのに対し，consent の同意は，より片面的なニュアンスで使う。

ちなみに，ある英和辞典は，consent は「提案・要請に自発的に同意する」ことであるのに対し，agree は「話合い・説得によって意見の相違を解決して合意に達する」ことをいうとしている。この説明からも片面的か双方向的かのニュアンスの差がうかがえる。

mutual の副詞形は mutually であるが，Public release shall be in a form mutually agreeable to the both parties.「公の発表は，両当事者に互いに同意され得る形態でなくてはならない。」のように使うことがある。これも mutual agreement と同じように，mutually がなくてもよいのであろう。

mutually の語は，jointly の代わりに誤った使い方をされることがある。international law firm mutually selected by X, Y and Z「X, Y および Z によって互いに選ばれた国際的法律事務所」とのいい方は誤っている。X と Y の互選でそのなかから法律事務所が選ばれるのでなければ mutually の代わりに jointly を使うべきである。これによって X, Y および Z が共同で選任するとの意味になる。

consent は approval と並べて，X as a parent company granted full approval and consent.「X は親会社として全面的な承認を与えました。」のように使うことがある。これは，法律英語に特有の同義語重複表現とみられる。したがって，「承諾と承認」のように 2 つの語を訳し分けなくてもよいのである。

同義語重複には，new and novel のように，ほとんど違わない 2 つの語が並べてあるだけの場合がある。その場合でも，ゲルマン語系と，ロマンス語系の違う系統の語を並べることに意味があるとされてきた。new はゲルマン語系で novel はロマンス語系である。consent と approval は，前者がラテン語からきているし，後者は古期フランス語（OF）からきており，語系も似かよっている。

ただ，consent と approval のニュアンスの違いをあげれば，consent は対等に近い関係にある当事者間で使うのに対し，approval は政府が認可を下す，親会社が子会社の行為について承諾を与えるといったタテの関係で使うことが多いといえる。そこで，mutual approval との表現はそもそもおかしいといわなくてはならない。

cancel

cancel は,「予約をキャンセルする」のように日本語としてもよく使う。たとえば,ホテルの宿泊予約をキャンセルすると,宿泊約款などには「5日前までのキャンセルならばすでに支払った金銭などの全額をお返しします」などとあり,遡って原状回復をするのがふつうである。

cancel の語源は,ラテン語で「格子」を表す *cancellus* である。なぜ「格子」がふつう「予約解消」といった意味をもつ cancel にかかわるのであろうか。

日本でも,契約中の文字や数字を訂正,削除をするときはその箇所に2本線を引く。この行為の結果,いわば格子模様ができるところからきているものと考えられる。cancel には「(切手に)消印を押す,(切符に)はさみを入れる」との意味もある。

予約や注文を「取り消す」のであれば,cancel the reservation [order] といえばよい。予約や注文はなかったことになる。

契約を「解除する」を cancel the contract のように表すことがある。これはこれで正しい用語例であるが,解除に遡及効が生じる点に注意しなくてはならない。解除には,契約を最初に遡ってなかったことにしすでに支払済みの代金,予約金を返還するなどの原状回復義務をともなう場合と将来に向けて契約を解消する場合の2通りがある。

cancel の語源から導かれるのは,契約などを最初からないものとするとの意味である。法律や条約につき,これを「無効にする,廃止する」との形式ばったいい方をするときは rescind の語を使う。名詞形は rescindment であるが,契約についてはあまり使わない。

逆に,将来に向けて契約を解除するのであれば terminate を使うのがよい。~ may terminate the agreement は,「……は,その契約を解除(約)できる」となる。terminate は,「(行動,状態などを)終了させる,終結する」を意味する。terminate の語源にあたるのがラテン語の *terminō* で,「区切る,制限する,終わらせる」を表す。この名詞形は,terminus で,「境界線,地の果て,結末」の意味の他「判決,裁定」を表すこともある。『終着駅』と

いう古い名画があるが，日本語でも終着駅を「ターミナル」という。

　いずれの場合にも「契約を解除する」のようないい方をするが，解除に遡及効をもたせるかどうかは，重要なので，法律英語としても区別して使い分けないといけない。

　遡及効のことは，retroactive effect といえばよい。遡及法のことは retroactive law というので，こちらも覚えておくとよい。

chair / chairperson

chair の誰でも知っている意味は「椅子」であるが，法律用語としても使う。take a chair は「着席する」である。ところが，got the chair とすると「電気椅子送りになる」すなわち「死刑になる」の意味になってしまう。

chair だけで，大学教授の職，大統領や知事の職を表すことがある。定冠詞を付し the chair というと，特に会議体の「議長」を意味する。take the chair といえば，単に「議長席につく」よりは，会議を「開会する，司会をする」を表す。

「議長」としては，**chairperson** というのがより正式である。かつては chairman ということが多かったが，男性，女性のいずれかのみを表すいい方は避け"中性的な"表現が主流になった。

英語には，男性，女性のいずれかを表す語がある。たとえば，「使者」を messenger というのはいいが，かつてアメリカ企業には messenger boy がいてオフィス内外の書類の配達などを担当していた。

また，ホテルや高級アパート（日本風にいうとマンション）の入口には，doorman がいた。（これを doorboy というのは和製英語なので要注意。）

これらは，男性だけの仕事と決まっているわけではないので，messenger person あるいは doorperson というべきである。言葉としてそれが定着したかどうかとは別に，chairman「議長」のことは chairperson というようになったのである。日本でも看護婦ではなく看護師というようになった。

契約書には，Each seller shall surrender its certificate.「各売主はその証明書を提出しなければならない。」のようないい方をよく見る。

its に代えて his は明らかに男性のみを表すので適切とはいえない。これを改めるのに，drafting technique として上記のほか 2 つの書き方をしてみる。

1 つは，The sellers shall surrender their certificates. とする書き方である。their であれば中性的であるだけでなく，法人も含む。Each seller shall surrender the seller's certificate. とする書き方もある。seller の語を繰り返さなくてはならない点がややスマートさを欠く。

もう 1 つは，Each seller shall surrender his/her/its certificate. として，

性別，個人，法人の別を問わずすべての場合を含むようにする書き方である。

　ただ，この表現中に出てくる"/"は，正式な英語には使わないほうがよいとされる。それは，かなり前から A and/or B の表現法が，正しい英文法や構文法からは説明できない記号にすぎないとみられていることからもわかる。

　3つの書き方のどれがよいかは，文脈によって決めるべきである。まれに(S)he shall ～. のように，両性を兼ねた表現を見るが，これは避けたほうがよいであろう。his や her となると合成語をつくるのがむずかしいからである。

　また，英語には，男性名詞，女性名詞，中性名詞がある。lion は雄ライオンのことで雌ライオンは lioness といわなくてはならない。

　ライオンが契約書に登場することはまれだが，host は，会議や大会の主催者を表すこともある。この女性形は，hostess である。クラブやバーで男性客の相手をする女性のことをホステスというのは，完全な和製英語なので気をつけたい。

　海事関係の用船契約（charter party）などには ship「船」が主語になる規定が入る。ship は，女性代名詞で受けるのが一般的である。この場合は，特に差別的表現であるとはしない慣行だが，一律に it で受けるようにしたほうがよい。

charge

charge の法律用語としての用法は多岐にわたる。「請求する」の意味で charge for the use of the machine「その機械の利用代を請求する」のように使う。動詞の charge は，「（商品などを）つけで買う」というのにも使う。

名詞の charge には，「代価，請求金額，料金」といった，いわばふつうの意味があるが，その他に辞書には，「負担，税金，課徴金，告訴・告発」のように "悪い" 内容の語が並ぶ。他方，charge には，金額を内容とする語とは別に「義務，責任，任務」の意味もある。どうやら charge には，税金に代表されるようないやいや押し付けられる金銭の額といった意味がありそうだ。a person in charge といえば「責任者，担当者」である。

「告発，告訴，問責」の意味でも使う。bring charges against a person は「人を告発する」である。

サッカーやラグビーで「チャージする」といえば，相手の選手めがけて「突進する」「（攻撃の）妨害に入る」を表すように，charge には，「負担，負荷（をかける）」の意味がある。バッテリーの充電，電子マネーの入金に「チャージ」を使うのはこの関連である。

「負担」からの連想で charge は，「担保（権）」の意味がある。特にイギリス法由来の floating charge「浮動担保」は，増減を繰り返す企業の資産を，包括的に網をかぶせるように担保権の対象に取り込むやり方である。

charge の語源は，「荷馬車」を表すラテン語 *carrus* であり，ここから「荷を積み込む，負荷する」の *carricare* が派生した。ちなみに，*carrus* は，「自動車」の car，「運ぶ，運送する」の carry の語源でもある。

なお，海外パック旅行の広告などに「サーチャージ5万円」のように書く例をよく見かける。surcharge は，一般に基本料金に対する追加料金，割増料金をいうときに使う。

接頭辞の sur- は，「……上に，……に加えて」を表すので，surface といえば「顔の上に」で「表面，うわべ」になる。他にも surprise は「上からつかまえられた」で，「驚かす，びっくりさせる」の意味に転じる。prise には prize と同じ「捕獲（物），拿捕」の意味があるからだが，上から捕獲さ

れたらサプライズとなるのは当然のことである。

sur- は，古期フランス語（OF）が語源だが，super- と同じ意味でその変形である。superficial は「表面上の，見かけの」だが，of the surface を表すラテン語から派生した語である。

surcharge は，「追加的な，過度の charge」が本来の意味である。追加料金，割増料金の意味に使ってよいが，眼に見える物品の代金にはあまり使わない。charge の語源は，「荷を積み込む」を表すラテン語なので飛行機や船を使った旅行代金の追加，割増料金をいうには surcharge は適している。

charter

charter の，日本語にもなっている最も身近ないい方は「ヘリコプターを
チャーターする」あたりであろう。他にも charter は，法律分野で「憲章」
や「（会社などの）定款」を表すのに使う。

「大憲章」と訳されるマグナ・カルタ（*Magna Carta*）は，1215年にイギ
リスの国王だった John が人民の権利と自由を保証するために制定した憲章
のことで，イギリス憲法の基礎をなしている。

会社定款をなぜ charter というかといえば，その昔大英帝国が植民地につ
くった東インド会社のような現地法人に，事業目的を限定的に書いた勅許状
を出したことがあり，これが元になって定款を表すようになったからである。

Magna Carta にはラテン語が使われている。いまの英語でいえば Great
Charter である。*Carta* を *Charta* と綴ることもある。現代，「国際連合憲章」
のことは the Charter of the United Nations という。

charter の語源は，「1枚の紙片」，しかも古代のパピルス紙を表すラテン
語 *carta* である。ここから日本語のカルタも生まれた。また，card「カード」，
chart「図表」といった英語も派生した。

船をチャーターする用船契約のことを charter party という。この場合の
charter は，「憲章」のような大がかりな文書ではなく，貸し切りのための
「契約書」のことである。ではなぜ charter contract といわずに charter
party というかといえば，この場合 party も「契約書」を表すからである。

party の語源は，「分けられた部分」を表すラテン語である。部屋の仕切
りのことをパーティション（partition）というし，そもそも一部，部分を
パート（part）といい，同じ語源をもつ。

charter party は，ラテン語の *carta partita* から生まれた。これを直訳す
れば「分けられた契約書」となる。問題は，これがなぜ用船契約を表すよう
になったかだが，パピルス以前の昔にまで話は遡る。

その昔，紙ができる前は，重要な契約は羊の皮に書いたという。双務契約
であれば当事者は同じ内容の署名済契約を当事者は1枚ずつもたないといけ
ない。そこで，なめした大きな羊の皮を用意し，契約内容を右，左に二度書

き，鋭い刃物で真ん中を切り分けた。それもまっすぐに切るのではなくわざとジグザグをつけるよう不規則に分け，後に切断面を合わせてみればその時の片方かどうかがわかるようにした。

　紙の時代になってからも1枚を切り分けるあるいは2枚を重ね上部を不規則に切って，1枚ずつ当事者が保有することを行った。この場合特に上部のギザギザが鮫の歯のように見えるため，deed indented＝indenture と呼ぶようになった。in+dent で「歯型をつける」である。

　用船契約の場合，船主（owner）と用船者（charterer）の2当事者が登場する。さすがに羊の皮に書くほど古くはないにしても，歯型捺印証書のように，2通に分け1通ずつ持ち合う契約書があり，その代表例として用船契約が締結されてきたことから，次第に charter party と称するようになったらしい。（有名な "Scrutton on Charterparties & Bills of Lading (23rd Revised edition)" にはそう書いてある。）

class / *classic*

クラスやクラシックといえば日本語でポピュラーだが，法律英語としても重要な使い方をする。

classic の方からいうと，日本語にもなっている「古典」の意味が最も一般的である。the classic(s)といえば「古典文学」あるいは，特にギリシャ語，ラテン語などの「古典語」を表す。

日本でも伝統的な大試合のことを，競馬のクラシックレースのようにいうが，イギリスで the classic races といえば，Two [One] Thousand Guineas, Derby, Oaks, St.Leger の５大競馬レースをさす。

classic は，of the first rank「最上級の」を表すラテン語 *classicus* が語源である。このラテン語は，ローマ人のうちの「最上階級の」をさしたとされており，同じ語源の語には **class** がある。class は，「種，類」とともに「等級，品等」を表すが，社会的「階級（制度)」も表す。

そこで，class を「上流階級，一流の人々」「一流，卓越，品格」と訳すこともできる。辞書には She has class.「彼女には気品がある。」，the class of the league「リーグ１のもの［人]」といった用法例が載っている。

法律分野で特に訴訟用語として出てくる語に class action がある。これを「第一級の，高級な訴訟」と訳すのはあたっていない。高級な品格のある class action はもちろんあるが，このタイプの訴訟では大勢の原告集団（class）が被告となった企業に大きなリスクとなって襲いかかることがまれではない。

class action の class は，英会話のクラスというときの使い方に近く，「（一定の）人の集まり，集団」を表す。この場合は，訴訟の原告（plaintiff）が多数結集したと思えばよい。典型的にはある欠陥製品の被害者10万人のうち何割かが原告となって class action を提起する場合などがある。

実際の訴訟においては，クラスアクションへの参加を呼びかける広告が新聞に掲載されたり，「特定できるクラス」があるといえるかどうかの認定が争点になったりする。

アメリカのメジャー・リーグには，class action grievance claiming と呼ば

れる一種の ADR（alternative dispute resolution）手続がある。クラスアクションの名がついてはいるがこの手続は訴訟ではなく，選手が何人か集まって，「苦情申立」をメジャー・リーグに設けられた紛争処理機関に行う。メジャー・リーグ野球選手会（Major League Baseball Players Association）と球団オーナーらとは collective bargaining agreement「団体労働協約」を締結するが，同協約違反を理由に選手たちが苦情申立をしたケースが過去にはあった。

classic は，class の本来的意味の延長上で「最も優れた，最高級の」「古典的な，模範的な」の意味をもつ。古典作品の場合，音楽でも絵画でも，長い間高い評価を受け続け，生き残った最高級のものである。

スポーツの分野でも伝統的な行事特に大試合を classic と呼ぶ。たとえば，WBC（ワールド・ベースボール・クラシック）の場合，野球の世界一決定戦なので，最高峰の大試合との意味で Classic の語を付したのだろう。

comfort

comfort の誰でも知っている意味は「快適さ，心地よさ，慰め」あたりであろう。ただ，法律英語としては，「支援，援助」の意味で使う letter of comfort の用法が重要である。

comfort を英和辞典で引くと最初に出てくる意味が「慰め（る），慰問（する）」で，やや大きい辞書だとその後に「《廃》援助する」とある。comfort は，com「すっかり」+fort「強化する，元気にする」から成り，fort の語源は，「強い，たくましい，強力な」を表すラテン語の *fortis* である。

したがって comfort は，「慰め」よりも「支援，援助」のほうが語源に近いとわかる。とはいえ，letter of comfort には，内容次第で「気安め，慰めのレター」と訳してもおかしくない場合もある。

なお，comfort letter というと，狭義では M&A や社債発行の取引に際し公認会計士（CPA）が出すところの前回監査後会社財務に大きな変化はない旨の意見書をさし，これを「『慰励』の監査意見書」とする辞書もある。letter of comfort を略し comfort letter というのは避けたほうがよいだろう。

letter of comfort を support letter ともいうのは「支援」のためのレターとの意味からである。いずれも実務上の「あだ名」のようなものなので，letter of comfort や support letter とタイトルがつけられた文書には一律に法的効力があるとかないとかいうことはできない。内容次第で親会社が子会社のために letter of guaranty（L/G）を差し入れたのと同様の法的効果をもつ。反面，ほとんど道義的責任しかもたらさない単なる念書もある。

この差はどこからくるかといえば，内容の specific さからくる。L/G であれば日本で使う保証状とよく似て，被担保債務（主債務）を特定し，これとの関係で guarantor の義務内容，催告の抗弁や検索の抗弁の有無を書くが，letter of comfort の場合，債権者との直接の権利，義務関係についてはほとんど書かない。letter of comfort が L/G による公式的な権利，義務関係の発生を避け，ぼんやりとした念書的文書のやり取りでいわば「お茶を濁す」感じにするからである。

guarantor としての責任を負ってかまわないのであれば L/G を差し入れる

ところ，これを避けはじめからあいまいにつくるのが letter of comfort である。L/G に近づけるのであれば債権者と主債務者の関係につき債務内容など具体的に書くことである。さらに，レターを差し入れる者と主債務者との関係も，親子会社関係であり，親会社として子会社に対し controlling position「支配する立場」をもっていることを具体的に書くならば，いっそう法的拘束力をもちやすいといえる。

こうしたことを具体的に書くことなく，「A社が資金を必要としているので貸してやって下さい。」といった内容だったら，それこそ気安めにもならないだろう。

commercially reasonable

commercially が「商業上，通商上」を表すことはほとんど誰でも知っている。reasonable も半分日本語化しており，「合理的な，相当な」を表すことは常識に近い。

ただ，これら 2 つの語を組み合わせた The trustee shall perform its obligation with commercially reasonable case. の英文を「受託者はその義務を商業上相当な注意をもって履行しなくてはならない」と訳すのは正確ではない。**commercially reasonable** のテクニカルタームとしての用法を見逃しているからである。

commercially が reasonable と組み合わされたときは，1 つの法律用語としての意味をもつ。「商業上相当な」と訳せばよいかといえば，そう簡単ではない。

Black's Law Dictionary (Fifth Pocket Edition) を見ると，まず以下の説明が載っている。

> *"(Of a property sale) conducted in a good faith and in accordance with commonly accepted commercial practice."*
> 「(不動産の売買につき) 善意で一般に認められる商慣習に従って行われること」

次に，

> *"Under the UCC, a sale of collateral by a secured party must be done in a commercially reasonable manner, or the obligor's liability for any deficiency may be reduced or eliminated."*
> 「統一商事法典の下で，担保権者による担保物の売却は商慣習上相当な方法でなされなくてはならず，そうでなければ債務者の不足分についての責任は減免され得る。」

こうした説明からわかるのは commercially reasonable が一定の文脈中では「商慣習に照らして相当な」を意味することである。

商慣習は，日本では商法1条2項が「商事に関し，この法律に定めがない
事項については商慣習に従い，商慣習がないときは，民法（明治29年法律第
89号）の定めるところによる」と書いているように，民法を上回る効力が認
められ，商慣習法を形成する。

ちなみに法律英語で慣習のことは custom という。customs と複数形にす
ると「関税」を表す。custom について Black's Law Dictionary（同）は，次
のように説明している。

> *"A practice that by its common adoption and long, unvarying habit has*
> *come to have the force of law."*
> 「社会一般に採り入れられることによって長く，変わらない習慣が法の
> 効力をもつようになった慣行。」

英文契約中に commercially reasonable や custom の語を用いて，たとえば
一定の業務（service）履行上の義務基準を書く場合は，特にアメリカでは
判例法下での意味をもった使い方がほとんどといってよい。

さらに覚えておくべきなのが，custom and usage の成句である。usage に
も「慣習，慣行」の意味があるが custom と一緒に使うとさらに意味が加わ
る。Black's Law Dictionary（同）はこの成句を，"General rules and
practices that have become the norm through unvarying habit and common
use."「変わらない習慣と広く使われることを通じて規範となった一般的規
則および慣習」としており，法的な意味をもつことがよくわかる。

common / mutual

　common は「共通の」「共同の」という意味であるのに対し，**mutual** は，「相互の」「相互に関係のある」という意味の他に，二人以上の人間（物）に「共通の」という意味でも用いる。

　「共通の友人」というときは，mutual friend では理論上おかしいので common friend というべきであるが，現在は mutual friend といういい方のほうがよくみられるようになった。

　mutual は，たとえば契約条項中で，This provision can only be amended by mutual consent by the parties.「本条項は，当事者による互いの合意によってのみ改訂できる。」のように使う。

　consent の代わりに agreement を使うこともあるが，この場合 mutual は必要ない。agreement は「合意」で mutual なことが前提だからである。

Column
公園をコモンというのはなぜか？

　common のもっとも一般的な意味は「ふつうの，ありふれた」である。次にくるのが「共通の，共有の」「公共の，社会的な」である。関連して名詞では，「共有地，公共の土地，公園」を表す。公園の固有名詞としても Boston Common「ボストンコモン」のように使う。

　法律用語として，right of common で「入会権」であるが，common だけでも「入会地，入会権」を表すことがある。気をつけなければならないのは，common には形容詞で「ごくふつうの，庶民の」といった，あまりよくないニュアンスがある点である。辞書には，a common accent で「下品な口調」としている例があった。

compact

英和辞典の **compact** には，名詞として make a compact「合意・契約をする」との用例が載っている。動詞で使って compact with ～「……と合意・契約を結ぶ」とする例もある。

ただ，実務で「契約を締結する」をいうのに compact を使うことはまずしない。文語的な堅い表現に使うか，国と国との間で盟約を結ぶといった使い方をする。

compact の語源は，*com + pact* で，「しっかり締める，固める」を表すラテン語である。ここから，「小さくまとめ上げられた」という形容詞の用法が生じる。compact car といえば「小型車」である。アメリカ英語では名詞形の compact 一語で小型車やコンパクトカメラを表す。日本語でコンパクトといえば，女性の携帯用「化粧おしろい・鏡・パフ入れ」を表す。もともとの英語にもこの意味の用法はある。

アメリカ合衆国憲法（U.S. Constitution）には，Compact Clause と呼ばれる条項がある。第1章第10条第3項（Article 1, Section 10, Clause 3）がそれで，次のような内容をもつ。

> *No State shall, without the consent of Congress, lay any duty of tonnage, keep troops and ships of war in time of peace, enter into any agreement or compact with another State or with a foreign power, or engage in war, unless actually invaded or in such imminent danger as will not admit of delay.*
>
> 「いかなる州も，連邦議会の同意なしに噸数税を課し，平時に軍隊，および，軍艦を保有し，他州，あるいは，外国と協約，もしくは盟約を締結してはならず，また，現に侵略され，もしくは猶予し難いほどの急迫の危険にない限り，戦争行為をしてはならない。」

同条項は，州が外国や他州と同盟や不可侵条約などを締結することを原則として禁じている。連邦議会は，州境（boundaries）や港，環境・野生動物の保護，治水，環境・行政上の利権などについて例外的に州が盟約を結ぶこ

とを認めてきたにとどまる。

　アメリカ合衆国の成り立ちにもかかわる重要な compact が，Mayflower Compact である。「聖なる契約書」と称され，その後のアメリカ社会の基礎となった。1620年11月，メイフラワー号上の船上で，イングランドから航海の末，いまのマサチューセッツ州の沖合に辿りついた41人の清教徒（Puritan）たちが，ウィリアム・ブラッドフォード（William Bradford）の起草した Compact に署名した。

　そこには，「（この盟約に基づき），植民地の幸福のために最も適切と認められるところによって，適宜，正義公平な法律，命令などを発し，憲法を制定し，かつ公職を組織すべきこととし，われわれ署名者を拘束すべきことをここに誓約する」"binding the signers under solemn covenant to form a civil body politic to operate under just and equal laws, acts, ordinances, and constitutions to be enacted from time to time for the good of the Colony." と書かれていた。

　植民地に理想の社会を建設しようと誓いを立て盟約を結んで新世界への第一歩を踏み出したものと思われる。アメリカは，後に「法律万能社会」といわれるほど，道徳や義理・人情といったいわば非論理的なルールよりも論理的ルールによる規律を重んじる契約社会になるが，その出発点に compact があったことは興味深い。

　なお，compact は，名詞で使うときはアクセントが最初の音節にあるが，動詞で使うときは後の音節に移る。形容詞のときはどちらでもよいとされる。

compliance / comply

いまや，コンプライアンス（compliance）は企業法務の基本語になった。

compliance を「法令遵守」と訳すことも多いが，「要求に応じる，規則に従う」を意味する **comply** の名詞形である。The company complied with the rules. 「その会社はその規則に従った。」のように使う。

comply, compliance の語源は，「なし遂げる，満たす，充足する」を表すラテン語 *compleō* であり，形容詞形では *complētus* である，ちなみに complete「完全な，完備した」も同じ語源をもつ。ただ，comply を「要求や命令に従う，応じる」の意味で使うようになったのは，17世紀半ば頃からとされている。

昨今は，企業の社会的責任（corporate social responsibility : CSR）をより厳しく求めるようになっている。そうした流れのなかで，とりわけ公的な金融機関から借入れをするための loan agreement には，事業遂行に関連した重要法令のコンプライアンスを励行してきたことを表明・保証し（represent and warrant），かつ，将来に向けて同コンプライアンスを誓約する（covenant）との条項を入れるよう求められることが多くなった。

Column
バリューチェーンの強靭化も必要か？

　経済安全保障の視点から，サプライチェーンの強靭化が求められているが，一方で、ESG（Environment「環境」，Social「社会」，Governance「ガバナンス」）の視点に立ったバリューチェーンのクリーン化を推進しなくてはならないと考える。

　バリューチェーン（value chain：「価値連鎖」）は，企業経営に関して従来から使われてきた戦略概念である。企業活動を仕入れ・製造・出荷・販売などの主要段階と付随する人的資源や全般管理などの補助活動の連鎖ととらえ，消費者ニーズ満足のための価値の付加を各段階で行うとする。

　サプライチェーンが，主として製品の製造過程に関して論じられているのと比べ，バリューチェーンは，対象がより広いといえる。ESGのS(social)の部分で，製品の原料供給者の工場で児童労働や強制労働が行われていたとして人権問題となるケースがある。この問題は，消費者の厳しい"監視の眼"を抜きに解決できない。

　最終消費者にまで達する供給網全体の"クリーン化"を通じた「責任あるサプライチェーン」の考え方は，定着しつつある。データが石油に代わる「資源」になったとされるいまは，データサプライチェーンのクリーン化まで考える必要がある。

　対象のデータは，産業データと個人データに大別できる。前者は，サイバー攻撃などでサプライチェーンの拠点から大量にネット上に流出すると，国家の安全保障を脅かしかねない。後者は，情報管理の不備がもとで，同様に個人情報の大量流出を招くならば，何億人ものプライバシー権を侵害しかねない。

condition

condition は，「条件」である。ふつうは，契約法の分野でこれを使う。
だが，日本の民法にも，「条件」という概念があり，そのためかえって正確
に condition の概念をとらえることがむずかしい。

英米契約法の下で condition は，「将来の不確定な事象でその発生・不発
生に，債務の存続がかかっているもの」をいう。

契約中で condition は，明示的に（expressly）も黙示的に（impliedly）も
使われる。ただ，種類としては，conditions precedent, conditions
subsequent，および concurrent conditions の3種をあげるのがふつうである。
それぞれについて，より具体的に説明を加えてみよう。

日本の民法における似た概念との比較が，より正確な理解のためには有益
である。

conditions precedent は，ふつう「先行条件」と訳す。これは，日本の民
法の概念からはなかなかとらえにくい。つまり，民法127条にいう条件は，
法律行為の付款といわれるもので，法律行為の効力は発生または消滅をこれ
にかからしめる。

民法の条件には，解除条件と停止条件とがある。前者は法律行為の消滅に
関し，後者はその発生に関する。「試験に落ちたら奨学金の給付をやめる」
というのは解除条件の例であり，「試験に合格したら自動車をやる」という
のは停止条件の例である。

日本の民法では，条件は，このように，法律行為の発生消滅にかかわる。
したがって，それが停止条件であれば契約の成立が直接その成就に左右され
ることになる。

一方，英米法にいう condition は，契約そのものの成立というよりは，契
約から生ずる債務の履行（performance of obligations）にかかわっている。
つまり，契約が有効に成立したのちの問題といってよい。

英文ローン契約には，一般条項のひとつとして Conditions Precedent
Clause が含まれるのがふつうである。英米法の下でのローン契約は，諾成
契約であるため（日本の民法587条では，要物契約である），貸手（lender）

が実際の貸付け（すなわち，貸す債務の履行）をなすための「前提条件」を
この条項中に並べるのである。その列挙事由のなかには，借主（borrower）
代表者のサイン証明や定款類の提出など，契約の効力そのものを左右するほ
どの重要性はない二次的な事柄も多く含まれている。

conditions subsequent といえば，先行条件に対する「後行条件」である。
conditions subsequent の発生は，すでにある契約の履行義務を消滅・免除
させる。

たとえば，建物保険の契約条項に，「建物が一定期間占有されない状態に
放置されたとき」は，保険金が支払われないと規定されているとする。これ
は，conditions subsequent の例である。

concurrent conditions は，同時履行の条件である。典型例は，商品の引渡
しと同時に代金を支払うような売買にみられる。

契約当事者の履行義務それぞれが互いに条件となっているときに
concurrent conditions があるということになる。実際のケースでは，この認
定が問題となることが少なくない。アメリカの判例に実例を見てみる。

Xは，石油会社Yとの間で1972年に，ガソリンスタンドの貸借・運営に関
する契約を締結した。それによると，Xは，年間20万ガロン以上のガソリン
をYより購入し，これに対してYは年間50万ガロンを最高限度としてXの
求める量のガソリンを供給すること，およびXは，ガソリンスタンドの賃
料として，Yより供給されたガソリン1ガロンについて1.4セントを掛けた
額で月額最低470ドル以上をYに支払うことが定められていた（この月額最
低賃料に見合うためには，Yは毎月33,572ガロンのガソリンをXに供給しな
ければならない計算になる）。

1973年7月，Xが34,000ガロンのガソリンを注文したにもかかわらず，Y
は25,678ガロンしかガソリンを供給しなかった。アラブ産油国の輸出制限に
よる石油不足のため，合衆国エネルギー庁が石油会社に対しディーラーへの
割当実施を要求した結果，Xに対する割当量が25,678ガロンと定められたの
である。そこで，Xはこの7月分の最低賃料について支払義務のないことの
宣言的判決（declaratory judgment，日本でいえば確認判決に似る）を求め
て提訴した。

第一審（trial court）は，Xの請求を認めなかったが，オレゴン州控訴審

裁判所は，これを覆した。Ｙが注文どおりのガソリンを供給しなかったことによってＸはその月の最低賃料（470ドル）の支払義務を免れるべきだというのである。

　問題となったのは，本契約における当事者の義務が，互いに条件となっているかどうかであった。これは，契約の解釈問題，つまり当事者の意思解釈という事実問題である。

　Ｙの主張および第一審判決の主たる根拠は，本件契約に含まれていた以下の条項にあった。

> *"Seller shall not be liable for loss, damage or demurrage due to delay or failure in performance because of compliance with any order, request or control of any governmental authority or person purporting to act therefor, ……."*

　本条項を要約すれば，SellerであるＹは，連邦政府のガソリン供給制度措置に従ったためＸの注文に応じきれなくなったのであるから，Ｙは免責されるが，Ｘは契約義務を果たすべきであるというのである。

　控訴審判決は，「この条項をＹに最も有利に解釈しても，その意味するところはせいぜいＹが政府の措置に従って契約義務を履行しなかったことについて契約不履行責任を負わないというにとどまる」とし，さらに，「契約相手方の債務履行が条件となっている契約の場合で，相手方が義務履行をなさず，その不履行につき免責される場合であっても，一方の当事者はその義務の履行をなす義務を負わない」と判示した。

　そもそもこの契約がconcurrent conditionsに支えられていると認定した点について，控訴審判決は以下のように述べている。

> *"While there is no fixed definite rule of law by which the intention in all cases can be determined, yet we must remember, as stated by Professor Williston, that, since concurrent conditions protect both parties, courts endeavor so far as is not inconsistent with the expressed intention to construe performances as concurrent conditions ……."*

　全訳を示すと，

「それによってすべてのケースにおける〔当事者の〕意思を解釈することのできる確定的明白な法原則は存在しないが，一方でわれわれは，ウィリィストン教授が述べたように，同時履行条件は両当事者を保護するものであるから，裁判所は明示の意思に矛盾しない限り，なるべく履行を同時履行条件であると解釈するようにつとめる。」

となる。その上で，結論として，

"We conclude that the dealer's promise to pay the minimum rental was conditioned or dependent upon Y's delivery of the amount of gasoline ordered by the dealer."

すなわち，Y のガソリン供給義務と X の最低賃料支払いの約束とが同時履行条件になっていると判示した（Shaw v. Mobll Oil Corp.（535 P. 2 d 756, Oregon, 1975））。

conform / conformity

conform は，「（約束事，慣習などに）従う，順応する」を表し，名詞形には conformation, **conformity** がある。conform to the customs [rules]「慣習［規則］に従う」のように使う。

売買契約では対象製品が「品質基準に合致しなくてはならない」といった表現をよく使う。〜 shall conform to the quality standard のようにいえばよいであろう。

ウィーン国際物品売買条約（CISG）35条は，売主側の物品引渡義務の内容として「物品の契約適合性」につき以下のように規定をしている。

> *Article 35*
>
> *(1) The seller must deliver goods which are of the quantity, quality and description required by the contract and which are contained or packaged in the manner required by the contract.*
>
> 「第35条
>
> (1) 売主は，契約に定める数量，品質及び種類に適合し，かつ，契約に定める方法で収納され，又は包装された物品を引き渡さなければならない。」

ちなみに，CISG35条は，第3部「物品の売買」，第2章「売主の義務」，第2節の冒頭に収められており，同節のタイトルは "Conformity of the goods and third party claims"「物品の適合性及び第三者の権利又は請求」である。

2017年の改正前の民法の下で債務不履行とは別に瑕疵担保責任が問題となり得たのは，とりわけ物品の品質，種類の不適合についてである。この点，CISG35条(2)は，当事者間に別段の定めがない場合には，次の基準によって契約適合性を判断するとしている。

①通常使用されるであろう目的への適合

②特定の目的（particular purpose）への適合

③見本またはひな形（sample or model）への適合

このような CISG35条の内容を見ると，品質などの保証（warranty）についてのアメリカ統一商事法典（U.C.C.）の規定とよく似ていることに気づく。特に，CISG35条（2）の判断基準は，それぞれ，商品性，特定目的への適合性の黙示の保証，および，見本・ひな形に適合していることの明示の保証に係る UCC§2-314(2)，§2-315，および§2-313(1)(C)の各規定に対応している。

CISG はこの部分で，いわば英米法的な規定をしていることになり，大陸法をベースにする現行の民法の内容とは大きく異なるといわなくてはならない。

ただ，債務不履行責任の他に瑕疵担保責任を置いていた改正前民法のほうが買主の救済に厚いとは限らない。売主の瑕疵担保責任の改正前民法570条は不特定物売買には適用されないとするのが従来の通説的見解であり，CISG の対象にする貿易取引のほとんどは不特定物売買だから瑕疵担保責任の追及は認められない。

「不特定物売買ならば完全な物品の引渡しを請求できるし債務不履行を理由とする契約解除や損害賠償の救済を受けられるから」というのが理由である。

債務不履行の救済といっても契約義務の不履行（不完全履行）が，「契約不適合」ほど容易には主張できない。ちなみに，2020年4月1日から施行された改正民法は，この点，瑕疵担保責任ではなく，契約不適合責任に内容を変えた。英米契約法の下での売主の担保責任に近づけたものといえよう。

改正民法施行（一部を除き，2020年4月）後の契約実務は，上記 CISG35条（2）が契約適合性の判断基準として最初に掲げる「目的への適合（fitness for purpose）」の明記をより重視するように変えなくてはならない。

本民法改正では，契約自由の原則について新設規程を置き（521条，522条），表示された動機の錯誤の規定（95条）を設け，売買契約などにおける売主の瑕疵担保責任を契約不適合責任に改めたことは，契約当事者の自由な意思と契約の担い＝動機をより尊重する方向性を示したものといえる。

consideration

consideration のふつうの意味は,「熟慮, 考慮」であるが, 法律英語としては「約因, 対価」としての特有の使い方がある。特に in consideration of[for]〜が英文契約書中に出てきた場合,「……を考慮して」と訳したのではあたらない。

consideration は, 英米契約法の下で contract の成立要件のひとつとされる。この場合の consideration は,「契約の原因関係」といった意味を込めて略して「約因」の語をあてたのであろう。大陸法に基づく民法の私法には, consideration の存在を契約成立の要件にする考えがないからである。いっそのこと端的に「対価関係」と訳したほうがよかったかもしれない。

通常の形式で書かれた英文契約には, その最初の「前文」部分に以下の書き方がなされ, 定型的に in consideration of 〜 が入ることが多い。

WHEREAS, 〜,

and WHEREAS, 〜.

NOW, THEREFORE, the parties hereto, in consideration of the mutual covenants contained herein, have agreed as follows:

「そこで, 本契約の当事者は, 本契約に含まれた相互の約束を約因[対価関係]として下記のとおり合意した。」

いまは WHEREAS に導かれた文章のところに契約の目的や背景, 動機などを書くようになっているが, かつてはここに対価の内容を書いていたので, それを受けての約因文言だったのである。

なお, whereas は, 中世英語的文語調のいい方で「……に鑑み, ……なので」と訳せばよいのだが, now, therefore とともに大文字で書かれることが多いのは, 判で押したような決まりきったいい方だからである。

consort / consortium

consort の語源は *con*「共に」+ *sort*「分ける」のラテン語である。動詞では consort with ～で「……と付き合う，交わる」を表す。ただ，よい人とではなく，「悪い人と付き合う」場合に使うとはっきり断る辞書が多い。

名詞では「配偶者」の意味に使うことがあり，この場合，（特に王族の）と括弧書きがつく。"ふつう"の「配偶者」を表す法律英語は spouse である。他にも，広く「同僚，仲間，僚船」の意味で使うが「悪い人」たちとは限らない。

consortium は，consort と同じ語源をもち，「共同事業体，コンソーシアム」の意味がある。共同事業体である点において合弁企業と似ているが，組合的な連合体である。この点，会社を共同事業の受け皿として使うことの多い合弁（joint venture：JV）とは異なる。

ただ，JV にも民法の組合に近いパートナーシップ合弁があるので，コンソーシアムはそのうち，後述するように公的プロジェクトを遂行するためのものをさすと考えればよい。

コンソーシアムは，石油の採掘などの巨大プロジェクトを達成するために複数の企業体および政府機関によって組成されることがよくある。コンソーシアムのめざす共同事業は，国際借款や経済支援など国際的かつ公的なプロジェクトになることが少なくない。

やや異色のコンソーシアムとして，KEDO（The Korean Peninsula Energy Development Organization：朝鮮半島エネルギー開発機構）がある。KEDO は，米朝間のジュネーブ合意（「米朝枠組み合意」1994年10月21日）に基づいて，1995年3月，北朝鮮の黒鉛減速原子炉および関連施設の軽水炉発電所への転換を支援するコンソーシアムとして発足した。

KEDO の場合，原加盟国の日米韓3国が，合弁契約（joint venture agreement）に相当する協定に署名しており，2基の「韓国標準型」原子炉の供給，建設資金の主要部分の供与を韓国が負担する，日本も「意味ある」貢献をするなどの役割分担が記されていた。ただ，2002年10月に北朝鮮がウラン濃縮計画を認めたことが契機となり，KEDO は2006年5月，軽水炉プ

ロジェクトの終了を決定するに至った。

　日本政府が関与する国際コンソーシアムについていえば，たとえば，国土交通省は「国際的な発注・契約方式の活用に関する懇談会」を開催してきたが，2011年3月30日付「コンソーシアム方式の活用について」と題する文書を公表している。同文書は，コンソーシアムの形態を「建設会社と，工事の設計について委託をされる建設コンサルタントによって構成されるグループの形態とする」とし，対象工事は「入札参加者は，これまでの建設会社単体又は建設会社によるJVに加え，コンソーシアムも認める」としている。

　コンソーシアムによる入札参加の場合には，コンサルタントからの設計分野に関する技術提案を総合評価の対象にする点だけが合弁による参加の場合との相違点になりそうである。そうなると，コンソーシアムは，参加当事者や事業目的が特定されたところの，合弁による共同事業体の一類型といえる。

　海外に眼を転じると，いま，新興国・地域においては，資源開発を目的として巨大プロジェクトが国際コンソーシアムで行われている。特に北アフリカのアルジェリア，ナイジェリアなどのコンソーシアムには日本企業も参加している。

　なぜコンソーシアム形態にするかといえば，現地ホスト国側には十分な資金がなく，外国企業による経済面などの支援が狙いといってよい。ただこうしたプロジェクトに，テロなどのリスクがともなうのは，2013年1月に発生したアルジェリア人質事件からも明らかである。合弁契約に相当する協定書において，現地側参加当事者に安全確保のための情報収集，提供を義務づけるなどの役割分担を明確にしておくべきである。

constitute / constitution

constitute は，ラテン語の「共に組み立てる」を表す語からきている。そこで，Twelve months constitute a year. は「12か月が 1 年を構成する。」である。

constitute は，「（人を）……に任命する，選任する。」との意味で appoint と同じように Mr. Wright was constituted CFO.「ライト氏が最高財務責任者に任命された。」と使う例が多い。

英文契約中でよく見られる，完全合意条項あるいは統合条項（Entire Agreement Clause, Integration Clause）には，This Contract constitutes the entire and only agreement between the parties hereto.「本契約は，当事者間における〔量的に〕完全で唯一の契約を構成する。」といった表現が見られる。「構成する」ではなくて，「……になる」と訳しても十分に意味は通ずる。

constitute の名詞形は，**constitution** である。「構成，組織」を表すが，法律上重要な意味は，「憲法」である。憲法は，いうまでもなく国家組織または国民の基本権について規定したところの，国の基礎となる根本法則である。したがって，国家の構成そのものを成文化したものという意味で constitution というのである。

成文化された憲法で最古のものは，1787年に制定されたアメリカ合衆国憲法（U.S. Constitution）である。より正確にいうと，1776年から1789年までの間に，イギリスの植民地であった北アメリカの諸州が相次いで憲法を制定したが，それが世界で最初の成文憲法といわれている。このときイギリスから独立した東部の13州が United States of America をつくり，合衆国憲法を制定したのであった。

これに対し，慣習法体系の「母国」であるイギリスには，成文憲法が存在しない。同国は不文憲法の国として知られ，「イギリスに憲法なし」といわれる。ただ，同国に成文憲法がないといっても，重要な事柄が，憲法典として成文化されていないだけで，内容が法律としては規定されている。

比較的最近の人身保護法（1679年），王位継承法（1701年），議会法（1911年）などだけでなく，マグナ・カルタ（1215年），権利請願（1628年），権利

章典（1689年）などは現在でも法律としての効力を認められている。この他，近代憲法中の重要な諸原則である議院内閣制などは，成文化されていないものの，すべて慣習法あるいは不文律として行われている。

　イギリス憲法は，書かれてこそいないが，他のいかなる国においてよりも強固に忠実に守られているのである。

　ちなみに，日本国憲法のなかにも，たとえば違憲法令審査権（81条）として採り入れられている「法の支配」（rule of law）における law は，もともとは制定法を意味しない。書かれざる正義の法であって自然法に近いものである。

　そのため，議会が制定した具体的な法律を～ Law と呼ぶことはまれで，～ Act のようにいう。また，制定法は，statute という。

construe / constructive

construe は動詞で「解釈する」「……の意味にとる」を表す。この語が契約書中で使われるのは，準拠法条項の場合が典型といってよいだろう。

> *This Agreement shall in all respects be governed by and construed in accordance with the laws of Japan.*
> 「この契約はすべての点で，日本法によって支配され，これに従って解釈される。」

この条項例は，in accordance with の表現に関連しても取り上げた（12頁参照）。

construe の形容詞は **constructive** であるが，この語は，「構成上の，建設的」という本来の意味の他，「擬制的」という法律上重要な意味をもつ。たとえば，constructive notice は，「擬制悪意」であり，当然ある事実を知っていたはずであったような場合に，Such a person will be deemed to have notice of a fact. 「そうした人は，ある事実を知っているものとみなされる。」のである。constructive knowledge ということもある。

この例からもわかるように constructive は，actual に対する語である。そこで，actual loss「実損害」に対し，constructive loss とあれば「推定損害」と訳すのが適切である。

また constructive contract は，当事者が実際に合意を取り交わしたのではないが，法律上契約があったものとみなされる場合で，quasi contract「準契約」と同じものをさし，「法定契約」などと訳される。contract implied by law あるいは contract created by operation of law ということもある。

constructive price とあれば「構成価格」と訳すが，その意味するのは，推定によって計算された推定価格のことである。constructive には，「建設的な，建設上の」という意味があるので，「建設価格」と訳すと誤解を生みやすい。

corporate authority

　企業の支配権を売買するのにひとしい **M&A** 契約などには，売主側の「表明・保証」（representations and warranties）項目の1つに "**Corporate Authority**" と題する事項が書き込まれていることがある。

　事項内容をよく読めば，この表題を「会社の権限」と訳せば足りるかといえばそうではないことがすぐわかる。ではどう訳すのがよいかというとなかなか適訳は見つからない。

　authority は，英米人にもふつうの英語として，「権威」や「大家」の意味をもつ。法律英語としては，法源（source）を表すことがある。

　authority の語源にあたるのは，「生み出す人（こと，もの）」を表すラテン語である。本の著者を author というのはここからきている。

　権力や権限の源になるものとの意味から「権威（者）」や「大家」の意味が生じる。その他，ふつうの英和辞典を見ても，authority には，「典拠，よりどころ，出典」の意味が，最後のほうに載っていたりする。

　ある権利が認められるか否かの法的な議論があるとしよう。昔，法学部で教わったところによれば，こうしたほとんどすべての議論につき，積極（肯定）説，消極（否定）説，および折衷説があるので，いずれによってもよいが，根拠とともに主張できるようにしておくのがよい，とのことであった。

　日本では，契約や私法全般の分野で，大陸法の成文法システムであるから，最有力の法的根拠（典拠）は民法や商法の規定になる。その次に判例や学説がくる。

　この点，契約法分野における英米法のシステムは判例法（case law）主義であり，最も権威ある法源は裁判例である。しかも，判例法主義は，doctrine of precedent「先例拘束性の原理」に基づくので，ある論点について leading case「指導的判例」はあるか，それに導かれる判例法の内容は何かを調べるのが最も重要な検討になる。

　アメリカのロースクールで学んだ際，ある論点について話し合う機会があり，私が「この点については，〜教授が authority だから……」とのいい方をしたところ，指導教授から，この問題について学者の説を authority とい

うのはおかしいと指摘された。

あくまで，何も断らずに authority といえば，この論点については判例をさすべきとの指摘であった。

最も，法分野にもよるが，学説などが secondary authority とされることはある。

authority は，ふつうの意味でも「権限」を表すのだが，英文契約のなかで corporate authority として使うことがある。これを「会社の権限」と訳すとやや外れてしまう。

というのも，authority の元の意味は「生み出すこと」だからである。corporate authority の語がよく出てくるのは，特に M&A やファイナンス関連の英文契約における representations and warranties 条項中の表明・保証項目の見出しとしてである。

その場合，表明・保証が求められているのは，多くの場合契約で行おうとしている取引について会社として取締役会の承認などの授権（authorization）を得ているとの事実なのである。

したがって，表明事項のひとつとして登場する corporate authority は，「会社による授権（行為）」と訳すべきである。

covenant

covenant をコベナンツとして，日本語で使う例も見かける。the Covenant といえば，神とイスラエル人の間の契約を表すように，かなり古くから使われてきた。the Day of the Covenant は，南アフリカの法定祝日（盟約記念日）で，1838年オランダ系入植者たちが Zulu 族の首長を敗北させた日を記念する日（12月16日）とされている。

covenant を書いた契約条項を covenant clause「誓約条項」と訳する。上記のとおり covenant はふつうの約束を表す promise などよりは，ずっと崇高な感じのする語である。「誓約」と訳すのはそのためとみられる。

covenant clause が典型的に用いられるのは，ファイナンス関連のローン契約などにおいてである。プロジェクト・ファイナンスのためのローン契約を例にとると，ローン契約締結後，プロジェクトが適正に運営されることを確保するために，借手（borrower）にさまざまな「誓約」をさせる。

誓約事項には，大別すると，affirmative なものと negative なものが含まれる。前者は，積極的に何かをする，後者は，消極的に何かをしないとする内容をそれぞれもつ。プロジェクト・ファイナンスであれば，ローンの元利金を条件どおり支払うことと並んで，Debt Service Coverage Ratio（DSCR）や Debt Equity Ratio（DER）といった目標指標を掲げて達成を約束させたりする。

また，企業の社会的責任（CSR）を要求するなかで，非財務面で ESG（environmental, social, and governance）活動（重視）の誓約条項を求められるケースが増えた。

ただ，ファイナンス関連で covenant といえば negative covenant をいい，さらに，非担保化の約束をする negative pledge covenant をさすとすらいわれている。

それは「有担保原則」が支配してきた日本の金融界とは対照的に，グローバルなファイナンス界では，無担保・無保証の貸付けが多く行われるからである。

無担保で貸付けをする債権者の立場で考えると，将来登場する他の債権者

が債務者の資産上に担保権を取得することを最も嫌う。万が一債務者が倒産したとすると，担保をもたない一般債権者は，担保をもった secured creditor「担保付債権者」に劣後してしまうからである。

そこで，他の債権者に対して一切担保権を設定してはならない，あるいは，担保権の設定が行われる場合にはこれと同順位かつ同比率での担保権の設定を要求するといった，担保提供の制限をする。後者のタイプには，いわゆるパリパス条項（*pari passu* clause）と併せて規定する例が多くみられる。

コベナンツが財務制限条項（financial covenants）として日本でよく知られるのは，社債発行に際して，適債基準を満たすことと並んで財務制限条項の設定が義務づけられていたからである。

1996年にルールが撤廃されるまで，財務制限としては，担保提供制限，追加債務負担制限，利益維持，配当制限などを規定し，これらに違反した場合，社債発行会社は期限の利益を喪失することとされた。

ルール撤廃後の現在は，自由に条項および内容を定めることができるようになり，財務制限条項は「財務上の特約」に名称が変更した。

custom / customary / customer

custom は「習慣，慣例」であるが，これだけで「慣習法」の意味をもつことがある。**customary** は形容詞で，「習慣的な，慣例による」だけでなく，「慣習法に従った」との意味にもなる点に注意を要する。

custom を Black's Law Dictionary（Fifth Pocket Edition）は，次のように説明している。

> *"A practice that by its common adoption and long, unvarying habit has come to have the force of law."*
> 「社会一般に採り入れられることおよび長く変わらない習慣によって法の効力をもつようになった慣行。」

たとえば，customary な義務履行を契約で約束するとすると，法的な意味を生じさせる。それは，日本法が準拠法だとすると「商習慣に従った」義務履行をすると約束したことになるからである。customary の代わりに commercially reasonable を使ってもほぼ同様である。

商慣習は，日本では商法１条２項が「商事に関し，この法律に定めがない事項については商慣習に従い，商慣習がないときは，民法（明治29年法律第89号）の定めるところによる」と定めているように，民法を上回る効力が認められ，商慣習法を形成する。

なお，customs と複数形になると「税関」「関税」を表す。日本語の名詞には複数形がないため戸惑うが，good(*n.*)「利益，価値」と goods「物品，所有物」のように法律用語としてもかけ離れた意味になるので注意を要する。

customer は，一般に「顧客」であるが，主に売買業の買主である「客」に使う。サービス業の場合，customer とはいわず，client を使うのがふつうである。

custom とのかかわりでいうと，しきたりや習慣のようにして繰り返し来ては買い物をしてくれる客が商店にとっての good customer である。

damages

　法律英語で damage と **damages** は区別しないといけない。単数形の damage は，一般的な意味の損害，ダメージを意味する。複数形の damages は，損害賠償（金）を意味する。

　damages は，compensatory damages と punitive damages に分類，大別できる。

　他に direct damages「直接侵害」と indirect damages「間接侵害」という分け方もあり，後者の賠償まで約束すると損害額が高くなりすぎるリスクがある。

　compensatory damages は，actual damages とほぼ同義で，「実損害額」を表す。これだけだと説明が終わってしまうが，compensatory damages には，「補償的損害賠償額」の意味があり，こちらが特に重要である。

　不法行為理論によれば，不法行為（tort）によって損害を与えた者は，損害を賠償する責任があるわけであるが，不法行為法の目的をあくまで被害者の損害補填としてとらえるならば，賠償額は被害者が実際に被った損害をもとにその範囲で考えられる。その意味では，actual damages ないしは compensatory damages が，補償的で償いのための損害賠償額ということになる。

　ところで，英米法には，exemplary damages あるいは punitive damages，つまり「懲罰賠償」と呼ばれる種類の損害賠償の考え方がある。

　これは actual damages, compensatory damages にとどまらず，実損害の何倍もの賠償責任を加害者に課すもので，その目的は，加害者の懲らしめ，または不法行為の再発防止にある。アメリカでは，製造物責任（PL）訴訟に関連して巨額の懲罰的賠償が製造者側に課されてきたことはよく知られている。

　契約書中などで損害賠償は compensatory damages の範囲に限るとしたときは，punitive damages の範囲にまでは及ばないことを明確にしたところに意味がある。

　たとえば，日本の企業がライセンサーとなってアメリカの企業に自社の商標・ブランドの使用を許諾したとする。アメリカのライセンシーが製造した

物にブランドがついていただけで，その欠陥から生じた損害につきライセンサーが直接 PL 訴訟で消費者から訴えられるかもしれない。

こうした事態にそなえて，ライセンシーがライセンサーを免責・補償する hold harmless clause をライセンス契約中に入れたりするのであるが，compensatory damages の範囲に限定されるとなれば，アメリカの陪審裁判で課されることのあり得る punitive damages は補償の対象外となる。

punitive damages が課される場合のリスクの大きさを考えると，看過し得ないポイントである。punitive damages は，英米法の考え方によるから，大陸法に基礎を置く日本の私法にはないものである。

そこで，アメリカの裁判所などが punitive damages の支払いを命じる判決を下した場合，日本でその効力を認めてよいかどうかが争われた事例がある。最高裁（二小）平成 9 年 7 月11日判決は，以下のように述べて，カリフォルニア州裁判所の下した判決の懲罰的賠償の支払いを命じた部分の日本における承認・執行を認めなかった。compensatory damages との関係がよく示されている。

「カリフォルニア州民法典の定める懲罰的損害賠償（以下，単に『懲罰的損害賠償』という。）の制度は，悪性の強い行為をした加害者に対し，実際に生じた損害の賠償に加えて，さらに賠償金の支払を命ずることにより，加害者に制裁を加え，かつ，将来における同様の行為を抑止しようとするものであることが明らかであって，その目的からすると，むしろ我が国における罰金等の刑罰とほぼ同様の意義を有するものということができる。これに対し，我が国の不法行為に基づく損害賠償制度は，被害者に生じた現実の損害を金銭的に評価し，加害者にこれを賠償させることにより，被害者が被った不利益を補てんして，不法行為がなかったときの状態に回復させることを目的とするものであり（最高裁昭和63年（オ）第1749号平成 5 年 3 月24日大法廷判決・民集47巻 4 号3039号参照），加害者に対する制裁や，将来における同様の行為の抑止，すなわち一般予防を目的とするものではない。……不法行為の当事者間において，被害者が加害者から，実際に生じた損害の賠償に加えて，制裁及び一般予防を目的とする賠償金の支払を受け得るとすることは，右に見た我が国における不法行為に基づく損害賠償制度の基本原則ないし基本理念と相いれないものであると認められる。」

data portability

data portability「データポータビリティ」は,「AI・IoT 時代」に生まれた合成語である。portability は,「携帯できること,軽便さ」を表す一般的な英語なので,「データを携帯できること」がデータポータビリティかというとそうではない。

portability の元になっている portable は,「携帯可能な」の意味の他,「コンピュータープログラムなどが異なるシステム間で移動可能な」の意味が,コンピューター社会の進展のなかで生まれた。

そこで,data portability は,データ（の入ったディスクなど）を物理的に「携帯する」ではなく,「システム間でデータを移行できる」の意味で使う。

port には,ラテン語で「港」を表す*portur*から生まれた「(コンピューター) プログラムの移行」といった意味がある。

IT 用語としてデータポータビリティを使うときに,データを,「携帯あるいは,持ち運びできる」という意味よりは,「データを移行できる」の意味で使うのは,port の語源がラテン語の*porto*だからである。

ただ,近時は,「携帯する」に近い個人データの「持ち運び権」として特定の意味を与えてデータポータビリティを使うようになった。きっかけは,2018年 5 月から適用が始まった EU の一般データ保護規則（EU General Data Protection Regulation：GDPR）である。

同規則は,名称を "REGULATION OF THE EUROPIAN PARLIAMENT AND OF THE COUNCIL on the protection of natural persons with regard to processing of personal data and on the free movement of such data" という。訳すと「個人データの取扱いに関する自然人の保護及び同データの自由な移転に関する欧州議会と欧州理事会の規則」である。同規則の上記名称中の movement は「移動」または「移転」であるし,port と置きかえられる。

同規則は,全11章,99か条,前文173項から成る。その第 3 章 データ主体の権利（Rights of the Data Subject),第 2 節 情報及び個人データへのアクセス（Information and Access to Personal Data),第13条 データ主体から個人データが取得される場合において提供される情報（Information to be

provided where personal data and collected from the data subject）の第2項
（b）は，データ主体に提供すべき追加的情報として，個人データへのアク
セス権などとともに，データポータビリティ権（right to the portability）が
あること（existence）を掲げている。

このように right to data portability は，正式な法律英語として認められる
に至ったといえる。これを「持ち運び権」と訳し紹介する動きがある。たし
かに portability には「携帯可能性」の意味があるので外れてはいないが，誤
解されかねない。

むしろ，個人データを権利者がいつでも引き出し，他のサービスなどに移
すことのできる権利と正確に説明すべきである。「引き出し権」とより適切
な和訳をあてることもあるが，うまく訳すのはむずかしいのでポータビリ
ティ権でよいのではないだろうか。

Column
プロファイリングとプロフィールの関係は？

「プロファイリング」（profiling）を英和辞典で引くと，まず，「分析に
基づき殺人犯などの人物像を作成すること」とあり，その次には，「企業
が購買者に関する情報を集めること」とあった。個人情報保護に関連して
いま話題になることの多いプロファイリングが後者の意味においてであろ
うことは，すぐにわかる。前者の意味から，情報を分析し，個人像を浮か
び上がらせることが，プロファイリングであることもうかがえる。

人物紹介する略歴などをプロフィール（profile）という。プロフィー
ルは特定の個人を識別できる個人情報を含んでいるところに特徴がある。
個人情報をもっている側からすると，個人情報を，勝手にプロファイリン
グされるのは，あまり気持ちのいいものではない。

2018年5月25日から適用開始になったEUのGDPR（一般データ保
護規則）は，一定の規制の下に事業者によって一方的にプロファイリング
されないとする個人の権利を明記している。その定義するプロファイリン
グは，コンピューター処理によって自動的に個人データを扱い，個人的側
面を評価することである。

data protection

data protection は，ただ訳せば「データの保護」でしかない。ただ，高度 IT (information technology) にあってデータは，昔から広く使ってきた単なる資料類のことではなく，コンピューターで用いる電子情報（の集積）を意味する。

英語の data は，もとは datum の複数形であるが，いまは単数，複数いずれも data で表すようになり，日本語のデータとしても定着している。datum の語源は，「与えられたもの」を表すラテン語である。そこから「（実験や観察によって与えられた）事実，知識，情報」を表すようになった。

いまやビッグデータが大量かつさかんに取引される「データ大流通時代」に至った。

data protection も，単なるデータの保護というよりは，個人データの保護を意味し，特に2018年5月施行の EU の一般データ保護規則（EU General Data Protection Regulation；GDPR）の下で大きな課題となっている。同規則は，EU・基本権憲章（European Union Charter of Fundamental Rights）8条1項が規定する個人データの保護についての権利を具体化したものである。

本規則は，全11章，99か条，前文173項から成る。日本の個人情報保護法（個人情報の保護に関する法律）と比べ，保護の対象が広く，日本にはないデータ保護責任者の配置などに義務規定があり，データ移転により厳しい制限を課し，違反には高額な制裁金を課し得るなどの違いをもっている。

日本企業にとって特に重要なのは，本規則が個人データの越境移転を原則として禁止しており，違反に域外適用を認めている点である。

越境移転については，十分な保護の措置をしていない第三国へのデータ移転を禁止することを内容とする。本規則の"前身"である EU 指令（directive）にもこの禁止規定があった。2018年7月17日，日本と EU は，個人情報を相互に移転する枠組みを作ることで最終合意に至った。

この関連で，2018年9月，個人情報保護委員会は，「個人情報の保護に関する法律に係る EU 域内から十分性認定により移転を受けた個人データの取扱いに関する補完的ルール」を公表した。

2019年1月，日本は「保護が十分な国」として EU から認定を受けたが，この「十分性」の認定を受けるまでは，日本企業は同委員会の要求するところの，a. 拘束的企業準則，b. 標準約款，c. 行動準則，d. 認証，といった「文書化」の手続を通じて，EU・欧州経済領域から日本へのデータ移転を行わなければならなかった。

国際契約実務との関連でいえば，「標準データ保護約款」づくりが重要である。GDPR の前身である EU 指令の下では「標準契約約款」と呼ばれており，現行指令25条6項に基づき欧州委員会が決定したものがこれにあたる。

本規則は，約款の名称を変えただけでなく，従来からある，欧州委員会が認めるものの他監督機関が定めた約款で欧州委員会が認めるものによることもできるとする。

他に，「拘束力をもつ企業行動準則」（binding corporate rules, まとめて BCR と略すことがある）を策定し，英国情報コミッショナーなど主務監督機関の承認を得るやり方によるのでもよいとされている。

ただ，手続上の煩雑さやコスト面の負担などを考えると，企業としては標準データ保護約款づくりをめざすほうが現実的と考えられた。

EU 規則は，旧データ保護指令が要求していた個人データ処理に関する管理者の義務を強化しており，その関連でも日本企業は企業集団内部統制整備をしなくてはならない（28条1項）。

また，処理の委託契約には，処理者に本規則の遵守を義務づけるための一定の事項を規定する必要がある（28条3項）。

日本では，改正個人情報保護法が2017年5月30日から施行になった。本改正は，外国の第三者に個人データを提供する場合の要件につき特則を設けるなど，個人データの国境を越えた流通を促す措置を講じた。

日本の個人情報保護法は，2020年6月にも改正され，2022年4月から施行になった。改正法の主な内容は，①本人による利用停止・消去など請求の要件緩和，②事業者の責任の追加，③事業者の自主的な取組の推進，④「仮名加工情報」制度の創設，および⑤法の域外適用の範囲などの拡大，他にまとめることができる。

改正内容中，法律英語としても注目すべきなのが，「仮名加工」についてである。これと似た用語に「匿名加工」があるが，両者の違いはどこにある

のか，GDPRの規定などをもとに考えてみたい。

GDPRは，匿名化（anonymisation）につき，前文に関連した記載があるだけで，条文では定義していない。運用上の規律は，元の個人データを本人が特定されないように加工するとともに，加工手法などに関する情報を削除することを匿名化の条件としている。

仮名化（pseudonymisation）については，「追加の情報が分離して保管され，識別されたまたは識別され得る自然人に個人データが帰属しないことを保証する技術的および組織的措置をとることによって，当該追加の情報を利用せずに個人データがもはや特定のデータ主体に帰属しないような方法で，個人データを処理することをいう。」（筆者訳）と定義している。

日本の場合，2015年改正個人情報保護法が，匿名加工情報を「特定の個人を識別することができないように個人情報を加工して得られる個人に関する情報であって，当該個人情報を復元することができないようにしたもの」（同法2条6項）と定義し，作成・提供に関する義務や再識別の禁止を定めている。

2020年の同法改正では，新たに「仮名加工情報」を導入し，内部分析に限定するなどを条件に，事業者が個人データを利用しやすくした。また，改正「個人情報の保護に関する法律についてのガイドライン（通則編）」とともに，仮名加工情報についての解釈等を定めた改正「個人情報の保護に関する法律についてのガイドライン（仮名加工情報・匿名加工情報編）」が2021年8月に公表された。

data transfer

「データの世紀」といわれ，大量のデータがクロスボーダーで行き来する「データの大流通時代」が到来した。

その中心をなすのが **data transfer**「データ移転」である。ただ細かくいうとデータの取引契約は，概略，次のように分類できる。

a. データ売買契約（data sales agreement）

b. データ利用許諾契約（data license agreement）

c. データ移転契約（data transfer agreement）

これらは，データ譲渡型（transfer type）と利用許諾型（license type）に2分することもできる。およそデータを対象とする取引は，データを①「収集」(collect) し，これを②「分析 / 処理」(analyse/process) し，③「利活用，譲渡」(utilize/transfer) する各段階（phase）で行われる。①②においては，業務委託（business entrustment）契約の締結も多くなる。

英文契約としてのデータ取引契約の内容は，どの類型であるかによって異なる。ここでは，2018年5月25日に施行になったEUの一般データ保護規則（GDPR）がひな型的標準約款（standard clauses）として示すData Transfer Agreement（DTA）をもとに内容上のキーポイントを考えてみよう。

本DTAは，データ輸出者（data exporter）と輸入者（data importer）間の輸出入契約となっている。全部で以下の11か条から成る。

第1条 Definitions「定義」，第2条 Details of the transfer「移転の詳細」，第3条 Third-party beneficiary clause「第三受益者条項」，第4条 Obligations of the data exporter「データ輸出者の義務」，第5条 Obligations of the data importer「データ輸入者の義務」，第6条 Liability「責任」，第7条 Mediation and jurisdiction「調停と裁判管轄」，第8条 Cooperation with supervisory authorities「監督当局との協調」，第9条 Governing law「準拠法」，第10条 Variation of the contract「契約の変更」，および第11条 Obligation after the termination of personal data processing services「個人データ処理業務終了後の義務」である。

特に第1条における「データ」の定義は重要である。本DTA「ひな形」

の場合，personal data「個人データ」の定義につき EC 指令（directive）を引用しているが，産業データ（industrial data）との区別もしっかり書いておくべきである。

「移転の詳細」（2条）は，「ひな形」では，付属書類 Appendix に譲ることとしている。ポイントは，"transfer" といっても，個人データの場合，個々人のもつ権利を譲り渡すのではなく，使用許諾の license にすぎないことが多い点である。「仮名化（匿名加工）」した上でデータを transfer するのか否かも明確にしておくべきである。

GDPR 4条(5)は，「仮名化」を次のように説明している。

'pseudonymisation' means the processing of personal data in such a manner that the personal data can no longer be attributed to a specific data subject without the use of additional information, provided that such additional information is kept separately and is subject to technical and organisational measures to ensure that the personal data are not attributed to an identified or identifiable natural person;

「追加の情報が分離して保管され，識別されたまたは識別され得る自然人に個人データが帰属しないことを保証する技術的および組織的措置をとることによって，当該追加の情報を利用せずに個人データがもはや特定のデータ主体に帰属しないような方法で，個人データを処理することをいう。」（筆者訳）

date

　時を表す表現のなかに日付（**date**）を書くことは多い。これを正確に表示することは，69頁にふれた時差の点とも合わせ，国際取引ではきわめて重要なことである。

　たとえば，20××年4月5日を表すのに，April 5, 20××とする例がある。日付を前にして5 April, 20××としてもよい。

　前者はアメリカ方式といってよく，イギリス人は逆に日付を先に書く。カナダやオーストラリアなど英連邦（Commonwealth）に属する国々では，イギリス式で表示することが多い。イギリス式の場合，5th April, 20××のように表示することがよく行われる。しかし，アメリカ式でApril 5th 20××とするのは，現在ではあまり見かけなくなった。

　ドラフティングに際して，いずれの表示法をとるかは自由である。ただ，どちらかに統一するほうがよく，1つのレター中に両方が混ざっているのは好ましくない。

　ファックスなどでは，日付を4/5/20××のように略記することがよくある。この場合注意しなくてはならないのは，「4月5日」なのかあるいは「5月4日」のことなのか後日になってわからなくなってしまうことである。部や課の単位で常にいずれかに統一しておくか，あるいはめんどうでも，Apr.5, 20××くらいは書いておくのがよい。

　相手方から受領した文書類については，こちらで補って，日付が不明になることのないようにしておく必要がある。

　正式な契約書などでは，This Agreement was made and entered into this fifth day of April in the year one thousand nine hundred and eighty-nine. のように表すことがある。これはもったいぶったいい方であり，一見してわかりにくいだけで，金額を言葉で正確に表示する場合のようなメリットもない。

　日付といっても，何月何日というだけでなく，「契約締結の日から1か月後」というときはthe day one(1) month after the date of execution of this Agreementとする。

　date of execution は，date of signing といってもよく，「（契約）締結日」

を意味する。単に the date of this Agreement あるいは the date hereof など
とすることもあるが，どの日をさすかあいまいにならないようにすることが
大切である。

　英文契約では，日本における契約（署名捺印欄の直前に日付が入るのがふ
つう）とは逆に，契約書の冒頭に締結日が書き込まれる。別に効力発生日を
ずらす規定がなければ，その日付が契約の効力発生日（effective date）とな
る。

　「本契約締結の日から10年目に」は，on the tenth anniversary of the date
of execution of this Agreement のように表す。

Column
data と datum

　「データの世紀」にあって，「データ（data）」の語を新聞や雑誌で見か
けない日のほうがめずらしくなった。個人データ大量ネット流出の事故報
道もよくなされる。英語のdataは，正確には「与えられたもの」が原義
のラテン語datumの複数形である。ただ，複数，単数いずれもdataで
表すのが実務上の慣例になっている。ある英和辞典は，最近ではコン
ピューターのデータの意味などでdataを単数扱いするようになったと解
説している。可算名詞としての単数形は one of the data がふつうで，
datumを使うのは学術的文章以外ではまれとする英和辞典もある。

deadlock

　国際合弁契約（joint venture agreement）には，デッドロック条項が入ることが多い。

　日本語で「交渉がデッドロックに乗り上げた」ということがある。だが，広辞苑が指摘しているとおり，**deadlock** の lock を rock と誤り「暗礁」をあてた正しくない用例である。

　日本語の発音は，ＬとＲの区別をしないのでまぎらわしいのだが，deadrock という英単語はじつはない。

　deadlock の lock は誰でも知っている「錠」である。雇い主が労働者を工場閉鎖して締め出すことをロックアウトという例がわかりやすい。

　deadlock を直訳すれば「死んだ錠」になるがこれではよくわからない。ただ，鍵が「死んでしまう」と，開かない膠着状態になってしまう。この解決の道筋が見えない「行き詰まり」がまさに deadlock なのである。

　ちなみに，deadlock には，外側からは鍵で内側からはひねり金具を操作して開閉する「本締まり錠」との意味が辞書には載っている。これならばわが家にもあるが，どうしてこれが「行き詰まり」なのかがよくは理解できない。

　契約に関連して何が行き詰まるかといえば圧倒的に多いのが，交渉が行き詰まり，暗礁に乗り上げるケースである。暗礁だったら deadrock だと思い込んでいる人が多いがこの語は大きめの英和辞典でもどこにも載っていない。deadlock のほうは，break［resolve］a deadlock で「行き詰まりを打開する」と辞書にも載っている。

　合弁契約（joint venture agreement）で deadlock 条項が必要となるのはなぜかを考えてみよう。

　合弁契約は，外国市場に進出する「手段」として使うことがよくある。現地パートナーと手を組むことで互いの足りないところを補い合い，外国企業からすれば慣れない現地市場によりスムーズに浸透することを可能にしてくれるメリットがあるからだ。国際合弁で多いのは，有限責任に基づく株式会社などの企業組織を投資の「受け皿」とする場合である。

この場合，出資比率は70：30であろうと40：60であろうと，原則として当事者が自由に決めることができる。ただ，外国企業は，49％までしか出資できないとする外資規制を行う国もある。そうした規制がないとすると，意外に多いのが50：50のいわゆる equal partner 型の会社設立合弁である。

なぜ半分ずつにするかといえば，外国企業による出資を最大化しつつ外国企業に経営支配権を渡さないためである。取締役の数も複数にして３人ずつ出し合い，計６人のようにする。

equal partner 型の JV corporation において当事者の経営方針が食い違うと，いずれの当事者も株主総会や取締役会の決議を通すことができない deadlock 状態に陥る。つまり，前に進むことのできない「行き詰まり」である。昔から国際合弁が失敗に終わり合弁の解消に追い込まれる原因に挙げられる第１位は，「経営方針の食い違い」なので，こうした deadlock 状態は，このタイプの合弁の場合，容易に起こり得ると考えておかなくてはならない。

この膠着状態を打破するために入れるのが，deadlock clause である。内容的には，取締役会とは別に，Steering Committee や JV Beard などと呼ばれる，いわば調整委員会の裁断を仰ぐ仕組みづくりにポイントがある。取締役会とは別に設けて Steering Committee，JV Board などと称するいわば「調整委員会」の裁断を仰ぐこととし，それでもだめなときは合弁契約の解除もやむなしとすることが多い。それでも何とか当事者の公平を保ちつつ合弁解消を避けようとする。そのため，「委員会」の構成メンバーに独立性の高い第三者的外部の委員を入れるか否かがキーポイントになる。

こうした委員会の調整も功を奏しなければ合弁解消やむなしとなるのだが，信頼できる第三者を委員会のメンバーとして過半数入れ，なんとか当事者間の公平を保ちつつ解消を避けようとする。

契約当事者間の紛争，意見の食い違いを解決する方法としては，調停や仲裁・訴訟によるのがふつうである。deadlock は，equal partner 型合弁契約に生じる特有の現象といってもよく，同条項に汎用性はあまりない。

Column
デッドロックは deadrock

　デッドロックは，日本語にもなっており，交渉などの「行きづまり」の意味でふつうに使う。交渉が暗礁に乗り上げたといった言い方もするので，暗礁＝デッドロック＝ deadrock と思い込んでいる人もいるが，これは明らかな間違いである。

　デッドロックは，正しくは deadlock であり，lock は誰でも知っている「錠」である。

　deadlock を直訳すれば「死んだ錠」となる。錠が「死んで」きかなくなれば，開けられず，膠着状態になってしまう。このように解決の道筋が見い出せず「行き詰まり」になった状態が deadlock である。

　deadlock を「外側からは鍵で内側からはひねり金具で操作して開閉する『本締まり錠』のこと」と説明し，さし絵まで載せている辞書もあるが，あまりピンとはこない。

　いずれにしても，契約などに関連して，交渉が行きづまり deadlock 状態に陥ることはよくある。なお，広辞苑の「デッドロック」には，「交渉などの，行きづまり」の意味の次に，「(lock を rock と誤り) 暗礁（あんしょう）。『―に乗り上げる』」と，ていねいに解説している。

　合弁契約（joint venture agreement）における deadlock 条項の意義を考えてみよう。典型的には，同契約は，日本企業が外国市場へ進出するための足がかりとして，現地共同事業者（local partner）と共同出資で，投資の受け皿となる合弁会社を設立する。

　出資比率としては，50：50のいわゆる equal partner 型がかなりある。現地法令の規制で，外国投資者側に経営支配権を渡さないために取締役の数も3人ずつ出し合うといったことはよくある。

　equal partner 型の合弁会社においては，当事者間で経営方針がくい違った場合に，どちらも株主総会や取締役会の決議を通すことができない，deadlock 状態に陥りやすい。

deem

deem は，think や believe と同様に「考える」を表す。しかし，法律英語としては，「みなす」という意味に使うことがある。たとえば，In such case this Agreement shall be deemed to have been null and void from the beginning. 「そのような場合には，本契約は最初から無効だったものとみなされる。」のように使われる。

「みなす」という表現は，実際にはないものをあるかのようにいうときに使うので，A person who does an act with knowledge that it is likely to result in death is deemed to have intended to kill. 「死の結果をもたらすかもしれないと知ってある行為をする者は，殺意があったものとみなされる。」のように法的擬制（legal fiction）をもたらす。したがって，法律の文章表現にもよく用いられる正式な表現である。

一般的な用い方としては，deem は，judge あるいは esteem といった語と同じような意味で用いることがある。英文契約中に X shall take such steps as it deems appropriate. とあれば，「X は，適切と考える手段をとらなくてはならない。」であって，deems を thinks または judges に置きかえてもそれほど大きな違いが生ずるわけではない。

契約書の条項中でも，「みなす」という意味で以下のように deem を使うことがある。

> *Each of the counter parts of this Agreement, when duly executed and delivered, shall be deemed to be an original.*
> 「本契約書の副本はそれぞれ適法に締結され交付されたときは原本とみなされる。」

「みなし」表現に deem を使うときは，"be deemed to 〜" のように受身形にすることがほとんどである。ただ，その場合にも shall をつける必要はない。その文章によって何らかの義務を発生させるわけではないからである。

能動態で deem を使うときは，多くは「みなす」よりも「（……だと）考える，思う」といった，ふつうの意味になる。"Lessor may assign the lease agreement when it deems necessary." 「貸主は，必要と考えるときはその賃貸借契約を譲渡することができる。」は典型例である。

この用法で，deem を think あるいは judge に置きかえてもあまり変わらない。必要と認めさえすれば譲渡できるとの裁量判断が可能なことを意味する。

能動態で deem を使うときでも，次のような文例では，「みなす」に近くなる。

> *"The parties may deem such failure to obtain written consent will be a breach of this article."*
> 「当事者はその書面による同意を得ないことを本条項の違反とみなすことができる。」

ただ，この用法ではある事実があったものとみなすのでなく，ある判断，評価を下すといった意味であることがわかる。ちなみに，deem の語源は，古期英語（OE）の *dēman* で，to judge のこととされている。

「みなし通知」のように名詞を形容して，deemed notice のようにはいわず，"constructive notice" というのが適切である。

default rule

default rule は，特に日本語に訳すことなく，「デフォルト・ルール」で使っている。法律英語の default は「債務不履行」を表すことが多いので，契約義務の懈怠を判断するためのルールのことかというとそうではない。

default rule は，わかりにくいルールだが，Black's Law Dictionary（9th Edition）で default rule を引くと「RULE(1)を見よ」とあり，"rule" の小項目として，以下の説明をしている。

"A legal principle that fills provision but remains subject to a contrary agreement"

「適用されるべき明示の規定はないがこれに反する合意に服し続ける契約においてギャップを埋める法原則」

この説明はさらに「GAP-FILLER 参照。」と続き，gap-filler には，"A rule that supplies a contractual term that the parties failed to include in the contract." 「当事者が契約書に含めなかった契約条項を提供する原則」の説明がある。

まとめると，default rule は，実質的に gap-filler rule と同じで，契約当事者が合意しない "穴" を埋める原則だとわかる。とはいえ，まだ具体的なイメージは湧いてこない。

契約準拠法との関連で論じなければ default rule の意味は明らかにならない。契約を律するのは，日本では民法や商法の実体法規が中心で，これら実体法規は，任意法規が主なのだが，近時は強行法規（mandatory provisions）も増えてきている。

典型的なのは約款規制である。日本でも「任意法規の強行法規化」あるいは「任意法規の秩序づけ機能」は，約款規制の関連で論じられるようになったとされている。

2017年5月の民法改正で，「定型約款」の規定を設けたが，民法にこうした規制を導入すべきかについては議論があった。

任意法規は，これに反する合意を当事者がすれば合意が優先して契約内容になる。その点で default rule は，任意法規と意味は同じである。

defaultは，英文契約ではよく出てくる法律英語で，契約義務や債務の不履行を表すが，裁判用語としても，default judgementで「欠席判決」あるいは「懈怠判決」となる。

defaultは，「何かなすべきことをしない」がもともとの意味で，そこから，default ruleは契約当事者が合意しなかった場合の"穴"を埋めるための法原則となった。

日本の私法は，成文法主義の大陸法（continental law）をベースにしており，民法の規定の多くは任意規定である。改正法にあっても，ほとんどの場合において改正内容に反する合意は有効で優先する。

とはいえ，これに反する合意をしなかった場合は，defaultがあったとされるのと同様に任意法規が適用されるから，改正内容をよく知った上で，契約を作成していくべきである。

ただ，英米法のシステムは成文法主義ではなく判例法主義によるので，英米法のなかで生まれたdefault ruleを民法にあてはめるのは，わかりにくいだけでなく適切でない場合がある。

define / definite / definition

define は，「……に定義を下す」「……の意味を明らかにする」を表す動画である。

語源にあたるのは，ラテン語の *difinis* で，*finis* は「末端」を表すことから，「限界をはっきりさせる」「範囲を画する」が原義である。

definite は，形容詞として「明確な，はっきりしている」を表す。definite evidence といえば「確定的な証拠」のことである。また，definite period of time は，合意などで明確に定められた「一定期間」のことになる。

definition は，英文契約の「定義条項」の表題としてよく登場する。あくまで各語句の意味を明確にし誤解のないように書かなくてはならない。ただ，英語と日本語の言語としての違いから，正確に訳そうとすると苦労する。

定義条項は，比較的大部の契約や同じ語句を繰り返し使う英文契約に使う。定義するのは，ほとんどが名詞（noun）だが，たとえば assign「譲渡する」など動詞（verb）を定義することもある。business day「営業日」のような成句を定義することもある。

名詞は，普通名詞と固有名詞に分けられるが，誰でも知っている普通名詞 company「会社」を法律用語辞典的に説明し定義条項に書くことはしない。そのかわり，"Company" means ABC Company, Limited. 「『会社』は，ABC カンパニー・リミテッドを意味します。」のように，特定の会社をさすことはする。

この場合，英語と日本語のいわば "言語特性" の違いに気をつけなくてはならない。英語の綴り（spelling）は，すべて大文字で書くことも最初だけを大文字にすることもできる。

日本語ではこれができない。ABC は，abc と綴れるが，「あいうえお」を小文字にすることはできず，各文字を小さくできるだけである。

英語では特定の会社をさすために，最初の C だけを大文字にするのが実務的慣行である。英文契約中に，たとえば，"The Company represent and warrant that ～ ." のように書いたりするのだが，日本語に訳すのに困る。

「会社は，……を表明し〔その正しいことを〕保証する」のように会社を

太字で表記してふつうの会社と区別する。ちなみに，ここでは会社を複数形で受けている。

定義条項で気をつけるべき英語の"言語特性"がもう1つある。英語には名詞の複数形（plural form）がある点である。company の複数形は companies である。ABC Company, Limited がいくつもの子会社をもっているとしよう。

この場合，企業集団 ABC グループを率いているとする。同グループに属する「親会社と子会社一体となった」会社群を集合的に"Companies"として表すことがある。

問題は，Company の定義と Companies の定義を分けて規定すべきかどうかである。企業集団が契約主体になり子会社も親会社と同じように秘密保持義務を負う場合であれば，Company を定義し，〜 mean(s) collectively the ABC group companies and individually each company belonging to ABC Group.「……は，集合的に ABC グループ〔の会社群〕，個々的には ABC グループに属する各会社を意味する。」とするのがよいであろう。

あくまで契約内容次第だが，複数形の名詞がない日本語に訳すのはここでも苦労する。ところで，company を「会社」を表すのに使ったが，アメリカの法律英語では corporation をあて，company は「会社」より広い「法人」を意味する。

イギリスの法律英語では，法人は corporation である。イギリスが植民地につくった company がもとになり東部の13州が立ち上がった。独立戦争の経緯からこの逆転現象が生じたらしいのだが正確な理由はよくわからない。

関連して，「『法律』は日本の会社法を意味します。」を英語でどう表したらよいかを考えてみる。

法律といっても，ここでは集合的に日本法や日本の私法をいうのではなく具体的な法律をいうので，act を用い，"Act" means the Company Law of Japan (Law No.86, 2005), as amended.「『法律』は，改正後の〔現在有効な〕日本の会社法（平成17年法86号）を意味する。」のように書くのが正確である。

as amended は，改正を経て当該契約締結の時点で有効であることを表す。

2006年5月から施行されている日本の会社法では，大きなものとしては2015年5月1日施行の改正と2021年3月施行の改正が行われた。

demand

demand は，名詞，動詞いずれにも使う，「要求（する），請求（する）」を表し，*de*「下に」+ *mand*「委ねる」で entrust「委託する」を意味するラテン語が語源である。on demand といえば「オンデマンド」として日本語化しているとおり「要求あり次第すぐに」を表す。インターネット配信であろうと金銭の支払いであろうと，意味するところは共通している。

demand letter といえば「催告状」である。法律用語としては他に，demand bill [draft]「一覧払為替手形」，demand deposit「要求払い」といった用語がある。

グローバルルールとのかかわりでは demand guarantee が重要である。「請求払保証状」と訳されるが，日本民法における「保証」の基本的性質である附従性の点で違いがあるので注意を要する。

demand [contract] guarantee に関し，ICC（国際商業会議所）は，1978年に Uniform Rules for Contract Guarantees（URCG：ICC Publication No.325）を制定した。この最初の URCG は，実務界ではあまり評判がよくなくほとんど使われなかった。それは債権者による請求に判決か仲裁判断の呈示を要件としていたからである。

ICC は，1991年に URCG の Contract を Demand に変え内容も改訂して Uniform Rules for Demand Guarantees（URDG：ICC Publication No.458）を公表した。この URDG は，世界銀行が承認したことから徐々に使用が広がった。

ICC は実務界の要請に応えるべくさらに URDG を改訂することとし，2007年に銀行委員会および商取引法実務委員会による共同改訂作業にとりかかった。その結果，2009年12月３日，ICC 理事会は，改訂 URDG（ICC Publication No.758）を決定し，2010年７月１日から実施することにした。

demand guarantee の名称がどこから生まれたかといえば，1970年代に入る頃からヨーロッパで実務上使われはじめた on demand guarantee, first demand guarantee あるいは simple demand guarantee といった呼び名からといってよい。demand guarantee の前に simple, on, あるいは first をつける

が，意味はほぼ同じく単に「demand すればすぐに」を表す。

ICC の規則が当初，demand guarantee ではなく contract guarantee を使っていた当時は，附従性をもたない無因，独立の demand guarantee も附従性をもつ日本民法の保証も，同じ guarantee の語で表そうとしていた。

そのうちヨーロッパで on demand guarantee が附従性のない guarantee として定着してくると，債権者の単なる請求（demand）だけではなく主債務者による債務不履行を証する陳述書（statement）などの呈示まで条件とするタイプの guarantee がふつうに出回り，これを demand guarantee と略称するようになった。

2010年の改訂 URDG は次のような特色をもっている。それは荷為替信用状に関する ICC の UCP（Uniform Customs and Practices for Documentary Credits）600にならい，用語の定義や解釈に関する規定を置いたことである。

アメリカでは銀行が，demand guarantee ではなく，信用状（letter of credit）を発行する慣行になっており，UCP600に準拠するものが圧倒的に多い実情がある。その意味で，新しい改訂 URDG はグローバルな内容をそなえ，さらに広く使われることになるだろう。

deposit / depository

deposit は，法律用語として「手付金」「敷金」「頭金」「預金」などの意味に使う。a deposit of three months rent といえば「家賃3か月分の敷金」である。ordinary deposit は「普通預金」，certificate of deposit は「預金証書」のように使う。ただ，deposit account は，アメリカでは「銀行預金（勘定）」を，イギリスでは「通知預金」を表す。

動詞として deposit を使う例としては，deposit papers with one's lawyer「弁護士に書類を預ける」がある。

deposit の語源にあたるのは，*de*「下に」+ *ponere*「置かれたもの」を意味するラテン語である。

実務上，特に新興国での投資案件では，MOU（memorandum of understanding）や LOI（letter of intent）のような基本合意文書中でデポジット（deposit）の支払いを要求されることがある。

この場合の deposit は，契約上の履行を確保するための「保証金，証拠金」を意味する。MOU や LOI には法的拘束力（binding effect）がないという人や，そう思い込んでいる人もいる。そうした人たちは，なぜ MOU 中に契約義務の履行を確保するために，すなわち法的拘束力があることを前提にこれをさらに強めるために，deposit に関する規定をするのか疑問を抱くかもしれない。

じつはここが，MOU 案を検討する上での最大のキーポイントになる。MOU や LOI は，本契約・正式契約の締結交渉段階で予備的につくり，ほとんど法的拘束力をもたない精神規定的な内容しか含まないこともある。

逆に，義務規定を主にしてかつ規定によってはその違反に対して penalty「違約金」を課す内容にすることもある。こうなると法的拘束力がないと見る人はまずいない。

penalty 条項も deposit 条項も契約履行義務を強めるために入れると思えばよいのだが，penalty を支払ってもらうより deposit を入れてもらうほうが"有利"である。というのは，penalty に対しては，とりわけ英米法は厳しく，金額によるとはいえ void「無効」とされるリスクがかなりあるからだ。

これに対し，deposit を民法557条の「手付」ととらえると，契約を履行しないときは手付を放棄させることになるので，比較的楽にこれを"没収"できる。

MOU に deposit 条項を入れるドラフト（案文）を提示してきたときに，相手方がその MOU をどう位置づけようとしているかに気づかないといけない。さきほど述べたとおり，法的拘束力をもたせた上で履行を確実に受けたいと考えていることはほぼ読み取れるからである。

相手の提示した MOU 案にそのままサインしてしまうと，その MOU が最終・正式契約にされてしまうことすらあり得る。こちら側としてはあくまで予備的な基本合意書であって，正式契約はその後締結されること，取締役会などの認可がなければ MOU としても効力を発しないことなどをはっきりさせておくことである。

その上で，deposit 条項を削除してもらう，あるいは残すにしても正式契約の締結に至らなかったときは返還してもらえるように明記させるなどが必要になる。

預け入れる deposit がどのような性格のものとして扱われるかは準拠法による。民法の「手付」は，契約締結に際して交付される有価物で，別段の合意がない限り解約手付と推定される（557条）。

手付を入れたほうはこれを放棄し，もらったほうはその倍返しをすることでいつでも解約できるので，むしろ契約の拘束力を弱めることになるかもしれない。

depository は，「保管所，貯蔵所，倉庫」を表す。「保管人」を表すこともある。証券類の「預かり主」を意味することはもちろんあるが，depository bank といえば，手形・小切手の受取人，あるいは所持人から取立てを最初に依頼された銀行，すなわち「取立受任銀行」のことである。

derivative

デリバティブといえば企業財務に携わったことのある人なら誰でも知っている。「金融派生商品」のことである。

デリバティブの英語 **derivative** は，動詞 derive の名詞形，形容詞形として使う。derive は，「（本源，大元から）引き出す，得る」を表す。～ derive from Latin「……はラテン語に由来する（を語源とする）」である。

この用例そのままに，derive は，「川から水を引く」を意味するラテン語 *de* + *rivus* から派生した。*rivus* がいまの river にあたる。

では，金融派生商品・デリバティブの場合，何から何が派生するのであろうか。広義では先物，オプション，スワップなどの金融商品の総称だが，これらは対象の変動する市場価格や指数などに基づき価値・価格が決まる。この場合，「水源」にあたるのは，対象の市場価格や指数などである。

金融商品取引法は，金融商品（商品先物を除く）・金融指標（商品指数を除く）の先物取引・オプション取引・スワップ取引・クレジットデリバティブをデリバティブ取引と定義し，市場デリバティブ・店頭デリバティブ・外国市場デリバティブに分けて規律する。

株主代表訴訟のことは derivative suit という。representative suit ということもある。この場合，訴えを提起する権利は，株主権の本来的内容（配当請求権など）に付随しそこから派生したものとの意味で，derivative の語を付けていると考えられる。

discovery

discovery のふつうの意味は「発見」である。英和辞典には the discovery of radium by the Curies「キュリー夫妻によるラジウムの発見」の用例が載っていた。

こうした用例において知的財産権法の分野で使われることはあるものの、discovery は、法律英語として、アメリカの民事訴訟法分野で重要な使い方をする。

アメリカの民事訴訟手続には、ディスカバリー（discovery）と呼ぶ証拠開示制度がある。この制度との関連で証拠開示の対象になり得る文書類の保存義務が生じる。

ディスカバリーはフェアプレーの精神に基づき、陪審審理（jury trial）に先立って当事者間で互いの要求に応えるかたちで証拠を見せ合うことを内容とする。この手続には、2つの理由が考えられる。

アメリカで民事訴訟でも広く行われる陪審審理では一般市民から選出された陪審員に事案と争点を短期間に理解させる必要があるが、それには陪審審理に先立ち（pre-trial）、証拠を整理しておかないといけない。もう1つの理由は、和解促進である。アメリカ人は、何年間も争った末にそれまで見たこともなかった証拠が出て一挙に形勢逆転となるのは時間のむだだと考える。こうしたいわば合理精神が本格審理前の証拠開示を充実させた。

ディスカバリーの中心になるのは、相手方への文書類の提出要求（request for production of documents and things）である。訴訟の相手方に対し、「本事件に関連してこれこれこういう内容の文書があるはずだから閲覧、謄写を求める」との要求書面を突きつけたりする。この要求では、たとえば「ある取引に関連して2008年1月から3年間に日本親会社と米現地法人との間で行われたコミュニケーションのすべて」のように広めに網をかぶせようとする。

要求された側は、文書を提出しなくてもよいとされる attorney-client privilege「弁護士依頼者秘匿特権」の適用や、これらの文書は事件そのものの立証とは関連しない（irrelevant）ことを主張して"抵抗"するのがふつうである。こうした当事者間のやり取りはフェアプレーの精神にのっとって

合法的に行われているのであればよいのであるが，故意に証拠になり得る文書類を隠したり廃棄したりされると制度そのものが機能しなくなってしまう。そこで，裁判所の文書提出命令を出してもらい，従わない場合には法廷侮辱（contempt of court）の刑事制裁の対象になる仕組みができ上がっている。

ディスカバリーの要求があるかもしれない文書類を訴えの提起前に廃棄されてしまうと，ディスカバリーは「空振り」に終わりかねない。そのため，訴え提起を予想できるある時点から，訴えの当事者になる企業には，証拠になりえる文書類を廃棄したりデータを消去したりすることのないように保存（hold）義務が課される。問題は，いつの時点から保存義務が生じるかである。

原告，被告のいずれの側になるかで時点は多少異なるが，2011年5月に下された連邦巡回区控訴裁判所（CAFC：日本の知財高裁に相当する）は，米半導体開発大手企業ラムバスが「証拠の隠滅をはかった」として同社に不利な判決を下した。

同社は，1998年12月までに自社の特許の有効性を裁判で認めさせる戦略を立案，訴訟で有利になる文書類を保存する一方で，不利になり得る文書類の廃棄を従業員に指示し1999年8月に廃棄を実行した。同社の取締役会は同年9月に訴え提起を決定，2000年1月に最初の訴えを提起した。

CAFCは，文書保存義務が訴訟が合理的に予想できた時点から生じたとしたものである。そこで，特に相手方から「警告書」を受け取った場合など，親会社，子会社間のEメールのやり取りなどを一切廃棄しないようグループ企業に指示を出すなど文書管理を徹底する必要がある。

日本企業は，海外子会社を通じた事業遂行につき，親会社の主管部門から子会社に宛てて，Eメールによる業務上の指図を出すことがよくある。国際カルテルなどの嫌疑をかけられた際に，そのメールが証拠にならないように注意すべきである。

dispute

dispute（名詞）の法律用語としての意味は，「論争，紛争，争議」である。a labor dispute は「労働争議」になる。be in dispute with ～ over ～では「……と……について係争中である」になる。

特に dispute resolution［settlement］「紛争解決［処理］」に関連した dispute の用例は実務上重要である。

日本では，2007年を「ADR 元年」と呼ぶことがある。いわゆる ADR 法として，正式名称「裁判外紛争解決手続の利用の促進に関する法律」が，2007年4月1日から施行になったからである。

ADR は alternative dispute resolution のことで，法律名のとおり，訴訟手続外の代替的紛争解決方法をさす。本法は，「裁判外紛争解決手続」を「訴訟手続によらずに民事上の紛争の解決をしようとする紛争の当事者のため，公正な第三者が関与して，その解決を図る手続をいう」（1条）としている。

本法の目的は，「裁判外紛争解決手続についての基本理念及び国等の責務を定めるとともに，民間紛争解決手続の業務に関し，認証の制度を設け，併せて時効の中断等に係る特例を定めてその利便の向上を図ること等により，紛争の当事者がその解決を図るのにふさわしい手続を選択することを容易にし，もって国民の権利利益の適切な実現に資すること」にある。

ADR には，民事調停に代表される司法型，労働争議調停に代表される行政型，および弁護士会の仲裁センターなどによる民間型がある。本法のうち，基本理念や国などの責務を規定した第1章「総則」は，これら3つのタイプいずれにも適用がある。第2章以下の「認証制度」にかかわる部分については，民間型の「調停，あっせん等」のみを対象とする。

というのは，民間紛争解決手続を業として行う者は，その業務について法務大臣の認証を受けることができるとされており（5条），「民間紛争解決手続」とは，民間事業者が，紛争の当事者が和解をすることができる民事上の紛争について，紛争の当事者双方からの依頼を受け，当該紛争の当事者との間の契約に基づき，和解の仲介を行う裁判外紛争解決手続をいうからである。

基本理念と国などの責務についての規定を除く本法の主たる規定は「認証

制度」に関している。認証制度を新たに導入する目的は，「民間紛争解決手続」の利用促進にある。

国民による利用を促進するために，国民が解決手続を選びやすいように選択の目安を提供するとともに弁護士以外の専門家の活用をはかるのが同制度の内容である。

認証は，公益法人，NPO 法人の他，社団性のある任意団体から社団性のないグループまで広く受けられる。

認証の基準としては，本法6条が「専門的な知見を活用して和解の仲介を行う紛争の範囲を定めていること」など16項目を規定している。民間紛争解決手続実施者が弁護士でない場合において，専門的知識を必要とする場合，弁護士の助言を受けられるようにするための措置を定めていることとする要求を含む。

本法の趣旨は，認証を受けられるものを弁護士・弁護士法人に限定することなく，弁護士以外のものが広く手続実施者になることを認めて国民が手続を利用しやすいようにしたところにある。そこで，簡易裁判所において訴訟代理関係業務を行うことができるいわゆる認定司法書士は，単独で手続実施者になることができるとした。

本法は，国際契約実務に直接影響を及ぼすものではない。しかし，本法制定の背景には，国際化など社会経済情勢の変化があり，契約の紛争処理条項において日本をフォーラムとして提案することはやりやすくなったといえる。

自由貿易協定（free trade agreement）や経済連携協定には，ISDS 条項が入ることがよくある。ISDS は，Investor-State Dispute Settlement「投資家・国家間の紛争解決」を表す。FTA や EPA には ISDS を規定することがあったが，TPP（環太平洋経済連携協定）を締結するにあたってもこれに ISDS 条項を入れるべきではないかが議論の的になった。

TPP に ISDS 条項を入れることが日本にとって望ましいことかどうかについて，反対意見ではこれに基づいて米企業の日本政府に対するクレームが起こされ，仲裁法廷が何十億円もの賠償を命じるケースが多発するのではと心配された。

これに対し，少なくとも日本企業にとって ISDS 条項は，特に新興国からしかるべき補償を受ける機会を増大させるので有利に働くとする意見があっ

た。新興国のなかには，東南アジアのマレーシア，ベトナム，ブルネイなど の国々が含まれるが，これらの政府から不当に差別待遇，許認可の取消など で損害を被った場合でも，ISDS を利用して迅速に紛争を解決し補償を受け ることを期待できるとするものである。

　国としてというよりは，日本企業の立場でいうと，いま中堅企業を含む日 本企業は生き残りをかけて環太平洋地域の国・地域へさかんに進出をしてい る。新興国に直接投資をして進出するにあたっては，現地政府との衝突が避 けられない。一般に新興国では，法制度が未整備である，あっても突然の制 度変更で進出企業が損失を被るといった事態がしばしば起こる。TPP に ISDS 条項が入ることで日本企業が仲裁を申し立てることのできるメリット のほうが大きいともみられる。

　TPP 交渉のなかで ISDS 条項に強硬に反対したのがオーストラリアである。 オーストラリアは，禁煙促進のためタバコの包装パッケージの表示規制を厳 しくしたことがあった。これによる収益の減少を懸念した米タバコ大手の フィリップ・モリス社は，2011年，オーストラリアと ISDS 条項を合意して いる香港の現地法人を通じてオーストラリア政府に対する仲裁申立を行った が，2015年12月18日，管轄権がないとして申立は却下された。アメリカ企業 による仲裁申立増加は，オーストラリアだけでなくマレーシアやベトナムな ども懸念しており，申立できる企業の資格を詳細に規定するなどして「乱訴 防止」をはかる仕組みを求めてきた。

　むしろ日本企業は ISDS 条項を活用すべき立場にあるわけだが，これまで 2国間の投資協定などの下で日本企業が外国政府を相手に申立をした例はほ とんど見当たらない。わずかに，2006年の「サルカ事件」において大手証券 会社のオランダ子会社が，公的資金投入に際しての不当差別を理由にチェコ 政府を「訴え」，約187億円の賠償を受けた先例がある程度である。

　日本企業は，どちらかというとこれまで「苦手意識」が先に立っていた感 のある国際仲裁にもっと前向きに取り組み，「国際仲裁リテラシー」をもっ たグローバル人材の育成に努めるべきであろう。

distributor / distributorship

distributor は，distribute する人を表す。distribute は，「(ものを) 分配する」意味の動詞だが，語源は *dis*「別々に」+ *tribuere*「与える」のラテン語である。

ここから，distribute には，「(商品などを) 流通させる，供給する」の意味での用法が生じる。その延長上では，「販売店」と distributor を訳すことが多くなる。

たとえば，海外市場に自社製品を売り込もうとしたら，現地に販売店 (distributor) か代理店 (agent) を置き，これを通じて行うのがふつうである。不馴れで閉鎖的なこともある海外市場にいきなり現地販売子会社を設立し参入をはかるのには限界がある。現地の市場慣行にも精通した現地企業と契約するメリットは大きいといわざるを得ない。

海外市場に製品を流入させようとする製造者にとって，販売店，代理店いずれも現地の「流通チャネル」としての経済的機能は共通する。ただ，法律的には両者をはっきり区別することができる。日本の会社法では，「会社のためにその平常の事業の部類に属する取引の代理又は媒介をする者で，その会社の使用人でないもの」を代理商と呼ぶ (会社法16条)。

国際取引で commercial agent という語を使うことがあるが，日本法では代理商にあたると考えてよいであろう。agent は多義的に使うので，会社法16条の下で本人を代理して顧客と契約を締結する締約代理商だけでなく，本人と顧客の契約の仲立をする媒介代理商の双方を含む。

国際取引の実務においては，agent や distributor の語を法律的な意味よりもあいまいに使うことが多い。agent と称していても法律上の代理権限をもたないケースが多いし，国際取引で締約代理商はほとんど使わない。

agent と distributor の違いは何かといえば，前者は後者と異なり売買契約の売主にはならない点に表れる。すなわち，agent は所有権を取得し売主となって商品を転売し利益を得るのではなく，商品を売るごとに一定率の commission (手数料) を報酬として受け取る。

sales representative は，本人から販売についての権限を託された「販売員」

である。representative は広く「代表，代理」を表し，これだけで販売代理人の意味をもつが sales representative として特に販売店契約（distributorship agreement）中に登場したときは，本人の被用者としての販売員であることをはっきりさせる。それは，The Distributor shall be in no sense representative or agent of Manufacturer. 「本販売店はいかなる意味でも製造者の販売員または代理人ではないものとする。」との一文を privity 「契約関係」というタイトルの条項中に入れることでもわかる。

dealer を Black's Law Dictionary で引くと，最初に A person who purchases goods or property for sale to others : a retailer. 「物品または資産を他に売却するために購入する人：小売商」と載っている。「販売業者」と訳し distributor と同じように使うことがあるが，国際契約実務とのかかわりでいうと，海外市場に一定の territory 「（販売）地域」を設定し，そこにおける販売権（**distributorship**）を付与する相手としての現地販売業者には distributor を使うのが正確である。

distributorship agreement は基本売買契約の性格をもつが，販売権を付与するためのライセンス契約の一種とみるほうがあたっている。

ところで，「販売店契約」を distributor agreement とはいわず，distributorship agreement というのがふつうである。

-ship の接尾辞は名詞や形容詞につけて抽象名詞をつくる。friend を friendship とすれば「友人」が「友情」になる。後者では hard を hardship とすることで「困難な状態」となる。distributor を distributorship にすると「販売店の資格，地位」を表す。

名詞に -ship をつけてつくる抽象名詞もいくつかのタイプに分けられる。性質や状態の他，地位や資格，能力，手腕も示すことがある。スポーツの大会においても～ championship tournament のようにいうのは，チャンピオンの地位を争う大会だからである。

distributorship をふつうの英和辞典で引くと「独占販売権（をもつ商社）」としているものがあった。ここまで意味を絞り込む必要はないが，「販売権を与えられた者」とするのは正しい。distributor に決められた地域（territory）のなかで決められた商品を販売する権利を与える契約が distributorship agreement である。ただ，その権利がその地域内で独占的（exclusive）か，

非独占的（non-exclusive）かの違いがあり，前者のほうがより強く価値のある権利である。

その意味で distributorship agreement は一種のライセンス契約，すなわち，ある権利を付与，許諾する（license）ための契約である。ただ，実務界でlicense agreement といえば，ノウハウや特許などを実施許諾する契約を表すのがふつうではある。

distributorship agreement では，当事者間で販売目的物を売買する際の条件として，価格，引渡し，品質保証などについての規定がなされる。この部分は，基本売買契約の性格をもつが，売買契約そのものとは違う。売買の要素について合意をし，目的物の引渡義務や代金支払義務を直接生じさせるものではないからである。

その意味の売買契約としては，基本契約の下で個々に締結する個別契約（individual contract）がこれにあたる。個別契約によって製造者（manufacturer）から商品をいわば仕入れ，一定の地域内で再販売する地位を与えるのが販売店である。その本質は売買契約というよりは，ライセンス契約に近い。

販売店と似た経済的機能を果たすのが代理店である。販売店が再販売によって利益を上げるのに対し，代理店は仲介的に売買契約を成立させコミッションによる利益をあげようとする。英語では agent あるいは agency というが，agency のほうは，「代理権」を表すこともあり，distributorship に近いニュアンスがある。

実務では agent agreement, agency agreement いずれも使う。一方，販売店契約を distributor agreement とする例はあまりない。

due

due の法律用語としての用法は多い。名詞で,「税,賦課金,料金,手数料」の意味をもつ。形容詞では,「(当然)支払われるべき」「満期に達した」の他,「正当な,適正な」を表す。

due の語源にあたるのは,「……に債務[義務]を負っている」を表すラテン語 *debitus* である。同じ語源をもつ英語に debit「借方」,debt「負債,借金」がある。

債務などが「支払期限になる」というには,～ becomes due といえばよい。due 一語ではなく due and payable とすることも多い。payable は,文字通り「支払われるべき」であるから,due と並べて使うのは法律英語表現特有の同義語重複でありこの場合は重ねて訳す必要はない。

due process of law は,「法の適正な過程」である。アメリカ合衆国憲法修正第5条と第14条は,連邦と州が法の適正な過程によらずして生命・自由・財産を奪うことを禁じている。本条項は,19世紀の中頃までは手続的保障のみと考えられていたが,その後,法律の内容までも適正でなければならないとするようになった。

日本国憲法31条は「何人も,法律の定める手続によらなければ,その生命若しくは自由を奪はれ,又はその他の刑罰を科せられない」とするが,合衆国憲法の影響を受けたとされる。ただ,本条が実体法の適正を求めるかどうかについては争いがある。

企業法務の分野で特に重要なのがデューデリジェンス(due diligence)である。M&A の分野において「買収監査」と訳し使われる。due diligence は,「デューデリ」と略して使うほど日本語としても定着している。

due diligence を直訳すれば,「当然払うべき注意」となる。due care と似ている。企業を買収する際には信用調査などをしっかり行わなくてはならない。高すぎる代金を支払って財務内容のよくない会社を買収するのは経営として避けるべきは当然である。ただ,近時は,会計面での due diligence だけではなく,コンプライアンス上の問題をかかえていないかといった「法務デューデリ」にも力を注がなくてはリスク発生を防止できない。

due to

英語で「原因」や「理由」を表す表現にもいろいろあるが，その1つがこの **due to** である。この due to は because of, owing to, caused by あるいは on grounds of といいかえることも可能なようであるが，これらの代わりに due to を用いるのは多くの場合誤用である。

たとえば，The trial was lost due to his admissions.「その審理は彼の自白によって敗れた。」というときの due to は because of とするほうが正しい。また，The state court denied such relief due to procedural errors.「州裁判所は手続的過誤を理由にその救済方法を認めなかった。」の due to は，「……を根拠に」という意味であるから，on grounds of が適切である。

「……のために」というときの due to は，大体において代わりに owing to を用いるほうが賢明であるといわれている。ただし，Due to the heavy rain, floods covered the village.「豪雨のため，村は洪水に見舞われた。」は，正しい使い方である。それは，The floods are due to the heavy rain. といえるからであり，これに対して，Due to the heavy rain, the village was flooded. というときの due to の用法は誤用である。

The village was due to the heavy rain. とはいえないからであるとされている。何となくわかったようなわからないような感じであるが，法律表現のように特に正確ないい方によって「原因関係」を表現しなくてはならないときには，due to を使わないのがよいであろう。

一般的な表現で due to を用いるときは，常に be due to の形で用いるのが安全であるとされる。たとえば，The traffic accident was due to his negligence.「その交通事故は，彼の不注意によるものであった。」のようにである。したがって，We were defeated due to overconfidence.「われわれは，自信過剰で敗れた。」は，Our defeat was due to overconfidence. とするのがよい。

due to は，in consequence of や as a result of で置きかえられ，「……の結果」と訳すのが適切な場合にも使われる。たとえば，

Due to such aggressive movement, the government began to make investigation.

「そうした積極的な運動の結果，政府は調査を開始した。」

　この due to は，By such aggressive ～ , というように by で表しても十分意味が通じる。

　be due to でも，「……のはずである」「……のこととなっている」という意味で使われることがある。The court decision is due to be reversed. 「その裁判所の決定は，覆されることになっている。」のようにである。この用法では，to の後に動詞がくるので，「原因・理由」の場合とは区別が可能であろう。

　まぎらわしいのは，the respect due to her「当然彼女に払われるべき尊敬」のような due と to が人を表す代名詞の前に使われる表現があることで，「原因」や「理由」の due to とは異なる。

　ちなみに，民法上不法行為の成立要件である「因果関係」のことは，a causal relationship という。causal が「原因」の cause からできた語であることはすぐわかるが，causality 一語で「因果関係」をさすこともある。

durable / duration

durable は，「耐久性のある，丈夫な，永続的な」を表すが，名詞の用法もあり，特に複数形の durables で durable goods「耐久（消費）財」すなわち自動車や家電製品を表す。durable は，「長く続く」を表すラテン語の *durare* から派生した。

duration は，「存続期間，継続期間」を表す。duration of flight は「航続時間」である。英文契約の有効期間を duration といい，契約条項のタイトルに使うことがある。他に，term や period の語を使うこともあり，それぞれ「期間」を表すものの何の期間かは一語で明らかとはならず effective period などとしないと「有効期間」にはならない。

また，term は多義的で，terms and conditions でおなじみの契約条件や契約用語も意味するので「期間」の意味に使っているのか判然としないきらいがある。その点，duration は「有効期間」を表すのに適した語である。

durable power of attorney といえば，「耐久性のある，永続的な委任状」がほぼ直訳であるが，特別な法的状況にそなえてつくるところに意義がある。durable のつかないふつうの POA（power of attorney）は，委任者（grantor）が死亡するか法的無能力になると同時に取り消し得るものとなり自動的に効力を失う。これに対し，durable POA はこうした事実が発生したとしてもなお効力が持続する委任状である。

Black's Law Dictionary は，durable POA がそなえる特別な法的状況を委任者の法的無能力の場合に限定している。同書（9th Edition）で，durable power of attorney は "A power of attorney that remains in effect during the grantor's incompetency"「委任者の（法的）無能力の間も効力をもち続ける委任状」としているからである。続けて，判例法の下で「同書面は，通常，代理人が無能力になった患者のための健康管理（health care）上の決定をすることを認める」との追記をしている。

durable POA については，その文面をよく読み，「（法的）無能力」に具体的にどう対処できるかにつき委任事項としてどう書かれているかを確認しておくべきである。アメリカの判例法は，durable POA は文面に特に書いてい

なくてもヘルスケアなどについて権限が生じるといっているにすぎない。

この点，ある durable POA には Durability と題する次のような条項が入っていた。

> *The Agent shall continue to act on my behalf regardless of my mental abilities or any determination that I am disabled or otherwise unable to attend to financial matters.*
>
> 「代理人は私［本人］の意思能力あるいは私が無能力その他金銭上のことに気を配れなくなっているとの決定にかかわらず，私を代理して行為し続けなくてはならない。」

本条項があることで，本人が意思無能力になったとしても代理人が財産管理上の代理権限を行使し続けることができる，というよりは行使し続けるべきことが明確になる。

ただ，これは日本の民法859条が規定する後見人を任命し，被後見人の財産を管理し，財産に関する法律行為について被後見人を代理する権限を与える内容をもつ。外国の不動産の管理をまかせるのだから現地の代理人に委ねればすむということではなさそうである。さらに「後見等」について，日本の国際私法である法の適用に関する通則法35条は被後見人の本国法を準拠法としているので，日本法の下で有効かどうか検討しなくてはならない。

Column
diversity

　diversity は，「多様（性）」を意味し，日本語として「ダイバーシティの要求高まる」のようによく使うようになった。実際に何についての多様性が最も求められているかといえば，会社役員の性別や国籍についてである。国会議員における女性の比率についても，多様性の視点から論じられる。法律英語としては，アメリカ合衆国の司法制度における diversity case「州籍相違事件」の使い方がある。「異なる州民間の事件」のことで，州裁判所ではなく連邦裁判所の管轄に服する。

each | every | either

each，every，either は，いずれも基本的な英語でありながら用法に注意を要する。英語と日本語の表現上の違いなども意識しながら使い分けをしなくてはならない。

each は，「おのおのの，各自の，各」を表す形容詞である。each party は，「各当事者」だが，each には代名詞としての用法があり，We each have own proposals. は，「われわれは，それぞれの提案をもっている」となる。この場合は，主語の we に合わせて each を複数扱いにする。

every には，every day「毎日」のように「毎（ごと）」を示す用法がある。この場合は，each と意味合いが近い。

では，法律英語として使うとき，each と every はどう使い分けるべきであろうか，それとも同じように使ってもかまわないのであろうか。

ニュアンス的には，each が個々のものを一つひとつ取り上げていう場合に用いるのに対し，every は全体をまとめて考えるときに用いるとの違いがある。

契約のなかで「すべての当事者は……」といいたいときには，each，every，all のどれを使ってもよい。ただ，これらの英語には，上記のようなニュアンスの違いがあるから，問題になっている契約で表現しようとする「すべての」の内容次第で使い分けるべきである。

契約において当事者の権利や義務，禁止行為などを書くときは，当事者の個性にも着目して各人のものとして書くのがふつうである。個人主義的な欧米式の契約には特にその傾向がみられる。「すべての当事者」を each party で表現しておくのが最も無難であろう。

問題は，each，every，all を否定文のなかで使うときである。いずれも「すべての」を意味するので，英語では部分否定として「すべてが……ではない」ととられるおそれがある。

これを避けるには，No party may ～ . とすればよいが，各当事者いずれも……をしてはならない，との趣旨がうまく伝わらない。そのため，either とその否定形である neither をうまく使い分けるのがキーポイントになる。

either は，肯定文，否定文いずれにも使うことができ，「（2者のうち）いずれの一方も……」となる。

「いずれの当事者も……してはならない」の趣旨をより明確に伝えるには，Neither party shall 〜 . が最もよいであろう。特に2当事者間の契約で，「いずれの当事者も相手方当事者の承諾なくその情報を開示してはならない。」は，Neither party may disclose such information without consent of the other party. とするのがよい。neither を使うことで，誰の承諾を得るべきかを明確に特定できる。

なお，「禁止」を表すには may not 〜 や must not でもよいが，細かくいうと shall not には戒律的な強い「禁止」のニュアンスがあるのに対し may not は「不許可」的禁止のニュアンスで使う。

法律的な強い禁止を表すだけなら must not を使えばよい。may not 〜には「……しないかもしれない」ととられるおそれがある。

escalate / escalation / escalator

「論争が次第にエスカレートした」のように日本語でいうことがある。～ may escalate into ～「……が……に段階的に拡大するおそれがある」のようにも使う。

escalate は，「賃金や物価を次第に上げる」との意味にも使うが，この関連で，escalate の名詞形である **escalation** を使った escalation clause は，不動産賃貸借のための英文契約などにはよく登場する。同条項は，賃料や代金の額を事態の変化に合わせて調整するための条項だからである。したがって，継続的な売買契約などに広く使われてきた。不動産の賃貸借契約はほとんどが継続的な契約なのでこの条項を入れる例が多くなる。

escalation は，「拡大，上昇する」を意味する escalate の名詞形である。エスカレーターといえば誰でも知っている「自動昇降階段」(moving staircase) のことだが，語源にあたるのは「昇るもの」を表すフランス語である。

ここでほとんどの人が，エスカレーターは登るだけではなく降りる際にも使うのにおかしいと思うことであろう。たしかに，日本語でも「あの人は話をエスカレートさせている」といえば「増大する，拡大する」方向での意味でしか使わない。

そこで正確に語源を辿ると escalate の語源はフランス語の *escalade* で，昔，城を攻撃するのにはしごを使って城壁をよじ登ることを表した語である。一方 **escalator** はというと，アメリカでできた昇降階段につけた商標名で ESCALA(DE) + (ELEVA)TOR の造語であった。

エスカレーターやエレベーターは昇り降りいずれにも使うから，後からの造語 escalator が，元の escalate あるいは escalation の意味を変え，上げるだけではなく下げる意味にも使うようになった。英和辞典のなかには，これを「escalator からの逆成」としているものがある。

ところで，価格や賃料の額を状況に応じて増減させる契約条項は，escalator clause と呼ぶことが多い。いくつかの Law Dictionary にあたってみたが，escalation clause としては載ってはいない。ひょっとすると日本だ

けで使っている造語かもしれない。やはり上下に変動するのであれば escalator clause がふさわしいであろう。

いずれにせよこの種の調整条項には，契約条件を変える原材料費，運賃などのファクターをあげることになる。こうしたファクターをいくら具体的に列挙しても，その変化がどう価格などに反映するかを明確に示さないと効果があいまいな規定で終わってしまう。

そのため計算式を書き込むこともよく行われるのであるが，あまり凝りすぎて複雑な算定式をつくってしまい実際の変動と連動しなくならないようにすべきである。最も客観的ではっきりしているのは，The price shall be adjusted according to the Consumer Price Index published by the Government.「価格は政府から公表される消費者物価指数に従って調整されるものとする。」のように書くことである。

これならば正確なようだが，なお実際の変動からかけ離れてしまうことがあり得る。それは政府や国際機関のデータは調査の時期から半年遅れ，場合によっては1年遅れで公表されることが多いので，実際の変動をタイムリーに反映しきれないきらいがあるからである。為替であれば「前日の外国為替相場の終値」によるといった決め方も可能だが，その契約にフィットした escalator clause をつくるのは意外にむずかしい。

estimate / estimation

estimate は，価値などを「評価する，見積もる，概算する」を表す。

conservative estimate は「控え目な見積もり」，by estimate は，「概算で」である。

estimated expense は，「概算費用」であり，名詞形は **estimation** である。この語には「概算，評価，見積もり」という意味があるが，おおよその見当をつけて概算で計算するプロセスをいうとされている。

estimate は，「評価する」を表すラテン語 *aestimāre* から生まれた語である。「金額や数量の算定などを評価する」を表す英語としては，他に appraise や evaluate があるが，estimate よりは客観的かつ厳密な評価をする場合に使う。ただ，evaluate を金銭上の評価にはふつう用いない。

なお，estimate の語源にあたるのは，「価格を決定する（こと）」を意味するラテン語の *aestimo* である。

evidence / proof

evidence は,「証拠」を広く表す。したがって,証人による証言 (testimony of witnesses),記録 (records),書類 (documents),写真 (photographs) など,法廷に提出されるものはすべて evidence である。集合名詞なので,常に単数形で用いる。

これに対し,proof は「証明」と訳されるように抽象的に,evidence の結果ないしは効果を表す。burden of proof は「立証責任」である。proof を evidence と同じように裁判に提出される証拠という意味で使うこともある。ただ,proof に比べ evidence は,より日常的な場面において,「 ～ の証し」という意味で使うことがある。

circumstantial evidence は「状況証拠」,presumptive evidence は「推定証拠」,incontestable evidence は「動かぬ証拠」である。ちなみに俗語的に smoking gun といえば「決定的証拠」のことである。「硝煙の上がっている銃」が直訳である。

2020年以降,日本も新型コロナウイルス禍に見舞われたが,その頃から「エビデンスに基づいた治療」のような表現をよく見るようになった。エビデンスのこうした使い方は,「医学的には間違いである。政治家が言っているエビデンスはデータのことである」というのが医療専門家の指摘である (松永正訓『開業医の正体』中央公論新社,2024)。

evidence の意味は「真偽を明らかにするもの,証拠」である。コロナ禍で日本語となって語られたエビデンスも,もとは「科学的根拠」のことであるから,たとえば,「新型コロナワクチンを接種して,そのうち〇％が発熱した……というのはデータであって,エビデンスとは言わない」というのが,おそらく,適切な説明のしかたであろう。

exclusive / sole

exclusive には，「排他的な」「独占的な」あるいは「専属的な」といった意味がある。裁判管轄条項によくみられる exclusive jurisdiction は，「専属的裁判管轄（権）」を表し，指定されたその裁判所以外では裁判ができないことを表す。また，exclusive dealing は「排他的取引」であって，独占禁止法のもとでの不公正な取引方法の１つに数えられる。

販売店契約（distributorship agreement）において exclusive distributorship といったら「一手販売権」を意味する。これを与えられれば，専属的，独占的に販売権を行使できるわけである。

この使い方は，一定の地域（テリトリー）との関連でなされることに注意しなくてはならない。すなわち，地域無制限で世界中どこでも独占的に販売を行うことは，現実問題としても考えにくいわけで，おのずから，ある国や地域を限定し，そのなかでの販売権を考えることになる。

アメリカ合衆国のように広大な国では，さらにその中にいくつかのテリトリーに分けて販売店を置くこともよく行われる。逆に，もっと広く北米地区（North America）をテリトリーとすることもないわけではない。どちらがよいかは，対象製品，市場，販売店のマーケッティングパワーなどの要素をもとに戦略的に決めるべき事柄である。

国ではなく北米地区のような地域を指定するときは，その範囲があいまいにならないように気をつけるべきである。東アジア（Eastern Asia）の範囲はどこからどこまでか聞かれてもすぐ答えられる人はまれであろう。

ある地域に exclusive distributor を置いたとする。manufacturer「製造者」の側では，テリトリー内での他の distributor に製品・商品を売り渡してはならないことになり，その市場には，exclusive distributor に製品・商品を流入するパイプを一本化することになる。

しかしながら，manufacturer 自身がたとえば海外支店を通じてそのテリトリーで販売することは許されるとする解釈が exclusive についてはある。さらに，manufacturer の現地法人を通じて販売することはできるとの解釈もある。結局，exclusive の語の解釈次第になるが，イギリスとアメリカで

は解釈が異なり，イギリスでは支店や子会社による販売は認めるよう，より緩やかに解釈する傾向がある。

英文契約実務としては，単に A appoints B as an exclusive distributor in the Territory and B accepts it. 「A は B を本テリトリー内における一手販売店に指定し，B はこの指定を受け入れる。」と規定するだけでは，さきほどの 2 通りの解釈が可能になり，その分あいまいでよいドラフティングとはいえない。

A shall not directly or indirectly distribute the Products in the Territory. 「A は直接または間接に本テリトリー内において本製品を販売してはならない。」のように，つけ足して規定することがある。

これでもまだ足りず，支店（branch），現地子会社（subsidiary）を通じても販売しない旨を具体的に明記したほうがよいといわれている。

一方，**sole** は，only とほぼ同じ意味であり sole distributor は「唯一の販売店」，sole agent は「唯一の代理店」を意味する。後者を実務上「総代理店」と称することが多くある。解釈上，sole は，exclusive よりも排他的な意味が弱いといわれている。

sole の語源にあたるのは，alone「一人の」を意味するラテン語の *solus* であり，ここから音楽の独演・独奏を意味する solo「ソロ」も派生した。

exclusive negotiation

exclusive negotiation を訳せば，「排他的，独占的交渉」である。この語
句は，M&A（企業買収）のためのレター・オブ・インテント（LOI）中で
用いられることがよくある。

レター・オブ・インテントは，予備的合意書と称されるように契約の交渉
段階でとり交わされる。大きな契約ほど正式契約をいきなり1回で締結する
のではなく，階段を1段ずつ昇るように文書を積み重ねていく。企業買収
（M&A）の例でいうと，ある程度買収の条件が固まってきたところでLOI
をとり交わす。

LOIは，正式契約ではないから，せいぜい買収の予約的効力しかもたない
のがふつうである。そうなると，Aに売ると約束しても，のちにBがずっ
と高い買収予定価額を提示して買いたいと申し出てくればBに売ってしま
うかもしれない。

いわゆる二重売買的状況が生まれるが，Aに対する売却の約束があくまで
も予約効果しかもたないとすると，自由競争の世界で特にこれを禁ずること
はできない。

とはいえ，Aとしてはいったん売るとの約束まで取り付けた物を横からさ
らわれたようで面白くない。Aに考えられる救済としては少なくとも2通り
ある。1つは"横取り"をしたBを訴えることである。これが実際に行わ
れ成功した先例が，当時「史上最高の評決額」として有名になったテキサコ
対ペンゾイルの訴訟事件である（279頁参照）。

もう1つの救済は，「売ると約束した」所有者を訴えることである。ただ，
所有者は売却を確定的に合意したのではないので，これに売買契約違反で損
害賠償請求をするわけにはいかない。正式契約が成立するものと期待してい
たのにこれを裏切ったとして期待権侵害，あるいは契約関係に準ずる信義則
の支配する関係があったとして契約締結上の過失理論に基づいて損害賠償責
任の追及をするかのいずれかになる。

東京高判昭62・3・27（判タ632号155頁）は，マレーシアの実業家との林
業共同開発契約を挫折させた日本の商社による損害賠償責任を認め，「Y〔被

告＝商社〕は，昭和51年５月末に漸く本件契約及び本件協定を締結する意思のないことを明確に表明するに至るまでの間，終始，Ｘに対し右契約等が確実に成立するものとの期待を抱かせる態度をとり続けていたのであって，他にＹが右締結を中止したことを正当視すべき特段の事情も認められないから，……Ｘが本件契約及び本件協定の成立を期待したことにより被った損害につき，Ｙはこれを賠償すべき義務があるものというべきである。」としている。

　所有者に対する損害賠償請求をより確実なものとするためには，LOI の内容を工夫することである。その一例が Exclusive Negotiation と題する条項を入れておくことである。

　内容としては，他と交渉を一切禁ずるとしても効力に疑問があるので，「誠実に（in good faith）貴社とのみ交渉を行い他との売却交渉には応じないことを約束する。」くらいになるが，のちに契約締結上の過失に基づく責任追及をする際にはプラスになるはずである。

exclusively

英文契約の定義条項（Definitions）に，"Services" means exclusively A, B, and C. のように **exclusively** を使う例を見かける。

exclusively には，法律用語としてだけでも「独占的に」「専属的に」「排他的に」といった，いくつかの意味がある。これらを冒頭の文例にあてはめて，「役務」は専属的，排他的に A，B および C を意味すると訳してもあまりしっくりこない。法律用語よりは一般用語としての「もっぱら」という訳のほうがあてはまる。

英文契約で Definitions と題されることの多い定義条項を置くのは，比較的内容が複雑で大きい契約の場合である。目的は，その契約を通して統一的に語句の意味を明らかにすることにあるから，あいまいな書き方をしたのでは，かえってマイナスである。

上記の文例の場合，services すなわち，「役務」を定義している。役務提供が契約の対象になっていると思われ，その内容は，ある機械の「修理（repair）」，「保守（maintenance）」および「試験（test）」だったとする。端的にこれらを書けばよさそうであるが，ただ列挙すればよいわけではない。

定義条項の場合は特に，列挙が単なる例示にすぎないかどうかを明確にしなくてはならない。いいかえると，列挙が限定的になされているか否かの区別である。限定的であれば，提供される services は，A，B と C に限られ他の内容を含まないことになる。

これに対し，例示列挙だと，列挙した A，B，C は，あくまで提供されるべき services の代表例にすぎない。他にも D，E……とあり得るわけである。ポイントは，事項を列挙するときには，限定列挙，例示列挙のいずれであるかをはっきりしておくことである。前者であることを明確にするために exclusively を使うと思えばよいであろう。「本契約で『役務』とは，もっぱら A，B および C のみを意味する。」のように訳す。

では，逆に，例示列挙であることをはっきりさせるにはどのように書けばよいのであろうか。定義条項にはそれほど多くは登場しないかもしれないが，"Services" means, without limitation, A, B, and C. のようにいえばよいであ

ろう。

　without limitation のところがミソである。これを「無制限に」と誤訳する例をたまに見かけるが，そうではなく，「制限することなしに」と訳すべきである。列挙した事項に制限しない，すなわち，例示的に列挙する趣旨である。without limitation の代わりに without limiting とすることもあるが，こちらのほうが誤訳は少ないかもしれない。

　この種の表現は，定義条項でなくとも使う。たとえば，不可抗力条項（Force Majeure Clause）において，Force Majeure event shall include, but not limited to A, B, and C. のように書いたりする。「不可抗力事由は，A，BおよびC を含むがこれらに限定するものではない。」と訳すが，but not limited to を without limitation と置きかえても意味は同じである。

　but not limited to, without limitation の反対語は，それぞれ and limited to, with limitation であるが，あまり使った例を見ることはない。それならば exclusively include といったほうがスマートな感じである。逆に not exclusively や unexclusively とする例は見かけない。

　なお，exclusively の語が法律的に最も使われるのは，知的財産権の専属的使用権，すなわち専用実施権を許諾するような契約においてであろう。license to use ○○ exclusively といえば，「○○の専用権をライセンス（許諾）する」となる。

　ちなみに，職務発明については，使用者（雇用主）に専用実施権を設定する，あるいは承継を認めることは，契約あるいは勤務規則に定めがあれば可能である（特許法35条2項，3項）。

execute / execution / executive

　「契約（書）に署名する」は sign the contract のようにいえばよい。ただ，「契約（書）を締結する」となると，**execute** を使うのが適切である。

　execute の最も一般的な意味は，職務や計画，命令などを「実行，遂行あるいは達成する」である。その次に法律や判決，遺言などを執行する，実施するとの意味が続く。

　さらに，契約とは直接関係ない「刑を執行する，処刑する」との意味があって，最後のほうに「証書などの形式を完成させる」が載っている。

　「契約にサインする」というように，sign は，「署名する」がごくふつうの意味で，この延長上に「記名・調印する」「署名して（権利・財産などを）処分する，譲り渡す」との意味がある。一方，execute は，sign をすることを含めて，契約書などの文書を法的に有効なものとするとの意味になる。

　契約書を法的に拘束力をもつ有効なものにするためには，原則として sign が必要になるが，それだけでは十分ではない。sign をした者が制限行為能力者である場合などがあるからだ。

　また，英文契約法には捺印証書（deed）という正式契約があり，書面に sign するだけでなく，seal（捺印），deliver（交付）まで必要とする。

　seal すなわち捺印は，日本式の印鑑ではなく，蝋（これを sealing wax といい，ふつう赤い棒状になっている。）を溶かし，刻印したものをいう。実際にはこれを省略することが多いのだが，deliver は残して，末尾文言を，〜 have signed and delivered とすることもある。それだけではなく，サイン欄のすぐ上に Signed, Sealed and Delivered と記載するのが正式に近い書き方である。

　そうなると，捺印証書形式の契約書であれば，単に sign と書くのではなく，execute の語を使うほうが適切といえそうである。ただ，よく観察すると，捺印契約でもなく，sign する者の行為能力などが問題になりそうにない場合についてまで execute を使う例がある。こうしたいわばふつうの契約の場合であれば sign の語を使うほうが適切であるし，もし行為能力上の懸念があったら representation「事実表明」条項中に表明させるべきであろう。

さらに，execute には，契約上の義務の「遂行，履行」という意味がある。契約の締結とその義務の履行とでは，「入口」と「出口」ほどの違いがあるが，どちらの意味に使っているのかまぎらわしいといわざるを得ない。締結の意味に使う execute は，jargon「専門語，業界用語」のひとつという人もいるから，誰でも知っている sign を使うほうが plain English「わかりやすく平易な英語」を心がけるためにも優れている。

最後に，〜 have signed のように現在完了形にする必要があるか否かであるが，サイン欄の前に置かれる文言に完了したと書くのは，厳密にいえば矛盾している。現在進行形で〜 signing とするほうがやはりベターである。こうしたときは，契約書の他の箇所特に冒頭部分で現在完了形を使っていることがあるのでそちらも現在進行形にそろえておかなくてはならない。

execution は，execute の名詞形である。execute の語源にあたるのは，*ex*「後に」+ *sequi*「続く」を表すラテン語である。

execution は，「死刑執行，処刑」の意味にも使う。carry out an execution「死刑を執行する」の文例とともにこの意味を最初に掲げる辞書は多い。

民事法分野で execution は，判決などの「執行」であり，forcible を前につけなくとも一語で「強制執行」となる。

会社法分野では，execution は取締役などによる「職務執行」を表す。ここから「執行を担う人」を **executive** という。国や自治体などの執行部のことを the executive と総称するし，会社でいえば「経営陣」のことである。そのトップは，the chief executive officer であり，CEO の略称をよく肩書にする最高経営責任者である。アメリカ合衆国で the Chief Executive は，大統領をさす。

CEO は，日本でいえば「代表取締（執行）役社長」にあたるが，英米会社法には「代表」の概念がなく，その点に注意を要する。

exhibit

exhibit には，動詞で「展示する，陳列する」の意味があり，名詞では，「展示物，陳列品」の他，法律用語として「証拠物件（書類）」「（契約などの）添付書類」を表す。

exhibit の語源にあたるのは，*ex*「外へ」+ *habere*「もつ」を表すラテン語である。

契約書本体の外に出してつける「付属書類，添付書類」のことを総称して attachment という。これをそのまま "Attachment A" のように付属書類のタイトルとして使うこともある。

attachment は，"exhibit" と "schedule" に大別できる。まず，exhibit だが，契約書に付属する exhibit の意味は，「証拠書類」が最も近い。証拠書類とは訳さないのだが，exhibit は1つの独立した文書（stand-alone document）として契約書に添付する。これにも，現に発効し存続している文書とこれから sign をして発効する文書がある。

前者には，企業買収のための合併契約に，他社が買収対象会社に商品の販売権を付与する販売店契約（distributorship agreement）の写しを exhibit として添付する例がある。

後者には，合弁契約で，出資者の一人から合弁子会社に将来製造ノウハウのライセンスを提供することとし，そのためのライセンス契約の内容を exhibit として添付する例がある。

将来締結する付属契約の場合，"X will enter into a license agreement in the form attached as Exhibit A to this Joint Venture Agreement." 「X は本合弁契約に証拠書類 A として添付された書式においてライセンス契約を締結するものとする。」のような文言を入れたりする。in the form の前に substantially を入れると，「実質上は，大体において」が付け加わるので，そっくりその書式のとおりの別契約を締結しなくてもよくなる。

schedule は，「小さな紙片」を意味するラテン語から生まれた語で，予定表，スケジュール（表）が第一の意味である。ここから，「表，一覧表」となり，文書などに付属した「別表，明細書，付則」の意味になる。

ここからわかるように schedule は exhibit とは異なり，もともと独立した文書ではない。契約書などの本体を構成する一部分が，体裁上その他の理由でサイン欄の後に移されたものである。

たとえば，representation「事実表明」条項中で，「現在継続中の訴訟は，Schedule A に記載のとおりである。」として "The pending litigations are listed as Schedule A attached hereto." とする例がみられる。

schedule に事実についての情報を書き添付するのは次のような場合である。第一に，情報量が多すぎて本体に収めるのには無理があるとき，第二に，その情報を収集した人が契約本体を作成，起案する人と異なるとき，第三に，含まれる情報が機微（sensitive）なので，別表にしておくことで裁判所などへの提出義務の対象から外されることをねらうときである。

なお，この関連で appendix と annex は，attachment を置きかえた別のいい方と覚えればよい。

express / expressly

express は，「明示された，明白な」を表す。an express consent は，「明示の承諾」である。express の語源にあたるのは，*ex*「外へ」+ *press*「押し出す」を表すラテン語である。expressly or impliedly では，「明示的にまたは黙示的に」である。

法律英語の効率的な学び方として，ある法律用語やその使い方を知ったら，反対の意味の語や表現をなるべくセットで覚えることである。ボキャブラリーが一気に倍増する。

express の用法としては，express の対置語である implied とともにし，express or implied「明示または黙示の……」とする使い方が重要である。

英米契約法には，doctrine of implied warranty「黙示の保証・担保の原則」があり，その下では売買契約の売主などは契約中に何もいわなくても黙示的に売買対象物の契約目的への適合性（fitness for particular purpose）その他について，保証・担保したものとされてしまう。

この責任を否定するには，「……に関しては，明示的にも黙示的にも保証・担保しない」旨を ~ makes no warranty, express or implied, as to ~ としたり，does not make any warranty, expressly or impliedly, as to ~ としたりする。

facilitate / facilitation

facilitate は「(物事を) 容易にする，促進する」の意味に使う。ただ人を主語にする用法はなく，A permit facilitates going through checkpoints.「許可書があれば検問所の通過が容易になる」といった用例が辞書にはある。

facilitate は，ラテン語で「やさしい，実行できる」を表す *facilis* から派生した。「便宜，器用さ」を「施設」とともに意味する facility もここから生まれた。

facilitation は，facilitate の名詞形である。いま贈収賄罪の成立に関し問題になるのが，facilitation payment (「FP」と略す。) である。

FP は，アジアの一部新興国ではスピードマネーともいう。何のために FP を支払うかといえば，上記文例のように，行政による許認可手続のスピードアップのためである。問題は，行政手続などの円滑化，迅速化のために現地公務員に対してなされる少額の支払いが半ば慣行化し公然と行われる国や地域があることである。こうした国や地域においては，この種の支払いをしないことにはビジネスにならないと現地エージェントが助言したりする。

エージェントを現地で使う側も「見て見ぬふり」を決め込むことが多かったのが実情かもしれないが，状況は急速に変化しつつある。2011年7月から施行になったイギリスの2010年贈収賄法 (Bribery Act 2010) が変化のきっかけをつくったともいえる。

本法は，一般の贈収賄の処罰規定だけでなく，「外国公務員に対する贈賄罪」(6条) および「企業が贈賄を防止できなかった罪」(7条) を規定した点に特徴がある。特に第7条は，企業に贈賄を防止するための内部統制を要求しており，日本企業などイギリス以外の企業にも域外適用される。

ただ，すべての日本企業が第7条の域外適用の対象になるわけではない。英国法務省のガイダンスは，イギリス内に「業務上の目立った存在 (demonstrative business presence)」をもたない外国企業は域外適用の対象にはならないであろうとしている。イギリス内に複数の支店を設け事業展開をするなどしていなければ，ひとまずは安心である。同ガイダンスは，イギリス内に子会社をもつこと自体は「目立った存在」にはあたらないともして

いる。

　本法第7条の処罰対象は，「企業が贈収賄を防止しなかったこと」(failure of commercial organizations to prevent bribery) である。裏返せば，英国法務省のガイダンスも明記しているとおり，企業がその従業員やエージェントに贈収賄を行わせないよう内部統制を整備していたと立証できれば処罰を免れ得る。

　「見て見ぬふり」はよくないが，エージェントに対してどこまでの犯罪防止対応をすべきかについて，同ガイダンスは「事例研究」中で次のような示唆をしている。FP は支払わないとのコンプライアンス上のポリシーをエージェントとその従業員に伝える，あるいは，エージェントとの委託契約中に，エージェントが FP の要求の合法性に疑義を呈すべき旨や，エージェントが FP を要求する公務員に対し要求に従うことは，エージェントを使う企業とともにエージェント自身も贈収賄法の下で罪を犯すことになると伝えるべき旨を書き加えるなどである。

　結局，いかなる国・地域でも FP を要求されても絶対に応じないとのコンプライアンスポリシーを確立する一方で，エージェントとの契約内容の見直しなどを着実に実行していくしかない。贈収賄法だけでなく，アメリカのFCPA（外国腐敗行為防止法），さらには日本の不正競争防止法の域外適用などにも気をつけなければならない。

　なお，イギリスの贈収賄法第1条は，禁止する贈賄行為を示しているが，民間人に対する贈賄行為も対象にしており，アメリカの FCPA よりも広くなっている。また，FP について FCPA と扱いを異にしている。

　つまり，FCPA は裁量の余地なく日常的な公的業務の円滑化などの目的で行う少額の支払い（FP）について例外的に許容する規定をしているが，贈収賄法はこれを例外扱いしていないし，英国法務省の見解は現地法の下で認められる支払以外は原則違法としているのである。

Column
PEPsはどんな人たちか？

　犯罪収益移転防止法は，外国PEPsとの特定取引を，ハイリスク取引として厳格な取引時確認の対象にする。PEPsは，Politically Exposed Personsの略で，政府などにおいて重要な地位を占める者をさす。国際的に，これらの者やその近親者などは，地位を利用して贈収賄などの犯罪からの収益を隠匿するためにマネー・ロンダリング（資金洗浄）を敢行するリスクが高いとされている。

　犯収法が，外国PEPsとの特定取引について，厳格な取引時確認を要求するのは，上記のリスクの高さからである。取引時確認は，口座開設など犯収法施行令の列挙する「特定取引」につき行わなければならない。行うのは，犯収法の「特定事業者」たる金融機関であり，その営業店窓口で実際の確認作業がなされる。

　外国PEPs該当性を判断する上で，注意すべきは，対象範囲の広さである。犯収法施行令は，外国元首などのほか，その家族（配偶者（事実婚関係の者を含む），父母，子および兄弟姉妹ならびにこれらの者以外の配偶者の父母および子）との特定取引は高リスク取引になるとする。さらに，これらに掲げる者がその事業経営の実質的支配者である法人も対象に含む。

fee

fee の誰でも知っている日本語の意味は,「料金,手数料」であろう。ただ,fee の語源を辿ってみると,「土地・財産の保有権」といった,手数料からはややかけ離れた意味が載っている。

封建制度のことは feudalism というが,feudal が「封の,領地・封土の」を表し,feu は fee と語源を同じくし,元は cattle「家畜」や property「財産」を表したラテン語の *feudum* から派生する。古来,人が生命の次に大切にする資産が何であったかを考えればわかりやすい。

農耕文化が生まれる以前,人は主として狩猟や遊牧で生計を立てていた。遊牧民族にとっては,牛や羊の家畜が最大の財産であるが,豊かな牧草地を確保できるかどうかも重要になる。農耕を目的に一定の場所に定住するようになれば,土地の資産としての価値が増すとともに,土地を区切り独占的に使用する権利を確保したいと考えるようになる。

封建制度の「封建」は「封土を分けて諸侯を建てる」という中国・周時代の文献に由来する。すなわち,領主が臣民に土地を分け与え,臣民はその土地を領有し領内の政治の全権を握る制度が封建制度だが,ヨーロッパでは6世紀頃から15世紀頃まで続いたとされ,「封土」にあたる英語が fee であった。

いまでも土地所有権のことを英文契約書などで fee simple というのはこのためである。fee にも限定的な与え方があったようで,"simple" は,法定相続人の範囲に限定のない,「永代」的意味をもつ。fee simple を「単純封土権」と訳すことがあるが,こうした内容からすれば近代民法における絶対性をもった土地所有権とあまり変わらない。

この時代,家臣が戦いなどで手柄をあげたときに領主が与える「報酬」は土地だった。そのためか,いまでも報酬の意味では,弁護士や医師といった「士業」などプロフェッションの報酬について使うのがならわしである。英文契約中には,弁護士費用を表す attorney's fee の語がよく登場する。

弁護士報酬のなかには,たとえば「本訴訟に勝ったときは報酬として＿＿円を支払う」のような取り決めで支払うものがある。これを contingent fee「成功報酬」という。正確には,fee contingent on success とすべきで,

contingent は「偶発的な」を意味する。

一方，同じく報酬を表す remuneration は fee ほど限定的ではなく，広く人の仕事に対して与えられる「報酬」の意味で使う。語源は，「贈り物」を表すラテン語の *munerarius* に「与える」（to give）を表す re が加わったとみられる。水谷智洋『羅和事典＜改訂版＞ LEXICON LATINO-JAPONICUM Editio Emendata』（研究社，2009）には，*remunerator* で「報いる人」の意味が載っている。

Column
フェアユースを「公正な利用」と 訳さないのはなぜ？

　fair のふつうの意味は，「公正（な）」「公平（な）」であり，法律関係では最も基本的な語である。fair trade は，「公正取引」と訳せばよい。fair の反対語の unfair を使って unfair trade practice は，日本の独占禁止法上にいう「不公正な取引方法」である。

　一方，著作権法の分野で fair use という用語があり，アメリカの著作権法（copyright law）はこれについての包括的な規定を置いているが，日本の著作権法では，個人使用目的の場合や引用目的の使用など，著作権者の許諾なく使用できる場合を限定的に規定するのみである。

　fair use は，一般的な英語でありながら，著作権法の下では特別な意味をもち論じられるので，翻訳するときも単に「公正な利用」と訳すのではなく，フェアユースのまま使うのが一般的である。

file

fileは名詞で「書類，ファイル」がよく知られているが，動詞では「（書類などを項目別に）綴じ込む，整理保管する」の意味をもつ。ここから，裁判所に「訴訟書類などを提出する」をいうときに使う。

裁判所や役所に正式書類を「提出する」というとき，つい submit document のようにいいたくなるが，file か produce を使うほうが正式である。

produce のふつうの意味は，「生産する，産出する」であるから，production といえば「生産」と覚えている人も多いであろう。ただ，produce は，「前に導く」を意味するラテン語から生まれたので，何かを「提示する，出して見せる」との意味が原義に近いといえる。

辞書には，He produced change from his pocket.「彼はポケットから小銭を取り出した。」のような用法が載っている。「変化を生み出した」などと誤訳しないことである。

アメリカの民事訴訟手続はディスカバリー制度に特色がある。同制度は，本格的な陪審審理（jury trial）に入る前の当事者間での証拠となり得る文書の提出要求が中心だが，この文書提出が production of document である。

たとえば，アメリカ連邦民事訴訟規則（Federal Rules of Civil Procedure）34条（a）は，大略以下のように規定している。

> *The discoverer may request that a party produce and permit the inspection and copying of documents, or the copying, testing or sampling of things, or entry upon land.*
>
> *Arguest must designate the documents, things or land with reasonable particularity and specify the time, place and manner of production or entry.*
>
> 「開示要求者は当事者に文書の提出とその検証，謄写あるいは物の複製，検査もしくはサンプリング，または土地への立入りを許可するよう要求できる。要求書は，文書，物，もしくは土地を相当詳細に指定し文書提出または立入りの日時，場所および方法を具体的に示さなくてはならない。」

裁判所に「訴状を提出する」は，file a complaint with a court のようにいう。file を自動詞に使って file for divorce proceedings「離婚訴訟を起こす」といったいい方もある。

file は，thread「糸，ひも」を表すラテン語の*filum* から生まれた。書類や記録を綴じ込んだものを file というが，ホッチキスもコンピューターもなかった時代に書類・記録を綴じひもでまとめていたためである。

筆者が弁護士になった数十年前，日本の裁判所や検察庁の事件記録は，和紙を細長く切りよってつくったこよりで綴じ込んであった。他の官庁などでもほぼ同じで，セクションごとにこより作りの名人がいたものである。

したがって，file は裁判所をはじめ官公庁の正式記録・公文書に綴じ込むのが本来の用法である。名詞の file を裁判の関係で使うときは，いきなり「訴訟記録」を意味したりする。

また，filing は，「綴じ込み」が文字通りの意味であるが，裁判用語としては「訴えの提起」になる。

「訴えを提起する」は，file a suit あるいは file an action という。suit はかつて equity「衡平法」上の訴訟を意味し，common law「コモンロー」上の訴訟 action とは区別していた。現在は厳密な区別をしていないが，bring an action というほうが一般的である。

submit は，相手を問わず，また対象物を問わず広く何かを提出するときに使うが，法律英語として，書類を提出するとの文脈ではあまり使わない。

submit は *sub*「下に」と *mittere*「送る」が合わさったラテン語がもとになった語である。一歩下がって裁判所に対して弁護士が「意見を具申する，上申する」との意味で使うことが多い。

final

final は，一般に「最終の」「最終的な」「決定的な」を表す。final match は「決勝戦」である。法律用語として final decision といえば，訴訟の本案について当事者の権利を判断する終局判決にあたる。

アメリカのある判例によると，It ends the litigation on the merits and leaves nothing for the court to do but execute the judgment. 「それは本案について訴訟を終結させ，裁判所には判決を執行する以外何もすることを残さない。」と説明されている。

また，この語は final decree や final judgment と同じである。この場合 final に対する語は interlocutory である。interlocutory decision は「中間判決」であり，interlocutory は provisional あるいは temporary に置きかえられ not final ということになる。したがって interlocutory decision (or judgment) は，is subject to change by the court 「裁判所による変更」に服することになる。

契約中の仲裁条項には，The award rendered by the arbitrator(s) shall be final and binding upon the parties hereto. 「仲裁人によって下された仲裁判断は最終的なものであって，本契約の当事者を拘束する。」との表現がみられる。

この final 「最終的」はどのような意味かといえば，裁判のように上訴を許さないということと，内容部分を裁判によってさらに判断されることはないということの双方を内容としている。

したがって，裁判制度のなかでいえば，「最終」といっても「確定」に近いものということができる。となると final judgment の final とは内容が異なる。final judgment は，上訴がなされないことがはっきりした時点で確定し，確定判決となる。

firm | firm offer

　firm の一般的な意味は「しっかりした，堅固な」である。ここから「最終的な，確定した」の意味が生じ，契約用語 **firm offer** も生まれた。

　firm の語源にあたるのは，「堅固な」を表すラテン語 *firmus* である。affirm「断言する」，confirm「確かめる」といった語は，このラテン語を元に派生した。

　firm は名詞で，「会社，商社」を表す。かつては，法人の一種である会社を company といい，組合（partnership）形態の企業を firm と称したが，いまは企業一般を firm というようになった。「法律事務所」は law firm であるが，弁護士が一人しかいなかったら law office というべきである。数人でやっている事務所なら law offices とすればよい。

　ところで，firm offer を「しっかりした申込み」とするのでは法律英語の訳になっていない。日本の民法523条（2017年改正前，521条）1項は「承諾の期間を定めてした契約の申込みは撤回することができない」と規定している。この「承諾回答期限の定めのある申込み」が firm offer である。

　契約の締結に向けての交渉は，offer「申込み」と acceptance「承諾」の意思表示の合致に向けた共同作業といってもよい。ただ，相手から "Yes" の答えを引き出すためのいわゆる交渉術が駆使されることがある。日本語の訳本も出ているロジャー フィッシャー・ウィリアム ユーリー著，金山宣夫翻訳『ハーバード流交渉術』（三笠書房，1989）の原題が "Getting to Yes: Negotiating Agreement Without Giving In" なのは，そのあたりの事情を示している。

　firm offer はうまく人間の心理をついている面もある。私などは，「数量限定」「期間限定」といわれると，ついよく考えずに応じてしまいがちだが，それだけに，firm offer は民法が規定するように撤回ができないしっかりとしたものであることが求められる。

　firm offer について，『アメリカ統一商事法典』（U.C.C.）は，irrevocable「撤回不能」であるとし，さらに「承諾回答期限は3か月を超えないものとする」としている。後者の要件は民法とは異なる。

firm はあまりにも一般的な英語であるために次のような失敗に陥りかねない。ある日本の会社がアメリカの会社に契約のための offer を送信した。相手方は，この offer が特に承諾回答期限についてあいまいな内容だったために，受信後念のため日本の会社に電話をして，"Is this offer firm?"「この申込みは承諾回答期限付きのものか」と聞いた。

日本の会社の担当者は，firm を「しっかりした，いい加減ではない」といったふつうの意味にとらえ，"Yes, it is."「そうだ」と答えた。相手は，firm offer だったら irrevocable「撤回不能」になるけどいいのか，といったことをぶつぶついった後電話を切った。

その後，急激な為替変動があって，日本側は「承諾回答期限」内にもかかわらず売買条件を変えようと申し入れたが，相手は電話で firm offer かどうか確認しているのだから撤回はできないはず，と頑として条件変更に応じなかったそうである。

ちなみに撤回可能なふつうの offer のことを free offer という。実務上は，何も断らずにした offer は free offer として扱われる。

Steven H. Gifis 氏の Law Dictionary（Fifth Edition）で，firm offer を引くと，"an offer which is irrevocable for a period of time"「ある期間撤回不能な申込み」との説明の後，"The Uniform Commercial Code introduced a statutory basis to enforce firm offers in the sale of goods. The offer must be in writing, state that it is to remain open for a reasonable period（not more than three months）, and if part of a form supplied by the offeree must be separately signed by the offeror."「統一商事法典は，物品売買においてファームオファーを執行する法的基礎を導入した。同オファーは書面で，相当な期間（3か月を超えない）オープンであることを述べ，かつ，もし契約書式の一部が被申込者から提供された場合には別途申込者によって署名されなくてはならない。」として，U.C.C. §2-205条を引用している。

franchise / franchisor / franchisee

「フランチャイズ制」といえば，日米のプロ野球を思い浮かべる人は多いだろう。**franchise** は法律関係を表す語としてはかなり基本的で重要な語である。

franchise の語源を辿ると古期フランス語（OF）の *franc, fanche* から，さらに Frank 族にまで辿り着く。フランク族は，6世紀にゴール人を征服しライン河流域に住んだゲルマン族で，同地域，ガリア地方において唯一の自由民であった。英語の frank が「率直な，公然の」を意味するのは，ここからきたとされている。

フランチャイズは，ビジネス上認められた独占的営業権，一手販売権を意味する。流通業界などのフランチャイズシステムでは，フランチャイズの本部をフランチャイザー（**franchisor**）といい，その商標や経営ノウハウを用いて一定の地域で営業活動を許された企業をフランチャイジー（**franchisee**）という。フランチャイジーは商標や経営ノウハウのライセンスの対価を加盟店料として支払う。

現代社会はフランチャイズシステムなしでは成り立たないといってもよい。コンビニエンスストア，クリーニング店，ファーストフード店，持ち帰り弁当店など身の回りの多くの事業がこのシステムによっている。

フランチャイザーとフランチャイジー間では，フランチャイズ契約を締結するが，その内容は独占禁止法上問題とされ得る。契約によってフランチャイジーを過度に拘束するフランチャイザーの行為は，独占禁止法が禁ずる優越的な地位の濫用と判断されかねないからである。

公正取引委員会は1983年に「フランチャイズ・システムに関する独占禁止法上の考え方について」というガイドラインを発表し，フランチャイザーによる独占禁止法違反行為などを例示した。一般にフランチャイジーはフランチャイザーに比較して経済上も"弱い"立場に置かれている。些細な契約違反をとらえてフランチャイズ契約を解除されるならば，多額の初期投資をしているフランチャイジーは大きな損失を被りかねない。本ガイドラインは，いわば「弱者」保護的視点に基づいている。

franchise / franchisor / franchisee

景気後退期には，フランチャイズ契約のいずれの当事者にも倒産リスクが高まる。フランチャイザーが破産したとすれば，同契約は双方未履行の双務契約として，破産管財人がその選択にしたがって契約の解除か履行のいずれかを選択することができる（破産法53条1項）。

仮に，管財人が解除を選択したとすると，フランチャイジーは，何ら責任がないにもかかわらず多大な損失を被ることになるので，賃貸借契約と同様に管財人の選択権行使を認めないようにすべきと考えられる（同56条1項参照）。

プロ野球などで行われているフランチャイズ制は，プロスポーツチームが，ある都市を本拠地として独占的な興業権や放送権などをもつことを内容とする。しかし，そうだとしても，franchise はどこにいるのだろうか。

日米プロ野球におけるフランチャイズ制は franchise のもともとの意味から説明しないとわからない。すなわち，この場合のフランチャイズは一定地域における独占営業権のことで，ファンの奪い合いを避けるため営業保護地域を認められたチームは，その地域内で独占的に試合を興業する権利をもつ。そこで，franchisee は各チームということになるだろう。

Column
ドジャースは何を避ける人たちか？

子供のころ，ドッジボールをやったことのある人は多い。dodge は，「……をよける」「……から身をかわす」を意味し，dodgeball の場合，ボールを当てられないように避けるスポーツである。

米大リーグ（MLB）の人気チームであるロサンゼルス・ドジャースは，Dodgers をチーム名にしているが，いったい何を避けるといいたいのであろうか。dodger には，「身をかわす人」から派生して「責任などをうまくのがれる」「ごまかしのうまい人」の意味があるので気になるところである。

ドジャースは，歴史の古い名門球団で，発足はニューヨーク市のブルックリン地区においてであった。同地区では，当時路面電車が多く走り，住民は電車を避けながら行き来していた。Dodgers の名称は，ここから来ており，ロサンゼルスに本拠地を移してからも使われ続けている。

free from ~ / free of ~

「……から自由な，……を免れて，……がなくて」が **free from** 〜 のもと
もとの意味である。英文契約では，たとえば，売主が買主に対して売買目的
物の品質について保証する文章中で，以下のように用いる。

Seller warrants that the Products are free from defects.
「売主は，本件製品が瑕疵のないものであることを保証する。」

これを The Products have no defect. と表現しても意味は変わらない。た
だ，free from 〜 は，自分やある物にふりかかるいやなもの，あるいは欠点
などから逃れていることを表すときに用いる。これに対し，**free of** 〜 は，
何かが無くなっている状態を意味するときに使う。

free of 〜 は，次の例のように clear of とともに用いられ，free and clear
of 〜 となることが多い。

*Seller warrants that the Vessel is free and clear of all debts, encumbrances
and maritime liens.*
「売主は，本船舶にいかなる債務，担保権，船舶先取得権も付着してい
ないことを保証する。」

この文章は，船舶の売渡証書（bill of sale）中によく使われるもので，
Non-Encumbrance 文言といわれている。売買目的物である船舶に担保権な
どがついていないことを述べている。encumbrance は，一般に「邪魔物」
や「やっかいもの」を意味する英語であるが，これから転じて，制限のない
所有権からすればやっかいな「担保権」を表すようになった。

また，支払いをともなう英文契約書中にはよく，All payments shall be
free and clear of any taxes imposed under the laws of any country.「すべて
の支払いは，いかなる国の法律のもとで課されるいかなる税金（負担）もな
いものでなくてはならない。」といった条項を入れることがある。

Column
freedom と liberty の違いについて

　「自由」を表す英語としてすぐに出てくるのが freedom と liberty である。これら2つの英語は，意味の上ではほぼ同義でどちらを使ってもよいとされる。ただ，慣行的用法としては，「自由の女神」のことは The Statue of Liberty というが freedom の語を使うことはない。他方，歴史的沿革もあって，言論の自由は freedom of speech といい，信教の自由は freedom of religion というが，freedom の代わりに liberty を使うことはできないとされる。ある辞典（ジーニアス英和辞典）は，「freedom は個人の言動に束縛がない場合に，liberty はやや硬い語で社会的あるいは政治的な束縛がないことをいう場合に用いられる傾向はあるが，一定の言い方を除けばほぼ同義」とする。また，別の辞典（コアレックス英和辞典）は，liberty を「束縛・抑圧からの解放の結果得られる自由」としている。

freelance / gig worker

日本では，2024年11月，通称フリーランス新法（正式名称は，特定受託事業者に係る取引の適正化等に関する法律）が施行になった。この法律制定の背景には，ギグワーカーやクラウドワーカーといった新しく多様な働き方が次々と登場してきたことがある。

freelance の lance は「槍」のことで，昔，lancer は，槍で戦う騎兵をさした。転じて，いまは会社などの組織に属さず仕事をする人をフリーランスと称するようになった。自由契約のジャーナリストや作家，専属先をもたない歌手などに代表される。

gig worker は，freelance に属する「受託事業者」と考えられる。gig worker の gig は，ジャズやポップスの生演奏を表し，play a gig は「生演奏をする」である。もとはといえば，ライブハウスに居合わせたミュージシャンが即興で生演奏に加わることをさしたらしい。

現代の gig worker は，フリーランスのなかでも，デジタルプラットフォームを利用しネット経由で単発の仕事を引き受ける点に特徴がある。街なかでもよく見かけるようになった料理宅配人も，ギグワーカーである。

日本では，こうしたギグワーカーは，アルバイトやパートタイマーなどの非正規雇用者にも適用されている最低賃金などの労働法規による保護の対象外であり続けてきた。雇用者とは区別し，報酬の支払い遅延防止など独占禁止法の下で保護が行われてきたにすぎない。

ギグワーカーの法的保護拡大の動きは世界的に広がっている。イギリスの最高裁判所は，2021年2月，米ライドシェア大手企業の運転手を自営業者ではなく労働法上の保護が及ぶところの worker であると認定した。フランスの最高裁判所（破棄院）も，同年3月，同様に運転手が雇用関係にあると認めた。

2024年11月からのフリーランス新法施行もこうした動きを受けてのことである。

from ~ to ~ / from ~ till~

　期間を表す表現としての法律英語を考えてみよう。

　契約に期間を定めることはよくある。期間は、「20××年3月10日から20△△年2月20日まで」のように始期と終期をもって表される。英語では、from March 10, 20×× to February 20, 20△△のように **from ～ to ～**でもって表すのがふつうである。

　期間とは、ある時点からある時点まで継続する時の区分であるが、時・分・秒を単位とする期間と日・週・月・年を単位とする期間とがある。前者の期間は即時から計算すればよい（民法139条）。後者の場合は、暦に従って計算することになる（同140条以下）。3月10日中に、いまから20日間のように期間を定めたときは、10日は端数になるから計算に入れないのが民法の原則（初日不算入）である（同140条）。

　ただし、2月中に3月10日から20日間としたときは3月10日は端数とならず午前零時から起算することが可能であるから3月10日が初日になる。

　英語の場合はどうであろうか。from March 10といったときは、3月10日を含まず11日が初日になるとされる。3月10日の午前零時から起算することが可能であっても翌11日から起算するので、この点が日本の民法の場合とは異なる。

　金融関連の契約書などでは、利息は「何日から何日まで支払われる」と書くことがある（下図参照）。

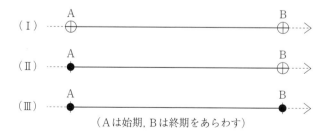

（Aは始期、Bは終期をあらわす）

　この場合にも、図のように、（Ⅰ）両端の日のいずれにも含まない場合、（Ⅱ）どちらか一方の日を含む場合（これには、始期を含む場合と終期を含

む場合と2通りある），（Ⅲ）および双方の日を含む場合とがある。

たとえば，Interests shall be paid on day to day basis from March 10 to May 10. とあったとすると，from は初日を算入しないので3月11日から計算すればよい。だが，終期については，必ずしも明らかではない。

そこで，3月10日から5月10日までこれらの日を含めてずっとというのであれば，from March 10 to May 10 inclusive といえばよい。アメリカ英語では，単に from March 10 through May 10のように through を用いて表すことが多い。

それでは，前頁の図の（Ⅰ）や（Ⅱ）の場合はどのように表現すればよいであろうか。（Ⅰ）については，from A to B exclusive と表すことが考えられる。ただ，英語学者によると，この表現は inclusive を使った場合と異なり「A から B まで，ただし A，B 共に除く」という意味と，「A から B まで，ただし B のみ除く」という意味の両方に解釈しうるとされている。

1日ずれても大きな違いをもたらす契約書中では，正確な表現を心がけなくてはならない。そこで，上記いずれの場合にも，from A to B（both inclusive or exclusive）あるいは from A（inclusive）to B（exclusive）のように，めんどうでもいちいち inclusive と exclusive を使って書き表すほうが安全である。

from ～ till ～ も期間を表すときに用いるが，to を用いたときよりも継続のニュアンスが強い。この場合にも終期があいまいにならないように till and including（*or* excluding）March 10のようにするのがよい。

fundamental

fundamental は，「基本的な，根源の，重要な，必須の」を表す文字通り基本語である。法律用語としては，fundamental human rights「基本的人権」，fundamental fairness「裁判手続の基本的公正さ」が公法分野できわめて重要である。前者の意義は説明を要しないが，後者は法の適正手続（due process of law）に不可欠の裁判手続の基本的公正さをさすとされる。

fundamental は，「（建物などの）基礎，土台」を表すラテン語 *fundāmentum* を語源とする。さらに，ラテン語の *fundas* は「底」を表し，found「創立する，設立する」，foundation「土台，基礎，基金，財団」はここから派生した。

契約法分野では，後述するところの fundamental breach「基本的違反」の概念が重要である。これは，契約中の基本的条項に違反したことによって解除権を生じさせる場合をいう。同様の違反によって契約の目的そのものが達成不能となり当事者の免責が問題となる場合をいうこともある。

fundamental breach があったかどうかの実際の判定は，fundamental がきわめてあいまいな「基準」であるため一律に行うのがむずかしい。考え方としては，契約違反が契約の「基本条項」（fundamental term）につき起こったかどうかを検討すべきである。

ウィーン国際物品売買条約（CISG）のもとで考えてみる。CISG 第60条は買主の「引渡受領義務」が「(a) 売主による引渡しを可能とするために買主に合理的に期待することのできるすべての行為を行うこと」「(b) 物品を受け取ること」から成るとしている。

本条の下で買主が引渡し受領を拒絶できるのは，契約不適合品で「代替品の引渡し」を請求できる場合（同46条（2））か契約を解除できる場合（同49条（1）(a)），すなわち重大な契約違反（fundamental breach of contract）にあたる場合に限られると一般に解釈されている。

ただ，これにあたらない場合でも，合理的な理由があれば買主は引渡しの受領を拒絶できるとする解釈もあり，何が重大な違反か，合理的理由があるか否かの判断はかなり微妙にならざるを得ないであろう。

geopolitical / geopolitics

　日本がいま直面する最大のリスクが，地政学リスクといってよい。2022年2月と2022年10月に始まった「ウクライナ侵攻」「ガザ侵攻」は，いずれも地政学リスクの発現とみられる。

　先進国のなかで，日本が最も大きい地政学リスクにさらされているとの意見は根強い。地理的に見て，朝鮮半島有事，台湾有事の影響を避け難いのに加え，地政学リスクの最大要因とされる米中摩擦の"あおり"を最も受けやすいからである。アメリカ，中国の両大国にはさまれていながら，地理的には中国寄りであり，政治的にはアメリカ寄りとのむずかしい立ち位置にある。

　ただ，地政学リスクとは何かと，改めて問われると答えに窮してしまう。それもそのはず，地政学（**geopolitics**）は，法学からは遠く政治的な視点から見た地理学とでもいうべき存在だからである。

　紛争解決のしかたに「政治決着」があるが，これは裁判などによる法的決着とは真逆である。法令のような画一的基準によらず，いわば何でもありの政治的判断ともいえそうだ。もともと地政学を開拓したのは，イギリスの地理学者で政治家のマッキンダーだったとされる。

　ロシアは，NATO（北大西洋条約機構）と，第2次世界大戦後，かつての東欧諸国を防波堤のようにして対峙してきた。いま西側勢力が防波堤を越えロシアに迫ろうとしている。間にはさまれたウクライナまでNATOに加わるならば，ロシアにとって一大事である。ウクライナ侵攻は，地政学的には，ロシアにとって当然の自衛行動とも映る。ウクライナ侵攻の予測は，さほど難しいことではなかったのである。国際契約・英文契約実務において，リスク想定の難易度は重要な意味をもつ。

　地政学を駆使すれば容易に想定できたリスクが発現したとする。予想できたのだから，不可抗力事態（event of force majeure）として，不可抗力免責を主張するのはむずかしいであろう。

　「台湾有事」も同様である。海洋進出をめざす中国にとって，太平洋への出口を塞ぐ台湾は，敵対勢力下に置いてはいけない要衝である。中国が，自国の領土として侵攻の意向を隠さないのはそのためである。つまり，ウクラ

イナ侵攻以上に，地政学的には，当然予見しておかなくてはならないリスクといえる。

「想定外リスク」が発生すると，パニックになり危機的状況に陥りかねない。事業継続（business continuity）のためにも，「想定外リスク」を極力なくすようにすべきであろう。

geopolitical risk「地政学リスク」について，英文契約の不可抗力 (force majeure) 条項のなかでどこまで予見し得たかを具体的に書くことも多くなってきた。たとえば，表明・保証（representation and warranty）の内容として，We are well a aware that an emergency situation in Taiwan may happen as a geopolitical risk.「われわれは，台湾における有事が地政学リスクとして起こりうることをよく認識している。」と書いたとする。

不可抗力条項には，契約当事者が契約時に予見できなかった (unforeseeable) 事態が発生したときに免責されることを規定するが，予見していたとなると，免責主張が封じられることになる。

リスク管理は，大まかには，リスクの洗い出し→リスクの分析・評価→対応・管理の3ステップで行われる。このフローの第一段階のリスクの洗い出しでの失敗は，致命的な経営判断ミスになりかねない。

グローバルな事業展開をする企業には，リスク管理と一体をなすグループ単位での内部統制整備が求められる。管理すべきリスクとしては，事業に直結して起こる地政学リスクが大きいであろう。コントロールまではむりとしても，リスク想定と評価・分析はしっかり行わなければならない。ここにAIの活用も考えるべきである。サプライチェーンのための国際契約においては，特に，地政学リスクを含むリスクの適切な管理・内部統制を，BCP（事業継続計画）の一環として行うことの誓約まで求めるようになった。

global

「グローバル化」の時代といわれるようになって久しいが，一昔前には「国際化」といったものである。「国際的な」は international を使えばよさそうだが，transnational ではだめか，**global** とはどう違うのかを明らかにしておこう。

international は，「国際的な，国家的の」を表す一般的な英語である。「国際空港」は international airport といい，「国際結婚」は international marriage という。接尾辞 inter- の語源は，between, among すなわち「間，相互」を表すラテン語，古期フランス語（OF）である。

intercollegiate は「大学間」で特に「大学対抗の」を表し，日本語でもインカレと略したりするが「対抗競技会」を表す名詞でも使う。international transaction というときには，nation「国家」間の transaction「取引」という意味と「国際的な取引」という 2 通りの意味がある。

前者では国家が取引の主体であるが，後者ではそうでなくクロスボーダー（cross border）での取引をさす。international transaction を「国際取引」と訳すときは，ほとんどの場合，後者の意味で使っている。この場合，国と国の間とは国境を越えてとの意味になる。

transnational は，「国境や民族・国の利害を越えた」との意味で使い，「国家同士の」との意味をもたない。「国際取引」は transnational transaction と訳すほうが一義的で正確である。接頭辞 trans- の語源は，across を表すラテン語で，「越えて」「貫いて」「他の側へ」を意味するからである。

transaction は「取引」であるが，「他の側への行動」が元の意味で，「処理，処置」から「売買（取引)」も表す。船会社や航空会社の社名に transatlantic の語を使ったものを見かける。「大西洋を越えた」，「大西洋の向こう岸の」を意味するから，「アメリカから見たヨーロッパ，ヨーロッパから見たアメリカの」ことで，「大西洋横断の」も表す。

global は「地球上の，世界的な，全世界にわたる」を意味するが，globe が「地球」や「世界」を表すところからきている。語源は spherical body「球体」を表すラテン語 *globus* である。「国際取引」を global transaction と

いう場合，限られた地域での貿易取引などではなく，全地球レベルの大がかりな取引をさす。

「国際」は文字通り国の際を意味するので国境の存在を前提としている。ところが，経済活動や市場のグローバル化（globalization）が進み，国境を意識しない世界を1つの市場とする取引が登場した。グローバリゼーションは，取引における無国籍化を意味するからである。

経済の世界からはじまったグローバリゼーションも法律の世界では進展が遅れている。各国が主権の証しとして独自の法制度をもつから global transaction の実現とはなかなかいかないのが現状である。ただ日本でも2009年8月1日から適用になったウィーン国際物品売買条約（CISG）やUNCITRAL 電子商取引モデル法（1996年）などグローバルルールに基づく global transaction が増えてきた。

2000年7月，当時のアナン国連事務総長の呼びかけで策定された Global Compact は，社会・環境面の企業行動原則を内容としており，よく知られている。

Column
international から global へ

　ひところ，日本では「国際化」対応の必要性が強く叫ばれた。いま求められるのが「グローバル化」対応である。英語の internationalization から globalization への流れである。前者は，文字通り，国家の存在を前提に国境をまたぐ（cross-border）国際取引などの増大を招く，後者は borderless の無国籍化を意味する。global の globe は地球のことであり，地球がひとつの市場のようになる。「国境はない」というインターネット取引急拡大と新型コロナウイルスの世界的流行（パンデミック）が，グローバルリスクの2大要因となった。

good / goods

かたちだけ見ると **goods** は **good** の複数形にしか見えないが、それぞれ別の語として使うと考えておくのが"安全"である。

まず、誰でも知っている good であるが、good は、法律関係で使うときは特にそれほど「よい」わけではない。

契約の締結に向けた交渉のなかで相手方からの offer「申込み」に対し、"It's a good idea！" と答えたら、acceptance「承諾」を与えたことになるであろうか。

直訳すれば「それはすばらしい考えだ」となるので承諾の意思を表明したことになりそうであるが、good には「悪くない、まあまあだ」の意味がある。

英和辞典にも、"good brakes" を「故障のないブレーキ」とし、"meat keeps good" を「肉が腐っていない、悪くなっていない」と訳す文例が載っている。ということは、good は、何につきどのような文脈や流れのなかで使うかによって「この上ない」から「まあまあの」まで幅が生じ得る。あまり思い出したくない学業成績の5段階評価でいえば、Excellent（5）、Very good（4）、Good（3）……と続く例があったりする。これでは、good は「優・良・可」でいえば合格点すれすれの「可」でしかない。

侃々諤々の条件交渉をしてきた当事者間で、突如として相手の提案に諸手を挙げて賛成するために、"It's a good idea！" といったとは考えにくいであろう。皮肉混じりに「そんな考えもありですかね」ととるべき場面かもしれない。実際にこの英語の解釈が問題になった裁判事例がある。

事件はカナダ人を雇っていた電子機器類の製造販売をしている日本企業で起こった。そのカナダ人は、海外営業アシスタントの仕事を主にしていたのであるが、上司の日本人部長が他の部への配転がいやだったら期限付きで退職するしかないと告げた。退職勧告に応じるならば会社都合による退職扱いにしてやってもよいと伝えたのであるが、これに対しカナダ人社員は「それはグッドアイディアだ」と答えた。

日本人上司は、退職勧告を受け入れたものと理解し退職の手続を進めた。だが、同社員は、退職勧告に応じた覚えはないとして訴えを起こしたのであ

る。東京地方裁判所は，平成 9 年 2 月 4 日の判決で，「意思表示の合致がないのにあったものとの誤った理解」がなされたと認定した。

日本人上司の早合点としたのだが，その英語力は "good" 止まりだったのであろうか。対立的な雰囲気の交渉場面では，good のような簡単な英語でも，その使われる場面にふさわしい適切な意味に解釈できないと excellent な英語力の持ち主とはいえない。

goods は，good と別項目として取り上げている英和辞典もある。「商品」，「動産」といった訳を consumer goods「消費財」のような例とともに載せている。

法的には，「物品」と訳すのが最も適切なことも多いウィーン国際物品売買条約の場合がそうである。

ウィーン国際物品売買条約（CISG）は，英語で "United Nations Convention on Contracts for the International Sale of Goods" が正式名称である。日本は2008年 7 月 1 日，「国際物品売買契約に関する国際連合条約」としてこれに加入することとし，71番目の締約国となった。本条約は1988年 1 月 1 日に発効しており，日本は署名開放期間内に署名をしなかったため，条約締結手続は「批准」ではなく「加入」になった。

2019年 9 月時点で，本条約の締約国は92となった。

本条約は，「異なる社会的，経済的及び法的な制度を考慮した国際物品売買契約を規律する統一的準則を採択」することによって，「国際取引における法的障害の除去に貢献し」，「国際取引の発展を促進する」ことを直接の目的として作られた（前文第 3 段落）。

この目的を見るまでもなく名称からわかるように「国際物品売買契約」が適用対象である。「売買契約」の意義もそうであるが，それ以前に "goods" をどうとらえるかで本条約の適用範囲は変わり得る。goods を民法の用語法でいえば「動産」とするのが正しいのであろうが，ここで「物品」はそれより狭い意味で引渡しの時点において可動性のある有体物のこととされている。民法で「動産」は不動産以外のすべての物をさす（民法86条 2 項）。

goods の単数形である good は，「一緒に集められた（gathered），ぴったりの（suitable, fitting)」を表す古期英語（OE）が語源である。有体物や家財を表す英語には他に chattel という英語があり，この語源は，古期フラン

ス語（OF）で cattle「家畜」，capital「資本，資産」と共通する。

　法律英語には，ゲルマン系の語とラテン系の語など同義語を並べて使う"習慣"があるが，「有体動産」のことを goods and chattels という。

　人は「物」に囲まれて生きているが，かつての特に遊牧民族にとって最重要の財産は家畜であった。後に財産は不動産や債券などを含むようになるが，goods and chattels は，それらを除くところの有体動産をさした。民法の「動産」は不動産以外の物すべてをさすので，goods の訳としては語源からみて広すぎる感じがする。

　goods を英和辞典で引くと「商品」の訳が最初に載っていて，「物品」，「物資」，「家財」などが続くのがふつうである。これからも，goods が広く「不動産」以外の物をさすとは考えにくいところである。「商品」を表す英語としては他に merchandise があり，merchant「商人特に貿易商人」と同じく，to trade「貿易すること」を表すラテン語 *mercor* が語源である。

　ウィーン国際物品売買条約は，国際取引特に貿易取引の発展に寄与することを目的とする。そのため B to B の商人間の取引を対象とし，B to C の「消費者売買」は対象から外されている。また，第2条において「有価証券，商業証券，通貨，船，船舶，エアクッション船（hovercraft），航空機，電気」を目的物とする売買も，これらが「物品」にあたるか否かの不明確性を避けるために適用除外になっている。

　日本民法の法的概念であれば「動産」をあてるべきところ，ウィーン国際物品売買条約においては，貿易実務で用いる「物品」をあえてあてることにしたと考えられる。

Column
なぜ good は「物品」か？

　英語の名詞の複数形が単数形とは異なる意味になる例は多い。damage と damages, custom と customs などは，本文中で取り上げたが，good と goods の関係は，法律用語として重要である。good は，名詞で「善行」「幸福」の意味をもつが，複数の goods には，人が幸福に生きていくために必要な「財物」「財産」の意味がある。その昔，遊牧民族にとって最も大切な「家財」は，牛や羊であったため，いまでも，物品・動産を goods and chattels という。chattels は「家畜」である。英米私法において中心的な「物品売買法」は Sale of Goods Act である。

good faith

　faith は「信頼」「信条」「約束」「誠実」を表す。give one's faith to a person は「人に約束，誓約する」を表す。英文契約では in good faith で使われることが多い。反対は，in bad faith であるが，いずれも訳しにくい語句である。

　good faith は，日本語で「善意」あるいは「誠実」と訳されることがある。日本の私法の用語で「善意」とは，ある事実や事情を知らないことで，反対語は「悪意」である。道徳的に良いとか悪いといった意味は含まれないから，民法194条の「善意の買主」は，単に盗品または遺失物であることを知らずに買った者をさす。

　誠実といえば，民法１条の信義誠実の原則を思い浮かべる。すべての人が社会共同生活の一員として，信義に合し誠実を旨として行動することを要求する原則で，法と道徳との調和をはかるために重要な役割を果たす。1998年１月から施行になった民事訴訟法中にも訴訟関係者の信義誠実義務が新たに規定された（同法２条）。

　英語の good faith は，日本法の善意と誠実の中間的な意味をもつといってよいであろう。Black's Law Dictionary は，以下のように説明している。「good faith は，つかみどころのない抽象的な特性をもち，専門的な意味または制定法上の定義をもたない。とりわけ正直な信条（honest belief）や悪意（malice）のないこと及び騙そうまたは非良心的な優位性を求めようとする意図がないことを含意する。また，自然人個人の good faith は人の意思や内心の概念であるためその表明したことだけによって確定的に決定することはできない。」

　アメリカ統一商事法典（U.C.C.）は，good faith を「商人の場合，事実上の正直さ及び公正な取引という相当なる商業上の基準の順序」と定義している。to negotiate in good faith は，「誠意をもって交渉する」である。

　他に，good faith には不動産取引などに関連して「善意」を表す重要な意味がある。この意味では，ラテン語の *bona fide* と同義で使われる。bona fide purchaser（これを B.F.P. と略記することも多い）は，「善意の買主」で

ある。B.F.P. は，売主を正当な権利者と信じ正当な対価を支払って不動産などを取得した買主のことで，有価証券法の分野では善意の取得者（holder in due course）を表す。いわゆる善意取得の関係において，たとえば次のように使う。

> "Since X acted in good faith, he is protected from the owner's claims and is thus a bona fide purchaser."
> 「X は善意で行動したので，彼は所有者からのクレームから守られており，したがって善意の買主である。」

英文契約中には，good faith negotiation を義務づけるといった内容で用いる。この場合，当事者は誠実にまた真摯に合意に達するよう交渉にあたらないといけない。日本では契約中の誠意条項に「誠意をもって協議にあたり紛争の解決に努める」べきことと規定したりするが，内容的にはよく似ている。

英米法にもこうした日本的な誠意条項的な使い方があるのは，やや意外な感じがするが，アメリカの労働法では労使双方が交渉のテーブルについて good faith negotiation を行うことを要求する場合がある。

また M&A（merger and acquisition：企業買収）関連の契約には，Exclusive Negotiation「排他的交渉」と題して，以下のような規定を入れることがある。

> The Seller and the Buyer shall proceed to negotiate with each other in good faith the terms of the Stock Purchase Agreement. The Seller agrees not to negotiate with any party for the sale of the target company during the period of such negotiation.
> 「売主と買主は互いに誠実に株式買取り契約の条件を交渉しはじめなければならない。売主はそうした交渉の間，対象会社の売却のためにいかなる当事者とも交渉をしないことに同意する。」

この条項は，本契約に先立って取り交わされたあるレター・オブ・インテント（LOI：予備的合意書）中に入っていたものである。売手（買主対象会社の親会社）は対象会社の株式をまとめて買手に売却するにあたって，まず買手候補と LOI を締結し，買収の件につき交渉をはじめるのだが，交渉途

中でさらに有利な条件の買手候補が現れるかもしれない。その場合，そちらに"乗り換える"ことを契約上阻止するのはむずかしいであろう。

違約罰的な規定（penalty clause）を入れることも考えられるが，違約罰を支払ってもなお高い方に売ってしまうかもしれないのは，「手付の倍返し」による解約権留保に状況が似ている。

また，penaltyを英米法は大陸法より厳しく扱い，無効（void）とされるリスクが高まる。

そうなると，せいぜい誠意をもって誠実に交渉をしなければならないことをうたうにとどまる。ただ，どのような態度でどこまでやれば誠意をみせたことになるのかについては判断基準がないといってもよい。相手を無視するような態度でまともに交渉しないのでは誠意がないとみられてもしかたがないであろう。

grant / grantor

権利などを「与える」をどの英語で表現するのがよいか迷うことがある。権利の種類，内容によっていくつかの語を使い分けるのがよい。

give はあるものを人に「与える」意味の最も一般的な英語なので，さまざまな権利に使うことができる。ただ，権利によってはよりふさわしい別の英語がある。

ライセンス契約では，grant a license「(実施) 許諾権を付与する」のように，**grant** を用いる例を多く眼にする。grant は，要望があってこれに応えてあるいは権限をもった者がしかるべき手続を経て「与える」場合に使う。

ライセンス契約は特許やノウハウの知的財産権の保有者がその実施権を付与するものだから grant は give よりも適切な語といえる。grant には名詞で「補助金，奨学金」といった意味もあるが，語源を辿っていくと，credit「信用」と同じラテン語 *crēdentātare* に行き着く。権利を与え切ってしまうのではなく権利者みずからも実施しながらその実施を許諾するのは相手を信用できなければ無理というものであろう。

知的財産権の実施「許諾者」は，granter あるいは **grantor** という。いずれでもよいが，後者の方が公式的ないい方である。

同じように「与える」といっても「寄付する，寄贈する」には，donate を使い，donate a million yen to ～「……に100万円を寄付する」のようにいう。donate の名詞形は donation で donor は「提供者」である。臓器提供者を「ドナー」というのはここからきた。

donate の語源はラテン語の *donare* で，「与える」といっても「気前よく与える」との語意を含んでいるようである。

これに対し，儀礼的にしかるべき手続を経て価値のある物を「与える」には present を使う。present の語源は「眼の前にある」を意味するラテン語で，贈り物や書面などを眼の前に差し出すことを意味する。眼に見えない「問題」や「説明」を「提出，提示する」ときにも使う。プレゼンテーションは「発表」として日本語になっている。関連の法律用語としては，presentment があり，「大陪審 (grand jury) による告発」「(手形，小切手などの) 呈示」

を意味する。

award は，賞などを十分な根拠をもって「与える」ときに使う。「メダルを（賞として）贈呈する」は，award a medal でよい。法律用語として重要な用法は，「裁判や仲裁で賠償金などを認める（与える），裁定する」との用法である。

award は，名詞で「賞，賞金」といった意味をもつが，裁判や仲裁の結果下される「賠償（裁定）額」も表す。さらに，判決や仲裁裁定そのものを award という。特に「仲裁判断」（仲裁法 2 条）は arbitral award である。award の語源は，「制定する」を意味する古期フランス語（OF）と聞けば，何となくわかるような気がする。

他に，bestow や confer を使うことがあるが，目下の者に名誉や称号を授与するといった場面で使う。

なお，「譲渡する」をいうために assign を使うことがある。

guaranty of collection / guaranty of payment

ほとんどの人が知っている簡単な英語を組み合わせた語句でも，法律英語・専門用語として特別な意味をもっていたりする。

"common words with uncommon meanings"「ふつうでない意味をもつふつうの語」が，法律英語の一大特徴とされる。この特徴は英語を母国語とする人々にとっても悩ましいものであるが，英語を外国語とする日本人にとっては，日本語化したカタカタ法律英語について，英米法と大陸法の概念比較が必要になる場合があるのでさらにやっかいである。

guaranty は，そうした法律英語の代表例であろう。guaranty は，英語としてだけでなく日本語として「その点は，当社がギャランティするのでご安心を」などとよく使う。タレントの出演料のことを「ギャラ」とするいい方も一般に定着している。これは，最低保証出演料を表す guaranty を略して日本語化したものである。

guaranty は，「保証」と訳すことが多い。ほとんどの英和辞典も，まず訳語としてこれを載せている。ただ，日本の法律用語としての保証は，基本的な概念部分で guaranty と異なる。日本の私法における保証は附従性を基本的な性質とするのに対し，guaranty は必ずしもそうではないからである。

また，**guaranty of collection** や **guaranty of payment** のような，guaranty を使ったテクニカルタームがあって，用法上注意を要する。

たとえば，This guaranty is a guaranty of payment. をどう訳すべきであろうか。これを「この保証は，支払いの保証である。」と訳すのは，2つの点において正確性を欠く。ひとつは，guaranty を何ら迷いなく「保証」と訳している点であるが，この点は間違いとまではいえないであろう。

決定的な誤りは，guaranty of payment を「支払いの保証」と訳す点にある。書いてあるとおり正しく訳したようでいて，正しくない。guaranty of payment が guaranty of collection と対比されるテクニカルタームであることを見逃しているからである。

Black's Law Dictionary（Fifth Pocket Edition）を引くと，guaranty の細項目として guaranty of collection と並べ guaranty of payment を次のように説

明している。

> *A guaranty that is not conditioned on the creditor's exhausting legal*
> *remedies against the principal debtor before suing the guarantor.*
> 「債権者が，ギャランターを訴える前に，法的救済方法を主債務者に対
> し尽くすことに条件付けられていないギャランティ。」（筆者訳）

　まず，訳文でguarantyをあえて「保証」と訳していない点に注意しても
らいたい。日本の私法における「保証」とは，その基本的性質である「附従
性」の点で差があるからである。

　次に，内容面で，「法的救済方法を尽くすこと」を条件としないとは，日
本法の下で連帯保証人が「検索の抗弁権」を出せないのと同じことをいって
いると気づかなくてはならない。

　つまり，検索の抗弁権は，債権者に債務の履行を求められた際に，保証人
がまず主債務者の財産について執行するように抗弁することができることを
意味するからである（民法453条）。

　反対語guaranty of collection の同辞典による説明は，英文の not が抜け，
逆に「救済方法をまず主債務者に対し尽くすことを条件付けられるギャラン
ティ」となっている。collection が単なる「集めること，収集」ではなく，
「債権回収」を意味する点も重要である。関連語に collectibility があり「債
権回収可能性」が直訳に近いのだが，「債権の不良債権度」を示す語とする
のがわかりやすいであろう。

　同辞典には，guarantor of collectibility が載っており，主債務者に対する
催告（demand），訴訟（suit）などあらゆる救済方法を尽くしたのち，なお
債権回収ができないときにのみ支払義務を負うギャランターとの説明がある。

　日本法の下では「連帯保証人○○○○」とある欄に判を押しただけで連帯
保証契約をしたことにもなるので，わかりやすいといえばわかりやすいが，
英語では一語で「連帯保証」を表す語が見当たらない。

　guaranty of payment は，検索の抗弁権についてしか述べていないが，催
告の抗弁権についても述べておいたほうが無難である。

　そのためには，This guaranty is not conditioned on the creditor's having
first demanded against the principal debtor. 「このギャランティは債権者が

まず主債務者に催告をしたことに条件付けられていない。」といえば正確である。

　もっと短くいいたければ「このギャランティは joint and several guaranty である」とすればよいであろう。連帯保証の訳にこの語をあてることは多いが，検索の抗弁権についてはふれていないことに注意してほしい。

　なお，2017年改正民法は，保証人保護の視点から，重要な改正をした。なかで，とくに重要なのは，以下の3点についてである。

　まず，連帯保証人に生じた事由の効力について，債権者が連帯保証人に対して履行の請求をした場合にも，当然には主債務者の消滅時効を中断しないことになった（民法458条で準用する同441条）。

　次に，貸金等根保証契約に関する包括根保証禁止の制限を，主たる債務の範囲に貸金等債務を含まない「個人根保証契約」にも拡張した（民法465条の2）。

　さらに，事業資金の借入を主債務とする保証契約・根保証契約を締結する場合，締結後1カ月以内に，公証人が「保証債務」を履行する意思を表示した公正証書の作成を要することとした（民法465条の6）。

here / there

here and there といえば，「あちこちに」である。日本語の場合と順番が逆になるのは興味深いところであるが，こうした使い方をしたときの **here** は自分を中心にして近いものを，**there** は遠いものをさす。

here と there の多用は，法律英語の用法に特徴的である。たとえば，英文契約の前文によく出てくる，NOW, THEREFORE に導かれる「約因文言」には以下のように書いてあったりする。

> *In consideration of the mutual covenants hereinafter set forth, the parties hereto agree as follows :*
> 「本契約に以下述べられている相互の約束を約因（対価）として，本契約の当事者は以下のとおり合意をする。」

この文章において，here は「本契約」をさしている。parties hereto は，parties to this Agreement といいかえることができる。

here が具体的に何をさすかは，文脈によってさぐりあてるしかない。レターによく使う We hereby inform you that ～ .「われわれは，この文書によってあなたに……のことを通知いたします。」という英文で，hereby が by this letter なのか by this fax なのかは，状況次第ということになる。

ところが，here や there のさす対象が文脈上にはっきりしていればよいが，往々にしてあいまいなことがある。以下の文例で，here や there のさすものが何であるか，ただちにわかるであろうか。

> *(a) The parties shall respectively have the right to assign this Agreement and the interest derived therefrom to any subsidiary, fully owned and fully managed by the party or by its affiliated companies, without any consent of the other party, provided, however, that the name of "Hilton" shall be a part of the assignee's firm name, in case of assignment to HHI's affiliate.*
> *(b) Except as provided in (a) of this Article, the parties shall not assign or transfer the interest derived therefrom, without the prior written consent of*

the other party. It is understood and agreed that any consent by the other party to any such assignment shall not be deemed a waiver of the covenant herein contained against assignment in any subsequent case.

「(a)　当事者は，それぞれ本契約およびそこから派生する権利を，当事者もしくはその関連会社によって完全に所有され完全に経営されているところの子会社に対し，他方当事者の同意なくして譲渡する権利をもつものとする。ただし，「ヒルトン」の名称は，*HHI* の関連会社への譲渡の場合は，譲受人の会社名の一部になっていなくてはならない。

　(b)　本条(a)項に規定された場合を除き，当事者は，他方当事者の書面による事前の同意なくして，本契約から派生する権利を譲渡してはならない。

そうした譲渡に対する他方当事者の同意は，その後の場面における譲渡に対し，本契約に含まれた契約事項の放棄と解釈されてはならないことが了解され合意されている。」

　これは，東京オリンピック（1964年）前の第一次ホテルブームのなかで起きた有名な東京ヒルトン事件におけるホテルの Operating Agreement 中で使われた，問題の譲渡条項である。

　最初の therefrom は，this Agreement を受けて there を使ったものと考えられるから from that Agreement でありながら「本契約より生ずる……」という意味にとれる。

　それでは，(b)の項の therefrom はどうであろうか。there が the Article をさすように読めなくもない。だが，文脈からするとやはり「本契約より生ずる利権」でないとおかしい。

　(b)項最後のほうの herein はどうか。これも this Article なのか this Agreement なのかよく考えないとわからないが，ここは譲渡に対する承諾権の放棄（waiver）について述べた waiver clause の１つと気づくと this Article でよいことになる。

　結局，here や there は，明確に何をさすかわかる場合以外あまり使わないことである。めんどうでも to this Agreement のように書くのがベターである。

hereby

　英文契約書のあちこちに **hereby** や therein といった表現を見かける。もともと here や there は，何をさすのかが文脈によって決まるあいまいな英語である。一般に here は「ここ」，there は「あそこ」を意味する。ちなみに，「あちこち」を英語では here and there と自分に近いほうから先に表現するのは興味深い点である。たとえば，

> *X hereby grants the option Y in exchange for U.S.$100,000.*
> 「X は10万米ドルと引換えに，これによってそのオプションを Y に与えます。」

がひとまずの訳である。ただ，「これ」は何をさすかがあいまいである。契約であれば herein は in this agreement, hereto は to this agreement と置きかえられることが多いであろう。なかにはレター形式の契約（letter agreement）もあるから，その場合には，in this letter, to this letter とするのが正しいことになる。

　文例に戻ると，この文章はオプションを付与するとの現在形である。対価（consideration）を得て，契約における一方の当事者 X が Y にオプションを付与することを義務の履行として行うものとみられる。

　となると，その契約全体でもって義務履行をすると見るのは不適切といわなくてはならない。この hereby は by this provision，すなわち「この規定によって」と訳すのがより適切であろう。

　このように「義務履行」のための動詞と一緒に使われた hereby の here は，比較的狭いところの，一条文，一規定を表すことが多いのである。日本語に訳す際は，明確に「第５条によって」あるいは「第３項の規定によって」と特定できるときはそれを書けばよく，それが困難なときは，「ここに」と訳すのがよいと思われる。「これによって」と訳すのと変わらないようであるが，まさに履行することを現在形で端的に示すとみられる。

　文例を "The option is hereby granted by X to Y." とするのは，さらにあいまいになるので，好ましいドラフティング（drafting）とはいえない。オ

プションを付与する義務の履行が誰によって行われるのかがはっきりしなくなるからである。

by Xで「Xによって」と読めるが，herebyは「これによって」がもともとの意味であるから，何によって与えられたのかがぼかされる。

agree「合意する」との動詞をherebyと一緒に使うことがよくある。契約書の冒頭近くには，"It is hereby agreed as follows：〜"「ここに以下のとおり合意されました。……」のような文章があり，続けて契約本文がきたりする。

この文章は，あまり感心しない。まず，受身形（passive）になっていることで，あいまいさを増している。それに，The parties agree as follows：〜「当事者は以下のとおり合意します。……」といえば，その合意書によってであることは明らかでherebyといわなくてもよいからである。かえってherebyがないほうがよいドラフティングといえる。

hold harmless from (or against) ~

harmless は，「害悪のない，無害な」を意味する。harm は，ふつう「無形の害」を表すときに用いる。そこで，harmful は「有害な」であり，逆に harmless は「無害の」となる。

hold ~ harmless from（*or* **against**）~ といういい方は，契約中でよく用いられ，ホールド・ハームレス条項（Hold Harmless Clause）と呼ばれることがある。たとえば，以下は，ライセンス契約のなかで使われた例である。

> *Licensee holds Licensor harmless from any and all claims and liability for damages of losses arising out of any patent or trademark infringement.*
> 「ライセンシーは，あらゆる特許または商標の侵害から生ずる損害または損失についてのいかなる請求および責任からもライセンサーを免除する。」

この文例で，ライセンシーがライセンサーを「無害に保つ」ことの内容は，一定の請求・責任からの免除である。具体的にこれがいかなることを意味するかといえば，一定の製造技術の実施許諾を受けてライセンシーが製品を製造し販売していたところ，第三者から特許侵害の訴えを提起され，損害賠償責任を負わされたとする。

その場合にも，このような内容のホールド・ハームレス条項がライセンス契約に入っていたとすれば，ライセンシーはライセンサーの責任を追及することはできない。ロイヤリティを対価にもらって技術を「売った」者ではあっても，ライセンサーはライセンスの結果について担保責任を負わずにすみ，ライセンサーは，自己のリスクと責任において製品を製造し販売しなければならないことになる。

逆に，ライセンサーがライセンシーを同じ内容につき hold harmless にすると約束していたとするとどうであろうか。そうした条項があって，同じようにライセンシーが第三者に対し損害賠償をしなければならなくなったとすると，hold harmless の内容は，ライセンサーが最終的に賠償責任をライセンシーに代わって負うことまで意味する。

つまり，hold harmless は，免責・免除であると同時に補償も意味する。そこで，X shall indemnify and hold harmless from any and all claims ～. のように，indemnify とともに並べて用いることもよくある。indemnify は，発生した損害を償う，賠償するというのが第一の意味である。He indemnifies us for our losses. 「彼は，われわれの損失を賠償した。」のように使う。

これに対して，indemnify ～ from (*or* against) ～ は，将来起こり得る損害や被害に対して人を法的に保護することを表す。したがって，保護すべき人物に損害・被害が現実に生じてしまったときには，これを補償すべきこととなる。

補償するという意味の語として，compensate というのがある。この語は，ラテン語でともに計量する，釣り合わせるという意味の語から派生したことからもわかるように，たとえば，compensate loss で「損失を償う，補償する」になる。compensate ～ for losses では「……にその損失を補償する」である。したがって，compensate は，すでに発生した損失や被害などを償う，補う，埋め合わせるということを表す。

よく契約書では，Seller shall indemnify, reimburse and compensate Buyer for all losses and damages. 「売主は，買主を，あらゆる損失・損害につき，補償し，支払い，埋め合わせる。」との条項を入れることがある。この場合，将来に発生するであろう損失・損害と，現に発生しているものすべてを売主が「支払う」趣旨であるといってよい。

reimburse は，単に支払うというだけでなく，返済する，償還する (repay) という意味の語である。また，さらに reimburse ～ for the costs といえば，「……に（その支払った，負担した）経費を弁（補）償する」という意味で，indemnify や compensate と同様の内容を表す。ただ，これらいずれの語も同じように「補償する」という文脈で用いたときは，pay と表現しただけの場合とは異なることに注意しなくてはならない。

つまり，pay というだけのときは，当事者間だけで，たとえばXがYに何かを支払うということを表すが，「補償する」というのは，第三者の存在を予定した語である。Xは，YがZに対して支払う費用について「埋め合わせる」，あるいはYがZに対して支払わなくてはならない賠償金について「補

償する」、というようにである。この関係を図示するならば以下のようになる。

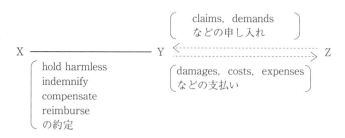

hold harmless clause のポイントは、免責・補償する対象にどれだけのものを含ませるかにある。さきほどの文例でいえば from and against につづく部分で、ここに any loss or damages とあるので欠陥を原因とする製造物責任による賠償も対象に含むことになる。

ただ、漠然とした表現をしているために、あらゆる損失・損害を含むといっても間接損害（indirect damages）や特別損害（special damages）を含むかどうか、弁護士費用（attorney's fee）を含むかどうかなど、明確に記されていないと解釈上争いになりかねない。

さらに、損害に対する買主の寄与があったとすると、寄与割合をどの程度のものと評価するかについて、第三者機関によって判定する仕組みを書いておくこともある。

hub

hub は，企業などの活動の中心，中枢（center）を表して使うことがある。そこで，日本の親会社がグループの中心になって海外子会社などを管理する企業集団内部統制の手法として，筆者の造語で「ハブ法務」を提唱したことがある。

もともと，「ハブ（hub）」は，車輪やプロペラの円筒形の中心部のことだが，何かしら活動の中心や中枢を抽象的に表すようになった。コンピューターネットワークの中心となる集積装置のことも「ハブ」という。

自転車の車輪を考えるとわかりやすいが，車軸の何十本ものスポークが出ている。合わせてハブ・アンド・スポークであるが，これは hub-and-spoke で「ハブ・アンド・スポーク方式の」を表す形容詞になっている。

国際契約の分野でハブ法務の実践をシミュレートしてみる。いま，ファーストフードを扱っている日本の企業（A社）がアメリカ，ヨーロッパ主要国，中国など約20か国でフランチャイズビジネスを展開しようとしている。A社は，日本国内ではすでに数百のフランチャイズ店を展開しており，そのために作成した「ひな形」的モデル契約書を使ってきた。

A社のビジネスモデルは日本式サービスの良さを最大限生かすようにつくられ評判がよいため，海外市場においても極力これを守りたいと考えている。そのためのキーポイントが「フランチャイズ契約」なのであるが，海外市場向けにこれをどう作っていくべきかA社の法務部の課題となっている。

フランチャイズ契約は，日本やアメリカでも独占禁止法上の制約を受けることがある。これらの国々は法規制が比較的少ないが，中国に代表される新興国だといわゆる外資規制の観点から，当局の許認可を得なくてはならない。何についての許認可かといえば，契約書の中身についてが中心である。

現地法令による規制だから，許認可が得やすいフランチャイズ契約を現地弁護士にドラフトしてもらい現地当局に申請するステップを想定しがちであるが，ハブ法務ではそうした発想をしない。日本のハブからの情報発信を中心にして進出先外国市場をほぼ等間隔で見て対応を進める。ファーストステップとして，日本で使ってきたフランチャイズ契約をまずはそのまま英訳

する。中国で当局に許認可の申請をするには中国語の契約書が必要になるから，中国語版契約書もつくる。その場合もベースは日本語版「ひな形」である。

　なぜ日本語の契約書をベースに忠実に訳すことを重視するかというと，A社の得意とするビジネスモデルについて契約内容を通じて現地の弁護士に理解させるためと，日本流ビジネスモデルを極力守りつつ現地法令に適合させるためである。

　次に，現地法令の規制によって最低限直さなければならない部分を現地弁護士に直させる。この際に重要なことはA社の展開したいビジネスモデルと現地法令の要求との「接点」を探ることができるように日本の法務本部が徹底した意見交換を現地弁護士と行うことである。

　中国をはじめとする新興国型市場においては許認可が得られなければ手も足も出せないが，日本企業のやりたいことを正確に理解すればぎりぎりまで日本の契約モデルを生かすよう現地弁護士は動いてくれるだろう。こうして，すべての進出先の国，地域へ向け日本の「ハブ法務本部」から情報を発信し，働きかけていく。

　ただ，たとえばヨーロッパであればEU法の下での規制を中心に考える必要があるから，EUにおける統轄機構に地域ハブをつくり日本ハブとの連係をはかる考え方も必要となる。中国でいえば，各省などの地方政府が認可当局になることもあるし，北京や上海に持株会社（傘型企業）を活用した統轄の地域ハブを設け，そことの連係をはかるのがよいであろう。そのほうが認可上も優遇され得る。

　なお，the Hub というと，宇宙の中心（the hub of the universe）を表すとともに，ボストン市の愛称としても使う。

if / *when* / *where* / *in case*

　法律表現では，条件を示すため「もし……ならば」といういい方をよくする。この場合に用いる最も一般的な英語は **if** であろう。if は一般的ではあるが，この使い方をしたときは，他の意味にとられるおそれがないために法律表現としても便利であり，好ましいものである。

　ただ，if で導かれた節が長くなるときは，以下の例のように，次に then を用いて意味をとりやすくするのがよい。

> *If any one of the following events happens :*
> *(1)　—; or*
> *(2)　—; or*
> *(3)　—;*
> *then and in any such case the Borrower shall forthwith notify the Lender of*
> *the occurrence of such event.*
> 　「もし下記の事態のうち1つでも起こったときは，いずれの場合にも借手はただちに貸手に対し，そうした事態の起こったことを知らせなくてはならない。
> 記
>
> *(1)　—;* または
> *(2)　—;* または
> *(3)　—。*」

　or は文法的には(2)の後にだけつければよいのだが，法律英語では，より正確な表現をするため，各選択肢を or でつなぐことがよく行われる。

　同じ意味で if の代わりに if and when とすることもある。これは重複的に同じ意味の語が並べてあるだけで，意味のより明確な if だけを残して and when は削ったほうがよい。

　「……の場合には」という意味で，**when，where**，あるいは **in case**（where）という表現をすることがある。when が時間的意味を，where が場所的意味を表すのがもともとであるから，抽象的，論理的な関係についてい

うのであれば if を用いるのが最もよい。

　時間的な関連で，たとえば将来のある時点で……が発生したときは，というのであれば when を用いてもよい。case を用いて，in case where 〜，あるいは，in case of 〜 とするのは，明確性の点からあまりすすめられない。なるべく，if にするのがよいであろう。

　法律文章中で case は，ある「事件」を表すとき以外はあまり使わないほうがよい。in many cases は often に，That is not the case. は，That is not so. と，それぞれわかりやすく置きかえるのがよいとされる。

in connection with / in relation to / out of

これらは後に続く名詞類に「関連して」を共通して表す。ただ，表現や使い方によってニュアンスの違いがあり，その違いが契約条項の解決にも影響するので注意を要する。英文契約の一般条項の1つである仲裁条項（arbitration clause）を例に検討してみる。

契約条項のうちでも仲裁条項の内容は，仲裁可能となる紛争の範囲を画する意味をもつので慎重な検討を要する。

というのは，仲裁条項は憲法の保障する裁判を受ける権利を放棄し，いわば例外的に民間人（機関）の仲裁によって紛争を解決するとの合意を含むので，仲裁にかけられる紛争の範囲は限定的に解釈されるべきだからである。

実務で使う仲裁条項は，ほとんどの場合，仲裁を行う常設の仲裁機関の推奨するモデル仲裁条項をベースに作成する。いざ仲裁を申し立てたものの仲裁合意が不明瞭であるなどとして受け付けてもらえないリスクを最小にするためである。

代表的な国際仲裁機関である国際商業会議所（International Chamber of Commerce：ICC）のモデル仲裁条項は，"All disputes arising out of or in connection with the present contract shall be finally settled 〜."「本契約に関連して生じるあらゆる紛争は，……で最終的に解決されるものとする。」として **in connection with** を使っている。

日本で広く国際商事仲裁を行っている一般社団法人日本商事仲裁協会（Japan Commercial Arbitration Association：JCAA）の同条項は "All disputes, controversies or differences which may arise between the parties hereto, out of or in relation to or in connection with this Agreement shall be finally settled 〜."「本契約からまたは本契約に関連して，当事者の間に生ずることがあるすべての紛争，論争または意見の相違は，……により最終的に解決されるものとする。」となっている。

両モデル条項を比べると，後者では in connection with に加えて **out of** と **in relation to** を使っている点が異なる。では，こうした英語表現の違いによって仲裁対象範囲に差は生じるものであろうか。

結論からいうと，この両条項のいい方ではほとんど差は生じないといって
よいであろう。ただ，JCAA の条項のほうがこの契約から直接的に発生する
紛争とこの契約に関連して間接的に発生する紛争の双方を意識しているので，
ICC の条項よりも対象を広く解釈する余地がありそうである。

なかには arising out of ～ だけの条項もある，これだと対象がより狭くな
り得る。out of this Contract のようにいうときは「本契約から（直接的に）
生じた」と解釈されるからである。

in connection with ～，in relation to ～は，ほぼ同じく「……に関連して」
との意味をもち対象を広げる。

あえていえば，relation を使った場合のほうがニュアンス的に広くなる。
ある英和辞典は，in relation to ～を「……に関して」とした後（about のお
おげさないい方）と付け加えている。

about の基本的な意味は「……の周辺に」であり，本契約に関するあれこ
れという感じでアバウトな広がりを生む。これが「おおげさ」に広がるとな
るとかなり広範になりかねない。

in kind

　名詞としての kind には，種類というだけでなく，物の本質，性質という意味がある。thing of such kind といえば「そうした種類・性質の物」となる。

　in kind は，「同じ種類・範ちゅうの」を表す。つまり，in the same kind, class, or genus というのと変わらない。

　そこで，ある loan が in kind で返済されたといえば，借りた同一の物ではなく，同種・同等・同量の物を貸主に返還したということであり，日本の民法第587条の消費貸借の概念に合致する。

　ここからさらに派生して，in kind には「現物で」という意味がある。pay tax in kind は「税を物納する」であり，investment in kind は「現物出資」，income in kind は「現物所得」となる。

　現物出資のことを，pay for the shares on material form のように表現することもある。

　なお，kind of といえば，ふつうの英文のなかで a kind of 〜「一種の……」と使うが，副詞的に somewhat あるいは rather の代わりに使われることがある。たとえば，I kind of wish so. は，「何となくそう希望する。」となる。

in one's judgment

judgment（イギリス式では，judgement と綴られる）が，裁判や判決とい
う重要な法律用語であることはよく知られている。一方，この語には「判断，
思慮分別，良識」といった意味もあり，以下のように **in one's judgment** と
いう句を使うことがある。

> *The Lender may, in its judgment, terminate the Loan Agreement if any of*
> *the following events may happen :*
> 「貸主は，その判断でもって，以下の事態のうちのいずれかが発生した
> ときは，ローン契約を終了させることができる。」

in one's judgment は，at one's discretion や at one's option と似てはいるが，
「自由に，随意に」というのとはかなり意味が異なる。特に discretion の場合，
「まったくの自由裁量で」という意味が込められているため，その判断の結
果については問題とされない。

これに対し，judgment は，もともと「良識」という意味があるので，「判
断の妥当性」まで暗に要求するいい方である。

したがって，in one's sole judgment という表現はせずに，in one's
reasonable judgment のように，reasonable「合理的な，相当な」や sound
「健全な」とともに用いることが多い。

一般の英語で in one's judgment は，「……の見解では」を意味することが
多い。In my judgment, it is the best solution. は，「私の見るところ，それは
最善の解決である。」となる。

including without limitation ~

including ～ の文字通りの意味は「……を含んで」である。「期間を表す表現」のところで扱った till and including March 10「3月10日を含んでその日まで」（197頁参照）や from ～ to ～（both days including）のようない方は，including をこの意味で用いている。

契約書などにおいては，including が namely「すなわち」や for example「たとえば」の意味で使われることがよくある。しかし，以下の文例においては「……を含んで」なのか「たとえば」なのかあいまいである。

> Seller shall indemnify and compensate Buyer for all losses and damages including costs, expenses and charges for defensive actions by Buyer.
> 「売主は，買主による防御行為に対する経費，費用および手数料を含むところのあらゆる損失，損害賠償について買主を免責し補償する。」

この文例において「……を含むところの」と訳出したのは，結局のところは文脈によるところが大きいからである。「あらゆる損失，損害」の例示の1つとして「防御行為に対する経費，費用および手数料」があると考えればよいが，ここまでを含むことを注意的に示しているところに意味がある。では，次の文例はどうであろうか。

> Seller shall reimburse Buyer for any loss or damage sustained from such termination, including without limitation, loss of profit obtainable from resale by Buyer of the Goods.
> 「売主は，その解約から生じる損失または損害につき，たとえば本商品の買主による再販売から得べかりし逸失利益を含むが，これに限定されないところのすべての損失または損害を，買主に償還しなければならない。」

ここでは，**including without limitation** 以下で loss or damage の例示をしているものと考えることができる。法律文書などで，including A, B, C and D「たとえば，A, B, C および D を含む」と書くと，A, B, C, D と掲げ

たのは限定的列挙なのか，それともたくさんある中の代表的なものを例示したにすぎないのかあいまいになってしまう。そこで，限定的列挙ではないことを注意的に明らかにしたいときに，including の後に without limitation を続けるのである。

　文字通り「limit することなく……」という意味であるが，「無制限で」という意味とは違うことに注意しなくてはならない。さきほどの例であれば，「無制限で逸失利益を含み……」とするならば誤訳である。without limitation の代わりに，but not limited to を使うこともあるが，こちらのほうがわかりやすいかもしれない。

　すでに述べたことの具体的な例示をするが，単なる例示であって一般原則を制限するものではないということを示すいい方としては，〜 shall include, without limiting the generality of the foregoing, A, B, C and D.「……は，上記の一般原則を限定するものではなく，例示するならば，A, B, C, および D を含む。」のような表現をする。

inconsistent

inconsistent は，consistent の反対語で「一致しない，調和しない，矛盾する」を表す。action inconsistent with ～「……と矛盾する行動」のように使う。

この表現は，英文契約中の表明・保証（representations and warranties）に関連して使うことが多い。

典型例は，"ABC Corporation represents that it has no obligations or commitments inconsistent with this Agreement."「ABC 社は，本契約と矛盾する義務または約束を負っていないことを表明する。」といった条項においてである。

いわゆる表明・保証条項（representations and warranties clause）中の表明事項の1つとして入ることがあるし，独立した条項で入ることもある。

「本契約と矛盾する義務または約束を負っていない」とは具体的に何を意味するかを考えてみる。この表現は，「本契約」を締結することで内容的に相反することとなる契約はありませんと主に表明するものである。

相反する義務または約束を負う場合とは，たとえば，別の Exclusive Distributorship Agreement「一手販売店契約」で，ABC 社があるテリトリー（地域）内では XYZ 社にしか販売権を付与しないと約束しておきながら，同じテリトリー内の DEF 社とも一手販売権を付与する契約を結ぶのは明らかに矛盾する。

そうだとしても DEF 社からすれば XYZ 社は同じ市場でシェアを争うライバルかもしれない。XYZ 社を差し置いて同じような一手販売権の地位を与えられるのであれば願ってもないことともいえる。

ただ，DEF 社の思惑どおりにことが進むかというとそうは簡単にいかず，かえって大損害を被るおそれさえある。特に，DEF 社が，XYZ 社への先行的一手販売権の付与を知っていた場合には，故意に XYZ 社の独占的な契約上の地位を脅かす不法行為をしたとして損害賠償の請求を受けるかもしれない。

知らなかったらどうかというと，それでもダメージを受けかねない。とい

うのは，XYZ社は一手販売店としての独占的権益を守るため，販売行為の差止めを求める裁判を起こし得るからである。この裁判は，日本では仮処分命令の申立によって行われるが，仮に販売行為が禁じられるならば，事業活動上眼に見えない損害をもたらすことがある。

販売先や取引先に損害を与え損害賠償の請求を受けるといった法的リスクだけではなく，取引界におけるレピュテーションリスクの発生まで考えなくてはならないからである。

そこで，ABC社と契約を取り交わそうとするDEF社としては，矛盾する契約上の義務や約束がないことをABC社に明言させておこうとする。その上でもし表明内容が事実に反するならば，DEF社が被るであろう損害をABC社に求償できるようにするのである（下図参照）。

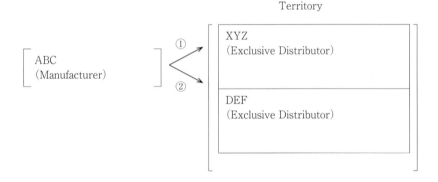

independent

independent は，in＋dependent から成る。dependent は「頼っている，依存している」を意味する depend から派生した語で，in- でこれを否定して，「依存しない」すなわち「独立の，自立した」となる。

日本では，コーポレート・ガバナンス（corporate governance）向上の観点から，証券取引所の規則を改訂して独立役員届出制度がつくられた。この場合，「誰が誰から」独立するかといえば，社外取締役（outside director）や社外監査役（outside corporate auditor）などが業務執行をする経営陣（the management）からということになる。

independent contractor は，contract「契約」から派生した語なので，素直に「独立契約者」を意味すると考えてよいのだが，一般の英和辞典を引くと「請負人，土建業者」の意味も載っている。これはなぜかといえば，契約はもともと何かを約束し，請け負うことからはじまったからといってよいであろう。そして請負契約といえば建物の建築請負契約が典型なので，いつの間にか，contractor が建築請負業者を表すように進化したとみられる。

ただ，一般的に independent contractor といえば請負契約に限ることなく「独立契約者」と訳せばよい。その場合でも，使う場面によって「誰が誰から独立」するというのかを見極める必要がある。実務において independent contractor を見るとしたら distributorship agreement「販売店契約」中が多いと思うのでこの場合で考えてみる。

なぜ国際的な distributorship agreement によくこの語を使うかといえば，「リスク遮断」のためである。distributor は，メーカー・輸出者（契約中では manufacturer と称するのが一般的）から distributor 自身の計算とリスクで商品を買取り一定地域（territory）内で再販売（resale）する。

メーカーと似たような関係に立つのが販売代理店（sales agent）である。distribution と sales の使い分けにもかかわるが，agent は principal「本人」から代理権限を与えられ授権に基づいて販売活動を行う。agent は，いってみれば principal の手足としてはたらくので，自己のリスクで商品を在庫としてかかえこむことはない。また，販売活動のなかで agent に過失があって

商品の買主に損害を与えたとしたら，principal に責任追及が行われ得る。

　製造者としては，商品の所有権を distributor に売り渡すとともにリスクも移転したいと考える。製造物責任（product liability）などについては契約関係にない末端消費者から直接損害賠償請求が起こることがあるから，それ以外の関係で manufacturer は，distributor や agent とは異なり independent contractor であることを契約中に明言して，なるべくリスクの波及を遮断しようとする。

　そのための条項の表題を"Privity"「契約関係」とすることもよくあり，"Distributor shall be in no way representative, agent nor employee of Manufacturer."「販売店はいかなる意味でも製造者の代表，代理人，あるいは従業員ではないものとする。」と書いたりする。

individual / individually

individual は，「個々の，各人の，個人的な」を表す。他に，「独特の，特有の」といった意味もあり，名詞として「個人，主体性のある人，個体」の意味ももつ。

individual は，「分割できない，不可分の，極小単位」を意味する indivisible と語源を同じくし，「（強制的に）分裂させる」を表すラテン語 *divido* から派生した。*divido* から直接的に生まれたのが divide であり，indivisible は否定を表す接頭辞 in- をつけたものである。

individual は，基本契約に対する個別契約をさして individual contract のように使う用法が重要である。

一般に基本契約には，Master Agreement, General Terms and Conditions, Standard Terms and Conditions for Sales といったタイトルをつける。terms and conditions は同義語重複だから，「（標準）取引条件」のように訳しておけばよいだろう。

こうした基本契約を5年，10年のような中・長期で取り交わしておき，その下でたとえば原料の安定的調達を継続的に受けるといったことはよく行われている。

ところで，これを，中・長期で取り交わす契約を基本売買契約と称するが，売買契約そのものではない。なぜかというと，具体的な対象物を，売ります買いますとの約束をして，その対象物をいつまでにどこで引渡し，見返りに代金いくらを支払うとする売買の「要素」に関する合意内容は書かれていないからである。

多くの場合，この基本売買契約の下で個別の契約（individual contract）をしてはじめて物品が送られてくる。毎月，今月は5トン，来月は7トンのように調達を継続的に繰り返す場合だと，個別契約は上記の「要素」だけを書き込む order sheet「発注書」式にするのがふつうである。

かつては，order sheet をファックス（fax）で送付することが多かったが，いまは電子メールに添付したり，EDI（electronic data interchange：電子的データ交換システム）によることが増えた。いわばデジタル式に契約を行う

わけである。

　個別契約を電子契約で行うのはよいとしても，基本契約まで電子化するのはあまり勧められない。それは基本契約には一般条項，それも不測の事態が起こったときの処理に関する条項が多く含まれているからである。

　紛争処理条項としての裁判管轄合意をするための条項（Jurisdiction Clause）を例に考えてみる。日本の民事訴訟法11条は，「当事者は，第一審に限り，合意により管轄裁判所を定めることができる」（1項）とし，「前項の合意は，……書面でしなければ，その効力を生じない」（2項）と規定している。

　裁判手続に関するから，この「書面」は文字通り，アナログ的ペーパーを意味するものと長い間厳格に解釈されてきた。ただ，これではデジタル化の大きな流れに逆行しかねないので，2004年の改正で同条に3項を加え「電磁的記録によってされたときは，その合意は，書面によってされたものとみなし」て扱うことになった。

　日本で行われる裁判に関してはデジタル式管轄合意でもよくなったが，国際裁判管轄の合意を日本以外の国・地域で行うとした場合は，その国・地域の民事訴訟（手続）法によって有効性を判断しなくてはならない。「手続法は法廷地法による」のが慣行でもある。

　グローバルに比較すれば，日本は電子書面を有効とする立法化対応では，欧米法治先進国と並んでトップランナーを走っている。しかし，新興国のなかには，電子化対応がはるかに遅れたままの状態のところが多くある。これが基本契約まで電子化しないほうがよいとする理由である。

　individually は，individual の副詞形で「個々的に，それぞれ単独で」を表す。この語は，委任状（power of attorney）のなかに出てくる each agent may act individually「各代理人は単独で行為できる」といった使い方をする。代理人を複数指名したとしても，代理権の行使は，共同ではなくそれぞれ単独で行うことができる旨を意味している。

intelligence / information

intelligence は，インテリという略語とともに一部日本語になった身近な英語である。形容詞の intelligent は，「選ぶ，集める」を意味するラテン語の *inter + legere* あるいは *inter + lego* が語源である。

集中コンピューターで管理された建物をインテリジェントビルという。情報の集積，選別，分析はコンピューターが最も得意とするところなので，インテリジェントビルにおける intelligent は本来の使い方である。

名詞の intelligence は，「理解力，思考力，知能」の意味とともにコンピューターの知能という科学的最先端の知性を表す一方で，神の根本的属性としての知性も表す。大文字で始まる Intelligence は，霊的存在である「天使」であるし，the Supreme Intelligence といえば「神」のことである。

CIA（Central Intelligence Agency）を中央情報局と訳すように，intelligence には「情報」の意味があるが，これまでの説明からしてもふつうの情報ではなさそうだとわかる。intelligence は，情報のなかでも国家機密にかかわる特に重要な事柄の報道や諜報を表す。

intelligence agent は，スパイのことである。そこで「相手国の重要機密情報を握っている。」は，We have secret intelligence of the opposing country. といえばよいだろう。important information というよりは，intelligence だけで重要機密情報的意味が含まれているといえる。

information も「情報」だが，intelligence よりは広い対象をもっている。まず，information は inform「通知する，知らせる」の名詞形であるから，情報・知識の「通知，伝達」という意味がある。

inform は，「……を形成する」の意味のラテン語 *in + fōrma* が語源なので，何らかの情報を提供して，「指導する，教え込む」のが元の意味である。この元の意味からは，観光地などで「案内所」をインフォメーション（センター）と称する使い方が生まれる。日本語化しているが英語でも同じ使い方をする。

information は，ある方向での効果を導くための「情報，知識（の伝達）」が本来の意味だから，警察など捜査機関への「通報，告発」の意味にも使う。

「告発状，告訴状，（大陪審を経ない）略式起訴（状）」にもなる。ただ，以下に述べるとおり大陪審（grand jury）を経る起訴のことは indictment という。

　アメリカの連邦刑事裁判手続において，死刑もしくは1年以上の禁錮または懲役刑による刑罰の対象となる事件は indictment によって起訴しなくてはならず，それ以外の事件については，indictment，information のいずれによってもよいとされている。

　information による起訴の場合「略式起訴（状）」と訳すことが多いが，日本の刑事訴訟手続における略式手続とは大きく異なることに注意してほしい。すなわち，日本の略式手続は書面のみで行うが，アメリカの略式起訴手続の場合，起訴陪審を行わないだけで，小陪審（petty jury）による事件の審理（trial）は行われる。

　ちなみに，日本の裁判員制度は中身が異なるとはいえ一般市民が裁判手続に参加する小陪審と基本となる考え方を共通にする。起訴陪審と呼ばれるgrand jury と発想を同じくする日本の制度が検察審査会で，衆議院議員の選挙権者からくじで選ばれた11名の検察審査員が，検察官の不起訴処分の当否を審査する。

irreparable

秘密保持契約書（Secrecy Agreement）などに，「本契約の義務違反は，irreparable harm をもたらし得るので……」と書かれることがある。

irreparable は，英和辞典を見ると，「修復できない，取り返しのつかない」の意味が載っている。irreparable は，ir + reparable で repair「修繕」できないとの意味になるからである。

harm には，「害，危害，不都合」といったふつうの意味がある。法律的な意味で「損害，被害」を表すこともある。英文契約中の hold harmless 条項は，何らかの損害から人を免責・補償（indemnify）するために使う。

では，「取り返しのつかない」は，いったい何のことをいっているのかといえば，事後的金銭賠償では償うことができない状況をいわんとしているのである。

irreparable harm の語が秘密保持契約中に出てくるところがキーポイントである。というのは，Secrecy Agreement（S.A.）は，守秘義務が主たる内容になっているはずで，典型的同義務違反は情報の流出だからである。情報はいったん流出したら回収はきわめてむずかしい。

ただ，被害をなるべく未然に防止する，あるいは最小限に食い止めることはすべきであるし，そのための手段が injunction「差止（命令）」である。よく使うのは次のような条項である。

> *Any breach of this Secrecy Agreement may cause irreparable harm to X and Y agrees that X's remedies for such breach include, in addition to damages and other remedies, injunctive relief.*
>
> 「本秘密保持契約の違反はすべて，X に対して償うことのできない損害を生じさせ得るものであり，Y はそうした違反に対する X の救済方法には損害賠償およびその他の救済方法に加え差止めの救済方法を含むことに同意する。」

印刷物の出版，販売などの事前差止が specific performance として認められるならば救済方法としてかなり有効になり得る（389頁参照）。日本の法制

でいえば，この種の事前差止めは裁判所への仮処分命令の申立によって行われる。

　仮処分命令を裁判所が出すためには，被保全権利と保全の必要性の疎明が求められる（民事保全法13条2項）。情報流出の場合，ノウハウなどを保有する権利者（「債権者」という）に現に損害が発生しているもしくはそのおそれが存在しなくてはならない。

　一般的にいって差し迫った損害発生のおそれを疎明するのはそう簡単ではない。仮に守秘義務を負う当事者が，みずから，守秘義務の違反がirreparable harm をもたらし得ると契約中で事前に認めているならば疎明はずっと楽になるはずである。

　現代社会においては，漏れてはいけない秘密情報がインターネット上に流出し，世界中の人が見ることができる状態に置かれることこそ irreparable harm の発生である。

joint and several liability

　法律英語で joint は「共同の」，several は「個別の」をそれぞれ意味する。ただ，**joint and several liability** といえば，連帯責任（債務）を表す。joint と several で一見相矛盾する意味の語がただ並べられているという印象を受ける。

　連帯責任は，債権者が，複数の債務者のうちの誰に対しても個別に債務の全額の履行を請求することを許す。だが，債務者のうちの一人が債務の全額を履行したときは，他の債務者は債権者に対する責任を免れる。これが「共同でかつ個別に」ということの意味である。

　アメリカでは，この joint and several liability の適用が，特に PL（製造物責任）訴訟の分野で，不都合をもたらすとされてきた。PL 訴訟の原告は，被害の回復をより確実にするために，被告のなかに大企業や自治体を加えようとする傾向がある。

　各州の不法行為法（tort law）によれば，共同不法行為の場合，行為者のいずれに対しても損害額全額を請求し得る連帯責任が認められる。このため，資力・賠償能力のある者をなるべく被告に加えることによって，そこから被害額を回復しようとすることがしばしば行われる。

　裁判所も，被害者救済のために比較的容易に自治体などの連帯責任を認めてきた（その考え方を "Deep Pocket Theory" と呼ぶ。deep pocket は，日本語でいえば「ふところが温かい」すなわち「資力のある」を意味する）。

　アメリカの連邦 PL 法では，PL 訴訟には joint and several liability が適用されないとうたっていた。PL 訴訟などで企業を訴える際は，なるべく日本の親会社などを，何とか理由をつけて共同被告として訴訟に巻き込もうとする傾向があった。

jurisdiction / jurist

jurisdiction, juristいずれの語にも，juris- までが共通している。*jūr* が「法律，正義」を表すラテン語で，両語の語源にあたるからであり，ここから juridical「司法上の，法律上の」，jurisprudence「法理学，法学」といった語が派生した。また，juristic person「法人」（artificial person ともいう）のような基本的法律用語も生まれた。

jurisdiction は，「司法権，裁判権，管轄（権）」を表す。ここから，1つの裁判権が及び，かつ同じ法秩序が行われる地域＝法域を表すようになった。アメリカ合衆国には51の jurisdictions が存在することになる。50州それぞれにプラスして，連邦の（federal）法域を想定すべきだからである。

jurisdiction は，*juris*「法の」+ *dicto*「いう，命ずる」を表すラテン語が元になっている。

jurisdiction は，英文契約における裁判管轄条項のタイトルとして，ずばり "Jurisdiction" とすることが多い。同条項は，jurisdiction を文中に使い次のような内容にするのがふつうである。

> *Jurisdiction*
> *The parties to this agreement agree to submit to the jurisdiction of the ＿ District Court.*
> 「裁判管轄
> 本契約の当事者は，＿＿＿地方裁判所の管轄（権）に服することに合意する。」

これは，日本の民事訴訟法の規定する「管轄の合意」（11条）のための条項である。同条1項が「当事者は，第一審に限り，合意により管轄裁判所を定めることができる」としているため，合意対象は，地方裁判所（district court）にしている。

管轄合意には，専属裁判管轄（exclusive jurisdiction）の合意と非専属（任意の non-exclusive）裁判管轄の合意がある。前者の場合，他の裁判所の管轄を排除する効力があるので，専属管轄の合意である旨を明記しなくてはな

らない。文例のように何も書かなければ非専属の合意とされる。

　以上の説明は，日本の裁判所の管轄に合意することを前提としている。外国の裁判所の管轄に合意するのであれば，その国の民事訴訟法規に従って有効な合意になるよう配慮しなくてはならない。国際的専属裁判管轄の合意を有効とは認めない国もあるので要注意である。

　jurist は，「法律家，法学者，実務法曹」を広く表す。イギリスとアメリカで意味するところのニュアンスがやや異なる。すなわち，イギリスでは法学者を表すことが多いのに対し，アメリカでは，加えて裁判官，場合によって弁護士までも対象に含めて使う。

　なお，lawyer の語は，法曹一元制を採るアメリカにおいては，実務法曹三者（裁判官，検察官，および弁護士）すべてを含んで使う。

knowingly

　knowingly は，一般的な英語である。ただ，元の形容詞である knowing をふつうの辞書で引くと，あまりよい意味が載っていない。

　ある英和辞典には，「知ったかぶりの」，「抜け目のない，ずるい」，「[に……ついて] 情報通の，物知りの」とあって最後に「故意の」があった。法律用語である「故意」が出てきたので，例によってアメリカの法律用語辞典 (Law Dictionary) を引くことにする。

　Black's Law Dictionary (Fifth Pocket Edition) は，「故意に（犯罪行為を行う）」の意味を載せ，現代刑法典 (Modern Penal Code) の下で knowingly は，「2番目に高い犯罪有責性をもたらす主観の状態を表す」(describes to the mental state resulting in the second highest level of criminal culpability) とする。

　最も高い犯罪有責性は，intentionally「意図的に」行った場合に生じ，3番目は，recklessly「無謀に」行う場合で，4番目は，grossly [criminally] negligent「重大に [犯罪的に] 不注意な」場合となっている。

　intentionally と knowingly はいずれも「故意の」行為を表すときに使うのだが，両者の違いはどこにあるのだろうか。

　Black's Law Dictionary (同) によると，intentionally と purposely は，同様に一定の損害 (harm) の発生を欲する (wants to cause) のに対し，knowingly は一定の損害が確実に行為の結果生じるとわかっている (understands that the social harm will almost certainly be a consequence of the action) ものの，他の動機で行為しその損害発生にこだわらないで行為する (acts with other motives and does not care whether the social harm occurs) とする。

　日本の民法や刑法ではいずれも「故意」なのだが，結果の発生を意図する「確定的故意」と結果発生を可能なものと認識しているにとどまる「未必の故意」の区別に対応するとも考えられる。可能と認識しているが結果発生を認容しない場合を「認識ある過失」として区別するのが通説である。

　「故意に」の意味で deliberately を使うことがあるが，この語はもともと

「慎重に」「ゆっくりと」の意味をもち、そこから「わざと」「計画的に」などが派生した。故意犯罪を表す正式な法律用語としてはあまり使わない。

　重要なのは、knowingly が正式に「故意に」を表す法律用語である点である。賄賂として使われることを「うすうす知りながら……」金員を交付するといった軽い意味ではなく、故意の贈賄行為になり得ることに注意すべきである。

　アメリカの外国腐敗行為防止法（Foreign Corrupt Practices Act：FCPA）を執行する SEC（証券取引委員会）と DOJ（司法省）が共管で2012年11月に公表したガイドラインには、エージェントやコンサルタントなどに knowingly に手数料などを支払った場合には、違法行為になり得るとしている。

Column
キックオフ，キッカー，キックバック，キックアウトの法律用語としての意味は何か？

　いずれも kick を使った、サッカーなどではおなじみの語ばかりであるが、重要な法律用語でもある。

　サッカーの試合は、kicker による kickoff で開始となるが、kicker には、「蹴り手」のほかに、「追加料金，特別付加金」の意味があって、特に融資契約（loan agreement）における上乗せ金利（charge）をさす。kickoff は、試合の開始だけでなく、交渉、会議などの「始め」の意味をもち、for a kickoff は「議論の手始めに」となる。

　kickback は、「キックバック」の日本語にもなっているが、「（取引先への）割戻金」「口きき料」の意味で使い、さらに「賄賂」「政治献金」としても使う。

　kickout は、「（ボールを）ライン外に蹴り出す」との意味のほか、口語的には「解雇，追放」として使う。また、契約中の kickout clause は、契約の解除事由を書いた「解約条項」である。

lawyerism

legal drafting はいわば法律英語による英作文で，法律英語は，英語とは
いっても専門性の強い専門英語であるから，これを正しく使わなくてはなら
ない。とはいっても，特別ないい回しや表現にとらわれすぎると **lawyerism**
の弊害が生じる。

lawyerism は lawyer「弁護士（というよりアメリカでは法曹一元制の下で
の法曹全般）」のような言葉づかいのことである。けっしてよい意味で使っ
てはいない。というのは，ことさらに専門用語を多用したわかりにくい表現
とみられているからである。

なるべく契約書などの法律文をわかりやすい英語で書こうとする試みは，
1970年代のアメリカで plain English movement という動きにもなった。あ
るリーガル・ドラフティングの教科書（Kenneth A. Adams,『A Manual of
Style for Contract Drafting』2004）には，次のようなロイヤー英語が，改善
例（improvements）とともに載せてある。以下が推奨されている改善例で
ある。

改善例

is binding upon	→	binds「拘束する」
is unable to	→	cannot「できない」
during such time as	→	while, during「の間に」
in the event that	→	if「もしも」
per annum	→	per year, a year, annually
		「1年ごとに」
prior to	→	before「前に」
pursuant to	→	under, in accordance with,
		as authorized by「に従って」
subsequent to	→	after「後に」
under the provisions of	→	under「の規定のもとで」
until such time as	→	until「まで」

lawyerism というかどうかは別として，plain English movement のなかで
は，法律英語をなるべく一般の英語に近づけようと，具体的な提案がなされ
た。以下は，そうした例の一部である。

提案

aggregate limit	→	the total「総額」
commencement	→	start「始める」
hereinbefore	→	above「上記の」
in consideration of	→	because「理由として」
party of the first part	→	I, we「当方」
party of the second part	→	you「相手方」
terminate	→	end「終了する」

　法律英語に限らず，ふつうの人にはわからない jargon，すなわち業界専門
用語を使いすぎるのは考えものである。かといって，法的概念を含んだ
technical term は適切に使わないと，正しい内容が伝わらないので，ポイン
トは，ここに列挙したような簡単だが正確な表現をすることにある。

lease agreement / loan agreement

　法律英語には日本語となったカタカナ法律用語がある。これを日本語に訳そうとすると誤訳になりやすい。次の英文を訳したらどうであろうか。

The loan agreement was made.

「そのローン契約（アグリーメント）は締結された。」

　loan agreement をそのままローン契約（アグリーメント）に置きかえており，どこにも問題はなさそうである。だが，日本語化した「ローン」が日本法の下での一定の概念をもつに至り，諾成的消費貸借を認める条項がなく，loan との間に概念ギャップが生じる点が最も問題になる。

　住宅ローンや自動車ローンのように多くの人がよく利用するローン契約は，民法では（金銭）消費貸借契約にあたる。2017年に成立した民法改正までは，消費者契約は要物契約とされてきたのである。

　上記例文の loan agreement を **lease agreement** に置きかえたらどうであろうか。「そのリース契約（アグリーメント）は締結された」と訳す人がほとんどかもしれない。

　この場合も，「リース」が，「コピー機をリースする」「リース会社に勤めている」のように日本語となって定着している点に問題がある。

　というのも何も断らずに使ったときの lease はふつうの「賃貸借」だからである。ファイナンスリース的な意味でのリースの意味は，一般の英和辞典には載っていなかったりする。

　グローバルなプラクティスでは，国際的融資契約を諾成的に行う。ただ，改正前の民法第587条は，消費貸借を貸主から借主に目的物（金銭など）を引き渡してはじめて成立する要物契約としていた。

　要物契約として金銭消費貸借を取り交わすと，実務上かなり不便が生じる。たとえば，融資を受けてある事業を行おうとする会社が金融機関からお金を貸してもらおうとする。貸す約束はうまく取り付けたとしても，正式契約ではないので，実際に受け取るまでは資金を手にできるかどうかがわからず，借入れを前提とした事業計画を立てることもできない。

　そこで国際ローンアグリーメントだけでなく，身近な住宅ローンなどにお

いても，実務上は諾成的消費貸借が広く使われる。判例（最判昭和48年3月16日）においても，一定の条件の下で民法が明文で規定する典型（有名）契約には含まれない無名契約として諾成的消費貸借を有効と認めている。

2015年の2月10日に法制審議会が決定した民法（債権関係）の改正に関する要綱は，以下のような要物性の修正を提案した。

民法第587条に次の規律を付け加えるものとする。

(1) 民法第587条の規定にかかわらず，書面でする消費貸借は，当事者の一方が金銭その他の物を引き渡すことを約し，相手方がその受け取った物と種類，品質及び数量の同じ物をもって返還をすることを約することによって，その効力を生ずる。

(2) 書面でする消費貸借の借主は，貸主から金銭その他の物を受け取るまで，契約の解除をすることができる。この場合において，貸主は，その契約の解除によって損害を受けたときは，借主に対し，その賠償を請求することができる。＜以下略＞

この内容に沿って2017年5月に民法が改正され，一見すると消費貸借が原則として要物契約であることは維持された。では，どこが変わったかというと，従来判例で認められた諾成的消費貸借を，「書面性」の要件を示しつつ明文で認めるようにした点である（民法587条の2）。

それならばいっそのこと，グローバルなプラクティスに近づけ，消費貸借を諾成契約に変更すべきだったと考える人が多くいる。ただ，消費貸借の要物性は，古代ローマ法から引き継いできた大陸法の“伝統”とされ，容易に捨て去れそうにない。

諾成契約とすると，軽い気持ちでお金を借りる約束をした人や，安易に貸す約束をしてしまった人が契約上の義務を背負い込んで困ることになりかねない。改正法は両タイプを明文で規定しつつ，諾成的消費貸借は書面ですることを要求して，折衷的にバランスをとったということができる。

それにしても古代ローマ時代から消費者保護的な考えがあったかもしれないと考えると興味深いものがある。なお，諾成的契約は，「貸します」「借ります」との合意が成立しただけで貸借契約が成立する。貸手側からすると条件が整えば貸すとの義務を負うわけで，同義務すなわち貸付約定のことを，実務ではコミットメント（commitment）という。

legal / lawful / licit

いずれも「合法的」という意味をもつ。辞書で **legal** を引くと **lawful** と出ているから，特にこの2語はほぼ同じ意味と考えてよい。lawful が最もよく用いられ，**licit** はあまり用いられない。細かく比較するならば，legal には「合法的」の他に「法律上の」という意味があり，さらに，エクイティ（equity，衡平法）と対比させられるコモンロー（common law，英米法）上のという意味がある。

それぞれ反対語は，illegal, unlawful, illicit であるが，illicit には「不法」「不正」というだけでなく「不義の」といった反道徳的な意味合いもある。illicit love affairs は「不倫」である。

take legal action は，「法的手段をとる」で，legal system は，「法制度」である。

lawful action は，「合法的な行為」で，lawful child は，「非摘出子」である。

なお，lawfulness は「合法性，適法性」であり，英文契約条項のドラフティングの際は，特に対消費者などとの契約において気をつけないといけない。

liability

　法律上の「責任」を表す英語は少なくない。すぐ思い浮かぶところでも，**liability**, responsibility, charge などである。重要なのは，これらの語が，使う場面や人などによって用法や意味合いが異なる点である。

　民事の賠償責任をいうには，liability が最も適している。liability を，他の類似語と比較しながらその用法を検討してみる。

　responsibility は，response から派生した語で，その元は respond「……に答える」である。respond はラテン語の *re + spondēre*「約束し返す」が語源である。欧米では，疑問や質問に対し誠意をもって答えることが責任感のある態度とみる。日本人は，不祥事などの責任をとって弁明をすることなくトップが身を引くのを潔いとしたりするが，欧米人の眼には理解しがたい卑怯な行動と映ったりする。経営者だったら accountability「説明責任」を尽くして respond すべきだと考えるからである。

　こうした語源からは，responsibility には「義務」に近い「責任」というニュアンスが感じられる。納税義務のことを "responsibility to pay taxes" というのはこのためである。国家元首の責任も responsibility で表すのがふつうであるから，オバマ元大統領は就任演説で，国の側で行うことに国民として応える responsibility を呼びかけたのである。同じ民主党出身のケネディ元大統領が，就任演説で「国家が何をしてくれるかではなく，国家のために何ができるかを考えてほしい」と述べた有名なフレーズを意識したものだろう。

　こうした場面で liability を使うことはほとんど考えられない。この語は，主に民事の賠償責任を意味するからである。liable の語源はラテン語の *ligo* で，to bind「拘束する」を表す。

　liability は刑事上の責任を含む，法的責任を広く表すこともあるが，主に民事上の責任，すなわち債務を表す。ただ，民事上の債務，負債を表すときは，liabilities と複数形にするのがふつうである。

　法律用語 liability は，損害賠償責任に関して最も重要な使い方をする。損害賠償責任は，債務不履行（多くは契約違反）と不法行為から生じるが，そ

のいずれにも liability を使う。

　製造物責任は，product liability といい，これを規定した法律を PL 法と略称する。PL の考え方は，strict liability「厳格責任」の法理に基づく。内容は一種の無過失責任法理で，「過失」（negligence）の代わりに「欠陥」（defect）を立証すれば，製造者に賠償責任を問うことができる。

　liability insurance という保険の種目がある。これは「責任保険」というよりは，「賠償責任保険」であり，C.Bennet 著，木村栄一監訳『保険辞典』（Dictionary of Insurance; 損害保険事業総合研究所，1996年9月）は，「第三当事者が被った特定の損失または損害に関して，当該当事者のために被保険者に対して裁定される補償額および費用を支払うべき責任に対する保険」としている。

　なお，「……に対する責任」を表すのに liability を使うときは，前置詞 for をともなう。前置詞として to を用い liability to disease といえば「病気にかかりやすいこと」を意味するし，liability to error は「過ちに対する責任」ではなく「誤りをしがちである」と訳さないといけない。また，liability には「やっかい者，お荷物」の口語的な意味があり，He is a liability to the team. は「彼はチームのお荷物だ。」となる。チームの「責任を担う大黒柱」と訳すと正反対の意味の誤訳である。

　charge も「責任」を表すが，むしろ「仕事，任務」上の責任に近い。take charge of ～では，「……を世話［監督］する」であり，a person in charge of ～は，「……の担当者，責任者」である（95頁参照）。

liquidate / liquidation

liquidate には，「負債や損害などを清算する」，およびその前提として「額を決定する」との意味がある。「液体」を表す liquid の語源で「液（体）状の」を意味するラテン語 *liqueo* から派生した。「液状の」は，「流動性のある」「清算できる」につながる。

こうした liquidate の原義からわかるように損害額の決定，清算がむずかしいときにあらかじめこれを決めておくのが liquidated damages clause「損害賠償額の予定条項」の狙いである。特にウィーン国際物品売買条約（CISG）のように，いわゆる「全部賠償の原則」によるときは，契約違反による被害当事者は，原則として被った損害のすべての賠償を請求できる。ただ，そのかわり被害当事者は，「得るはずであった利益の喪失」（CISG74条）を含む損害を立証しなくてはならない。加害当事者は契約違反を認めても損害賠償の額については争うのがふつうなので，被害当事者にとって損害賠償額を予定しておくメリットは大きい。

加害当事者の側に立っても，CISG のように「逸失利益」を対象に含む「全部賠償の原則」に従うときは，間接損害（indirect damages）や特別損害（special damages）によって賠償請求される金額が「青天井」で大きくなりかねないことを最もおそれる。やはり損害賠償額を予定してキャップをかぶせておきたいと望む。

損害賠償額の予定条項を契約に入れるとして，どのような金額でも当事者が合意しさえすれば有効になるわけではない。適用法・準拠法次第なのだが，CISG はどのように規定しているかをまず見てみよう。

CISG は損害賠償額の予定について別段規定をしていない。CISG 第74条が，「全部賠償の原則」をうたった後「そのような損害賠償の額は，契約違反を行った当事者が契約の締結時に知り，又は知っているべきであった事実及び事情に照らし，当該当事者が契約違反から生じ得る結果として契約の締結時に予見し，又は予見すべきであった損失の額を超えることができない。」と規定するのみである。

日本の民法第420条は，当事者は債務の不履行につき損害賠償額の予定を

することができ，この場合裁判所は，その額を増減することができないとして大幅に契約自由の原則によってきたが，2020年4月1日の民法改正の結果，裁判所により増減できないとの規定は外された。

　この点，日本民法のモデルとなったフランス民法は明らかに過大もしくは過小の額について裁判所が職権で増減できると改正されている。アメリカ統一商事法典（U.C.C.）は，損害賠償額の予定は有効であるが，予想されるまたは現実の損害などを考慮して合理的な金額（reasonable amount）を基礎とするものでなくてはならないとしている（§2-718(1)）。

　日本でも民法が上記のとおり改正されており，あまりに極端な内容の予定額を定めることにはリスクがあるといわざるを得ない。

　liquidation は，liquidate の名詞形である。負債などの「清算，弁済」の意味に使うだけでなく，会社など企業組織の「清算，整理」の意味にも使う。go into liquidation では「（会社などが）破産する」と訳す。

log / *record*

　法律実務において，会議の内容を記録にとどめるといった作業は，きわめて重要である。会議録や議事録は，単に **record** ということもあれば，minutes ということも多い。

　船や航空機の航行記録のことは，昔から **log** という。またコンピューターの利用状況や通信の記録をとることも，広く log と称する。いまや IT 社会の基本用語となったログ（log）であるが，もともとの意味は，「丸太」である。丸太小屋をログハウスというのは誰でも知っている。前近代的なイメージのログハウスと時代の先端をいくコンピューター用語のログとは，なかなか結びつかないが，意外なところでつながっている。共通キーワードは，「記録（化)」である。

　log は動詞として，The details of the accident were logged in the report. 「その事故の詳細は報告書に記録された。」のように使う。log の代わりに record を使っても意味は変わらない。

　昔は，船の速度や航行を，木製の四分儀を読んで記録したところから，航行記録を log と呼ぶようになった。いまでは，船に限らず飛行機にも使うし，広く企業による業務の記録や日誌の類もさす。

　ここから転じて，コンピューターの利用状況や通信の記録をとることを日本語で一般にログと呼んでいる。もう少し正確にいうと，プロバイダーのコンピューターを通じたインターネット接続の記録開始がログイン（log in, login）であり，記録終了がログアウト（log out, logout）である。

　あるシステムを利用しようとしたら，「ログインにはパスワードを入力して下さい」とのメッセージが画面に出てとまどうことがある。「パスワードを忘れた方はこちらへ」と誘導されたあげくうまくいかずにログインをあきらめた経験は一度ならずある。

　船の航行記録からインターネットの接続記録に至る"進化"の途中で生まれた log が，研究開発ログである。これは，研究者が研究開発のために行った実験などの記録と考えればよい。知的財産権侵害トラブルの裁判において，勝敗を左右する決め手になるのが，この種ログといってよい。

特許の場合でいうと，誰が先に思いつき技術的思想を発明したかが争われることがほとんどである。人に先駆けて新規性のある発明をしたことを証明するのは，意外にむずかしい。何年も前から研究室で実験を繰り返し，ようやく手に入れたのがこの発明で，すべての記録はこの研究開発ログに保存していると証明できれば，裁判の証拠としてはベストである。

さらにいうならば，この種の研究開発ログは，パソコンで整然と入力された記録より，研究者自身の手書き日誌のほうが証明力が高かったりする。デジタル文書は，後で編集したり，加除・修正が容易でその形跡が残らない点が強みだが，逆にこれが弱みになりかねない。改ざんが容易ということは，後日，トラブルになってから，ある時点で当該発明をしたかのように都合よく証拠をでっち上げることも簡単にできることを意味するからである。

この点，本人手書きの日誌風の記録には，「その日は朝から体調がすぐれず，天気も正午頃から台風直撃の大雨であったが，粘り強く実験を続けていったら，幸運にもうまくいってこの発明が生まれた」のような，その時点の本人しか書けないことが書かれていたりする。それが，結局，裁判においても信用されやすく証明力の高さを生む。

法律英語は，英米法文化が育んできた専門用語であるが，なかでもrecord は，英米コモンローの礎となった最重要語である。

record は，*re + cord* で「心に呼び戻す」を意味するラテン語から生まれ，語源にあたるラテン語 *recordātiō* は，to remember，すなわち「思い出すこと」を意味する。ここから記録文書などの意味に発展するのであるが，重要なことを将来にわたって記憶にとどめる手段として記録（record）があると考えればよい。

英米法は，判例法（case law）のシステムであって，判決など裁判記録，先例の積み重ねの上に成り立っている。そこで，裁判用語でもある recorder は，単なる記録係ではなく，「市裁判所の判事」の意味をもつ。

また，英米法の司法制度の下では，court of record とそうでない裁判所を区別し，前者を特に「正式記録裁判所」と訳して，record（ここでは「正式裁判記録」）を恒久的に保存するとしている。

master

masterには，「主人，雇い主；名人，先生（女性の場合はmistress）」の意味がある。Masters Tournamentといえば，世界4大トーナメントの1つで毎年，アメリカジョージア州アトランタ・ナショナル・ゴルフクラブで行われる。ゴルフの「名人たち」が選ばれて集まるためこう呼ぶのであろう。

masterの語源にあたるのは，ラテン語で「長，監督（者），教師，教唆者」を意味したmagisterである。

法律用語としてmasterは「船長」を表し，海商法の分野ではmasterを使った用語が多くみられる。

「雇用関係法」のことを，かつてはthe law of master and servantといったが，いまはthe law of employer and employeeという。日本の会社法令が従業員などのことを「使用人」と称しているのは（会社法2条15号，16号），昔のいい方が残っているからである。

契約関係でmasterには重要な用法がある。不動産賃貸借における親賃貸借のことをmaster lease（agreement）といい，その下で転貸借契約sublease（agreement）を締結する。

また，保険契約の分野では，「（団体保険の）親（基本）保険証券」をmaster policyと称する。

分野を問わず，一般に「基本契約」のことをmaster agreementと呼ぶ。継続的取引契約に多いが，契約のタイトルでいうと，Master Agreementの他にGeneral [Standard] Terms and Conditionsと呼んだりする。その下で取り交わす個別契約（individual contract）との関係については237頁参照。

material

materialは，名詞では「物質，材料；素材，原料；データ，資料，道具」を表すが，形容詞では「物質的な，有形の，具体的な」を表し，ここから「本質的な，必須の，重要な」も意味する。原義は，「物質（*materi*）を構成する（*al*）もの」を表すラテン語である。

法律用語としては，通称「MAC条項」における英文契約中の慣行的用法がある。MACは，material adverse changeのことで，訳せば「重大なる不都合な変化」の規定となる。これだけだとよくわからない規定で終わってしまう。

そこで，まずはMAC条項がどのような場面で使われるかを考えてみることにする。

第一は，representation「表明（保証）」について使う場合である。契約書中でrepresentは，何らか何の事実を「表明」するのに使い，表明する事実を列記した規定の表題（Title）を"Representations"としたりする。意見だと，express my opinionのようにいう。

representは，単に事実を表明するだけではなく，その内容が正しいことを表明者みずからが「保証する」ことまで含む意味をもつとされる。ただ，「表明しかつ保証する」との意味をより明確に示すためにrepresent and warrantのようにwarrantを続けることをよく行う。その場合，representations and warranties条項となる。

representの内容として"No material litigation or arbitration proceeding is pending."「重要な係争中の訴訟あるいは仲裁の手続は一切ありません」と表明したとする。この事実は表明時点では正しかったとしてもその後にたとえば巨大クラスアクションをアメリカで起こされたとすると，その事実がmaterial adverse changeにあたる。

いったん契約をしておき1か月後のクロージング（closing）時に代金支払と所有権の移転を同時履行的に行う内容の契約があったとしよう。その場合，清算結了の条件として"No Material Adverse Change"を規定するのが一般的である。

第二に，同様に表明保証をする場合でも，ある時点，たとえば「2016年3月31日以降，MACは一切起こっていない。」として "Since March 31, 2016, no MAC has occurred." と書くこともある。

この場合，第一の場合と比較するとMACが起こったかどうかの判断基準があいまいになりがちである。というのも，第一の場合「重要な訴訟」に対象が限定されていた。それもなく漠然と「MACがない」というだけだと，契約の趣旨に照らして「何が重要か」を判断しなくてはならないからである。

その弊害を少しでもなくそうと契約書中でMACの定義（definition）規定を入れることがある。以下に一例を示す。

> *"MAC" means any adverse change in the business, results of operations, assets, or financial condition of the Seller, as determined from the perspective of a reasonable person in the Buyer's position.*

「重要なる不都合な変化」とは，買主の立場における合理的な人物の視点でもって決められるところの売主の事業，操業の結果，資産もしくは財務状態におけるすべての重要なる不都合な変化をいう。

問いをもって問いに答えるような定義と思われるかもしれない。material のようなあいまいな語が繰り返されるので無理もないのであるが，買主（Buyer）側に有利に最終的には買主側の判断に委ねられる点は基準が明確になっているといえる。もちろん売主（Seller）側でこの内容に同意した場合の話だが。

may 【1】

　mayには，助動詞として「……かもしれない，おそらく……であろう」という不確実な推量を表す用法があり，他に許可を表す用法がある。一般の文書では前者の用法が多いかもしれないが，後者の用法においても「……してもさしつかえない」「……をする権利がある」とは訳しづらいわけである。

　さらに may が well をともなうと You may well think so.「あなたがそう考えるのはもっともである。」のように訳すからいっそう明確になる。

　しかしながら，法律英語として may は「許可」というよりは「権利」に近い用法をする。X may terminate the Agreement. のような表現を契約書中でしたとすると，「本契約を解約できる。」と訳すべきである。「本契約を解約するかもしれない。」と訳すのは誤りといってよいであろう。さらにいえば，「解約権をもつ」のように訳してよい。

　逆に may not 〜 のように may を否定したときは，かなりはっきりとした禁止を表す表現になる。法律英語としては「……しないかもしれない」と訳すことはほとんどあり得ない。

　権利をもつというと have a right to 〜 あるいは，be entitled to 〜 のような表現を思いつくかもしれないが，may のほうがむしろ法律英語としては適切なことが多いといえる。特に be entitled to 〜 は，She is entitled to a pension.「彼女は年金を受ける資格がある。」のように，「資格・地位」というのに近い「権利」を表すときによく用いる。

　may と同じように何かを「することができる」を表す助動詞に can がある。両者の用法上の違いは，従来から論争の的になってきた。can は，たとえば，He can swim fast.「彼は速く泳ぐことができる。」のように，肉体的な能力を表すときに使う。

　これに対し may は，同じ「できる」でもより抽象的な意味合いで，許可や権利に関連した使い方をするわけである。

　「……することを許される」といったいい方には，be allowed to 〜 あるいは，be permitted to 〜 がある。この２つには，ほとんど違いがないように思われがちであるが，法律英語としては重要な違いがあるといわれている。

後者は，前者のいい方よりも積極的な許可を表すからである。

すなわち，be allowed to の場合，許されるといっても，異議，反対が出されていない状態を意味するにすぎないとされる。これに対し，be permitted to ～ の場合は，積極的で前向きの許諾を意味する。

be allowed は，Appeal should be allowed.「控訴は認められるべきである。」のようによく使う。この場合の allow は sustain と置きかえることができ，「承継される」「支持される」といった訳があてはまる。積極的に許可を与えられるのとはニュアンスが異なることは，sustain が「維持する」「支持する」との意味で使われることでもわかる。

may【2】

　契約書のなかで **may** が使われるのは，主に許可や権利を表すためである。たとえば，The Borrower may prepay the whole or any part of the Loan provided that: 〜は，「借主は，以下のような条件で借入金の全部または一部を期限前返済することができる。」である。

　当事者が何らかの権利を有するという表現としては，以下のようにする。

> *Distributor may place orders with Manufacturer for such Products as in its discretion it may require from time to time.*
> 「販売店は，独自の判断でその必要とするであろう本件製品を製造者に発注することができる。」

　「……発注する権利がある。」と訳しても同じことである。契約中の文言としてはそのように訳したほうがふさわしいことが多いであろう。

　似たような表現としては，たとえば，Seller is entitled to terminate this Contract.「売主はこの契約を終了させる権利を有する。」のように be entitled to 〜 といういい方がある。あるいはもっと直接的ないい方をするならば，Seller has the right to 〜 . とすればよい。

　後者2通りの表現と比較すると，may を使ったいい方は何となくたよりないような印象を受ける。だがリーガル・ドラフティングにおいては，むしろ逆に対象となった権利が法律的に強制し得るものについては may を，法律的に強制することまではできないものについて be entitled to 〜 を使うとされている。

　上記 Distributor may 〜 . の文例にある後のほうの may は，ちなみにふつうの may である。単純未来的に「……かもしれない。」という意味になる。

　許可や権利を表す may は，法律表現のなかで使われることがあっても通常の用語法からそれほどかけ離れているわけではない。

　しかし，「義務」を表す may となるとふつうの文章ではまずお目にかかることはない。法律や契約に特有の表現法である。

　裁判所が法律文書のなかの may を shall や must と同じような意味に解釈

することを，Black's Law Dictionary は，"〜 to the end that justice may not be the slave of grammar"「裁判官が文法の奴隷になってはならないという目的のため」としている。

それにしても，こうした用語法がかなり特殊な場合においてのみ使われるものであることを，同辞典も "However, as a general rule, the word "may" will not be treated as a word of command 〜." として認めている。

アメリカ合衆国憲法中には，義務を表す有名な may が登場する。同憲法第2条第1節第4項は，The Congress may determine the time of choosing the electors. と規定するが，ここは「連邦議会は選挙民を選ぶ時期を決めることができる。」ではなく，「……しなくてはならない。」の意味といわれている。

may を not で否定すると禁止を表すいい方になる。Importer may not sell the products to 〜 . は，「輸入者はその製品を……に売ってはならない。」である。

この may not が「禁止」を表すのは，may が「許可」の意味をもちその否定形だからにほかならない。

ところが，may は，「権利」を表すこともある。その場合，否定形は「……する権利はない」との意味になる。

「……してはならない」と「……する権利はない」は明らかに異なる。後者は，あることを法律上することを権利として認めないというにとどまり，そのことを禁止までではしていないからである。

そこで，契約書中でよく使う「禁止」を表す表現としては，may not はややあいまいで弱いいい方になってしまうおそれがある。

こうした may not のもつあいまいさを避け「明確な禁止」を表現したかったら，Distributor shall not manufacture the competitive products. 「販売店は，競合品を製造することを禁じられる（してはならない）。」のように shall not を使ったほうが安全である。shall not の代わりに must not を使うこともあるが，これでもよい。ただ，must は契約書中などにはあまり用いない。

「禁止する」ということで，be prohibited to 〜 と表すこともちろん可能であろう。ただ not be allowed to 〜 とすると「許可」の否定になるから注意を要する。

memorandum

memorandum は，たしかに訳しづらい文書である。いつも「覚書」でよいかというとそうでなく内容次第で「協定書」「合意書」，内容によっては「念書」と訳すほうがよい場合がある。memorandum は，多くの場合，informal「非公式」な文書を表すからである。

memorandum は，「心にとどめておくこと」（to bring to mind）を意味するラテン語 *memoro* から派生した語である。「記憶」の memory,「思い出の」を表す memorial など，同様の語源をもつ英語は少なくない。

法律用語として memorandum には特別の用法があることに注意が必要である。Black's Law Dictionary（Fifth Pocket Edition）は，次のように説明する。

> *"An informal written note or record outlining the terms of a transaction or contract"*
> 「非公式的な，取引あるいは契約の条件を概説した覚書もしくは記録文書」

これは，最終正式契約の締結に向けた交渉途上で取り交わす基本合意書としてつくる memorandum や memorandum of understanding（MOU）の題名の文書類を主にさしていう。

英米契約法の statute of frauds「詐欺（防止）法」の下で特に意味をもつ memorandum がある。statute of frauds は，合意（agreement）が契約（contract）として法的に有効（enforceable by law）となるために，一定の合意は口頭ではなく書面でなされることを求める法原則である。

本法原則の下で「書面化」するには，どのような書式でも（in any form）よく，少なくとも memorandum note を作成することとされ，そこには，契約の①当事者名，②主題・目的，③基本条件，および④当事者の署名が記載されていなくてはならない。書面化の要求を緩やかに解すればごく簡単なメモでもよいと考えがちであるが，こうした内容面の要求があることに注意したい。

statute of frauds の法原則は，1677年にイギリスで法定化され，当初はより多くの種類の契約に書面化を要求していたが，いまでは対象を不動産の譲渡に関する契約および保証のための契約に限っていう。本法原則を継受したアメリカでは，これらに加え一定金額以上の目的をもった売買契約も対象にする。

日本法をはじめ大陸法には statute of frauds の原則はない。しかし，近年，日本でも，民法が改正され保証契約に書面化を要求するようになった。英米法の考え方を一部取り入れたとみられなくもない。

memorandum は，他に外交上の「覚書」を表す。memorandum trade「覚書貿易」といえば，外交文書である「通商協定」に基づいた貿易のことで民間企業間の覚書によるわけではない。

また，会社や組合の定款，規約のことを memorandum of association という。日本語の「メモ」は memorandum から生まれたことはすでにお気づきであろうが，社内の連絡メモ，回覧状を memorandum と題することはよく行う。

英文契約中の memorandum clause といえば，海上保険証券で特定の損害や一定率未満の損害については補塡しないと定めた条項をいう。

mitigate | mitigation

mitigate は，mild を意味するラテン語の *mitis* を語源とし，「（痛みなどを）和らげる，鎮静させる」を表す。ここから，法律用語として「罪を軽減する」といった使い方が導かれる。plead mitigating circumstances では，「情状酌量を申し立てる」となる。

民事面特に契約中で **mitigation** するといえば，「損害賠償額を軽減する」になる。mitigating circumstances は，「損害賠償額軽減事由」である。mitigation は mitigate の名詞形なので，契約中の mitigation clause は当事者に損害軽減を義務づける内容をもつ。

ウィーン国際物品売買条約（CISG）には，mitigation に関する条文が入っているので，引用する。

> *Article 77*
> *A party who relies on a breach of contract must take such measures as are reasonable in the circumstances to mitigate the loss, including loss of profit, resulting from the breach. If he fails to take such measures, the party in breach may claim a reduction in the damages in the amount by which the loss should have been mitigated.*
>
> 「第77条
> 契約違反を援用する当事者は，当該契約違反から生ずる損失（得るはずであった利益の喪失を含む。）を軽減するため，状況に応じて合理的な措置をとらなければならない。当該当事者がそのような措置をとらなかった場合には，契約違反を行った当事者は，軽減されるべきであった損失額を損害賠償の額から減額することを請求することができる。」

本条の規定する損害軽減義務は，いわゆる間接義務であってこれに違反したら損害賠償責任を発生させるという性格のものではない。X と Y との間の売買契約の下で X による契約違反があったとする。Y は X に対しその契約違反に基づく損害の賠償を求めることができるが，Y の側に損害軽減義務違反があれば X はその分損害賠償額の軽減を請求できる。

YはXの契約違反により損害賠償請求権を獲得したわけであるが，だからといって損害が拡大するのを漫然と放置しておいていいはずはない。損害を最小限に抑えるように協力する義務を負う。権利があるからと何もしないで安心していると消滅時効が成立するのと似ている。「権利の上に眠る者は保護されない」とする法格言もある。

また，損害賠償額を軽減するとの効果だけであれば民法第418条の過失相殺の規定を使えばよいようにも思えるが，過失相殺は契約違反などの債務不履行に債権者がどこまで関与していたか，それによる損害への寄与度はどのくらいかを問題とする制度である。対して mitigation は，契約違反発生後の損害発生，拡大にかかわる点に違いがある。

mitigation の根拠を民法の規定に求めるならば信義誠実の原則（民法１条２項）になるであろう。したがって，確実に mitigation の義務を主張したいのであれば，前述の CISG のような内容を契約条項として明記しておくのがよい。

なお，mitigator には，「（痛みなどを）和らげるもの，鎮静剤，緩和剤；緩和音」の意味がある。

must / shall

　英文契約でよく見るのが，X shall purchase the goods from Y.「X はその物品を Y から購入しなければならない。」といった表現である。これを契約書では，「購入するであろう」と未来形で訳すことはほとんどない。文脈上そう訳すことがたまにあるといった程度である。

　これを X must purchase the goods from Y. としても，X が Y から物品を購入する義務を負う意味に変わりはない。

　must をこのように使ったときには未来を表すことはないので，まぎらわしさを避けられる。ただ，must は文脈上，過去を表すこともあるので要注意であるが，契約書にはそうした用法はまずしないと安心してよいであろう。

　そうなると，あいまいさを避ける観点からは，**shall** よりも must に軍配が上がりそうであるが，そう簡単にいかないのが法律英語である。

　アメリカ人の書いた contract drafting「契約書の作成」についての教科書は，shall と must は義務を表す点で共通するが，must には次のような欠点があると指摘する。

　すなわち，must は，義務を生じさせるのではなく，義務が存在することを主張するにすぎないとする。他方，shall を上記のように契約条項中に使ったときは，その条項から義務が生じることを意味するという。

　契約のほとんどは，その締結によって当事者間に権利，義務を生じさせる。すでにある義務を確認する場面はあまり想定できないから，shall を使うほうが適切といえる。

　次に，must と shall は義務を負う主体の表し方に違いがある。must の場合，義務主体以外が主語になった文章にも使えるのに対し，shall の場合，主語の義務以外には使わない。

　たとえば，The termination notice must be given by the Lessee to the Lessor.「解約通知は借手から貸手に行われなくてはならない。」との文章の主語は解約通知であるが，通知をすべき義務主体は借手である。この場合 must の代わりに shall を使うのは英文としてはよくないとされている。

　法律英語のリーガル・ドラフティングにおいては，なるべく受身形を使わ

ずに，The Lessee shall give the termination notice to the Lessor.「借主は貸主に解約通知をしなくてはならない。」のように，誰が（借手が）何を（解約通知を）どうすべきかを明確にするのがよい。

　その点，能動態で端的に shall を使って一貫して義務を表現するほうが優れているように思われる。仮に，must を使って義務を表す場合，契約書全体を通じて must を使うよう統一すべきであるが，それだと強い must の語感が前面に出て bossy「威張り散らす」ような感じを与えるという人もいる。

　なお，shall の過去形は should で，「……すべき」との義務を表すときにも使う。ただ，should は，契約上の義務を表すにはあまり向かない。というのは，must よりは意味が弱く，厳密にいうと義務よりは勧告に近い使い方であり，道義的なニュアンスも入るからである。

mutual / mutually

　mutual は「相互の；共通の，共有の」を表すが，語源にあたるのは，「交換した」を原義とするラテン語の *mūtuus* である。

　mutual の正確な用語法はかなりややこしい。英文契約などにおいて「当事者の合意によって」を by mutual agreement of the parties とすることがある。誤りとまではいえないが，mutual は不要である。それは agreement のなかに mutual の意味が含まれているからである。Black's Law Dictionary で agreement を引くと "A mutual understanding between two or more persons about their relative rights and duties regarding past or future performances."「二人またはそれ以上の人の間における，その関連した過去もしくは将来の履行についての権利と義務についての相互の合意」としている。ちなみに，ここに出てくる understanding は，暗黙的なもしくは口頭での非公式的な合意を意味するので，mutual が必ずなければならないものではない。

　特に agreement の場合，「相互の」「互恵的な」との，mutual が元来もつ意味を含んでいる。agreement の代わりに consent を用い，"This memorandum may be amended by mutual consent of the parties."「本覚書は相互の同意によって改訂することができる。」とするのであれば mutual が生きる。

　by mutual consent「相互の同意で」とするのはどうであろうか。consent は，「一方の当事者からする他方当事者に与える同意，承諾」を意味し，ここには「互恵的な」との意味がもともと入っていないので，これを補って by mutual consent とするのに意味がある。より正確には by mutual exchange of written consents とすべきとされるが，むしろ端的に by agreement of the parties とするほうが正確かつ簡潔でよいだろう。

　なお，consent の代わりに mutual approval とすることはやめたほうがよい。approval もたしかに「同意」を表すが契約書などでは公式的に政府などによる「承認，認可」の意味で使うことが多い。「取締役会の承認を条件とする」も "～ be subject to approval of the Board of Directors" といって consent mutual / mutually　　　　273

を使うことはしない。consent は，対等に近い契約当事者による「同意，承認」に使うからである。

　mutual の副詞形が **mutually** で，The closing shall take place on such date as the parties mutually agree.「クロージングは，当事者が互いに合意する日に行われるものとする。」のように使う。この mutually も mutual agreement について述べたのと同じ理由で余分である。mutually をとるか，agreeable to the parties とするかでよい。

　mutually は，jointly の代わりに誤って使われることがある。たとえば，The chairperson shall be mutually selected by the parties. とあれば「議長は当事者によって互選されるものとします。」の意味になる。

　ところが，代わりに jointly を使うと「共同で選出する」になるので，むしろ当事者 A および B が，当事者以外の C を議長に選出することを想定する。つまり，mutually が「互恵的」で当事者間で向かい合った関係において使われるのに対し，jointly は「共同し，連帯し」当事者以外に向かっての行為をするのに使うことがわかる。

nation / national

　nation は，「出生，人種，民族」を表すラテン語 *nātiō* を語源とする。「国家」を表す英語には，他に country や state があるが，nation は，国民に重点を置いて「国家」をいうのに使う。

　国際連合（国連）のことを the United Nations というのはよく知られている。UNCTAD（United Nations Conference on Trade and Development）や UNICEF（United Nations International Children's Emergency Fund，1953年に United Nations Children's Fund に改称されたが略称は同じである）のように，頭に United Nations を略した UN がつく国連の下部機関は多い。

　ちなみに，country の語源は，中世ラテン語の *contrātam* であり，その原義は「（見る人の）反対側にある（土地）」，すなわち（land）lying opposite (the beholder）である。そこで，country は「国家」といっても，国土に重点を置いたいい方だとわかる。

　state の語源にあたるのはラテン語の *status* であり，いまでもよく使う *status quo* は「現状」を表す。一方で，*status* は，ローマ時代の「国のあり方」，すなわち「共和国の状態」を表したことから，やがて state を「国や州」を意味するものとして使うようになった。

　アメリカ合衆国は，the United States of America（U.S.A.）であるが，略して the States だけでいうこともあるように「国」単位の「州」が集まってできた「国家」である。

　national は，形容詞では「国民の，国民的な，国家の」を表すが，名詞でも「国民，同国人」を表す。Japanese nationals といえば「日本国民」である。

　かつて，国民的電器メーカーが，その製品に「ナショナル」ブランドを使っていた。日本国内では誰でも知っているといってよいほど浸透したが，一部の外国で商標登録できず，やむを得ず「パナソニック」に内外とも統一することにしてこちらが社名にもなった。

　その国で普通名詞化した言葉は，商標登録できない。「自動車」印の乗用車がないように「国民的」印の一般向け家電製品もないのである。

net(ting)

net は，「正味の」を意味し，支払いに関連して net payment といえば「純支払額」を意味する。すなわち，「100万円を支払う」とあれば，何ら控除することなく，相手方に100万円を丸々渡せるように支払わなくてはならない。

控除する場合の代表例に源泉徴収税（withholding tax）がある。ある支払いにつき源泉徴収をすべきかどうかは，支払地の税法の問題になる。もし税法上源泉徴収をすべきであるにもかかわらず，これをしないのは，税法違反になってしまう。

ただ，契約中に「net payment」で，とはっきりうたってあるときには源泉徴収税をどうしたらよいであろうか。この場合，契約上控除なしに100万円を支払わなければならず，なおかつ税法違反も起こせないので，税率を10%とすると110万円を支払うしかない。

この場合，被支払者には10%分の源泉徴収票が交付されるので，実際に手にするのは100万円であるが，110万円余りの支払いを受けた扱いになる。

したがって，源泉徴収税のことをよく調べず安易に契約中に「純支払額」を約束してしまうと後で困ることになりかねない。国際契約などでは支払い金額を明記した上で，源泉徴収税を控除しなければならないときは「これを控除した上で送金することができる」と書くのが一般的である。

源泉税を控除してもなお純支払額が確保されるようにすること（これを grossing up といったりする）自体を法律で禁止する国もある。

クロスボーダーでの送金・支払いとなると，租税条約のことを考えておかなくてはならない。たとえば，日米間には1972年，「所得に対する租税に関する二重課税の回避及び脱税の防止のための日本国とアメリカ合衆国との間の条約」が締結されている。

租税条約は，二重課税回避及び脱税防止を目的とし，日本では2025年1月1日現在，「87条約等，155か国・地域適用」の租税条約ネットワークを構築している。外国に向けて支払いをなす際に源泉徴収をどれだけすべきかどうかは，租税条約の内容によって左右されるので，国際契約においては，必ず支払い相手国との間の租税条約の有無，内容を確かめておかなくてはならな

い。

　国際的な支払いと源泉徴収税の関係を最も厳しく規定する契約が，スワップ契約である。スワップ契約にも通貨スワップと金利スワップとがあるが，いずれも債務の交換（exchange）を内容にするといってよいであろう。

　たとえば，もともとシンガポールからロンドンに向けて支払うべき債務がスワップをしたために，日本企業によって東京から支払われることになったとする。ところが，100万ドルを支払うべきところ，源泉徴収税がかかるため90万ドルになってしまうとすれば，それだけで債務不履行になってしまう。

　そこで，スワップ契約をするときは，支払地において税の源泉徴収があるかないかを調べる必要がある。それだけでなく，契約書の現状表明・保証（representations and warranties）条項中に，租税契約の適用を含めて，この点についてのかなり詳細な表明を支払者（payer）にさせるのがふつうである。

　現在，租税条約は，二国間条約で締結されているが，国際金融センターを抱える国・地域間の租税条約には，クロスボーダーのスワップ取引において，相互支払にかかる源泉税率の免除を規定することが多い。とはいえ，関係国・地域間の租税条約の内容は，事前に確認しておかなくてはならない。

　ネッティング条項もスワップ契約などにみられる。この場合の netting は，債権と債務を差し引いて相殺を行うようにして支払う決済方法のことをいう。これによるときは，債権や債務を個別に決済するよりも取扱額が減るため，決済リスクが軽減されるメリットがあるとみられる。

no adverse change

契約条項の表題（caption）を "**No Adverse Change**" とすることもある。直訳すれば「不利な，反対の変化がないこと」となる。

契約実務で最も多くこの条項を使うのは，クロージングの条件としてである。クロージング（closing）を清算結了と訳すように，先立って締結，調印（signing）された契約内容を実現することをいう。

ある会社の株式をまとまって企業買収（M&A：merger and acquisition）目的で売却する契約を例に説明する。M&Aのための株式取得（stock purchase）は，会社の支配権を移転することを目的とするから，売主（seller）が，買収の対象になる会社（target company）の資産内容などにつき，事実を表明し，それが正しいことを保証する条項を入れるのがふつうである。

資産といっても眼に見える資産（tangible assets）よりも眼に見えない資産，たとえばノウハウなど非公開の情報を含む知的財産権（intellectual property），あるいは，潜在的債務（potential liability）の存在などがしばしば問題となる。

メーカーが，アスベストを使った製品に関連して消費者から損害賠償請求を受けているとする。被害者の数が多ければPL（product liability）訴訟が多発して巨額の債務，負の資産になりかねない。

そこで，「現状表明」として，契約の時点で「訴訟はかかえていない」と represent させる必要がある。これにもドラフティング上のバリエーションがあり，no material litigation「重大なる訴訟の不存在」を表明する，あるいはそのおそれ（threat）すらないとまで表明する例などがある。

いずれの表明をするにしても，契約締結時からクロージングの間に訴訟が提起されることはあり得るし，そうなったときは，契約どおりの履行はできないことにならざるを得ない。この事態が adverse change である。adverse の内容は表明された事実に応じて変わる。

買収対象予定会社の有している知的財産権がいかなる第三者の知的財産権も侵害していないと表明したところ，その後第三者から侵害のクレームを受けたとするとその事実が adverse change である。

no adverse change にも material をつけ，no adverse material change がないことをクロージングの条件とすることもある。「重大な反対の変化」であるが，material はかなりあいまいな英語であるため，解釈が必要となる。

　そもそもなぜ signing と closing で，契約とその履行（たとえば，株式の引渡しと引換えで代金の支払いを行う）を時間的にずらして行うかといえば，リスクの分散のためである。

　契約時における事実の表明を一定の事項について行い，その事実表明がたとえば1か月後においても正しいこと，no adverse change であることなどを条件としてクロージングを実行する。

　条件のなかには，法的表明事項（たとえば会社法上必要とされる承認決議はすべて行ったことなど）を裏付ける弁護士の意見書（legal opinion）の提出などが含まれる。

　こうした趣旨に照らすとき，material adverse change における material は，おのずから，これから行われる契約内容実現に影響を与えるくらい重大な，との意味に解釈される。会社を取得，買収する契約でいえば，取引にからむ小さな訴訟ではなく，巨額の賠償を求める PL 訴訟が提起された場合は，買収そのものを断念せざるを得ないほどの material な事態といえるであろう。

no shopping clause / no talk clause

　企業買収にもいくつかの形態があるが，いずれにしても企業を丸ごと売り買いするようなもので，基本的には自由競争が支配する。Xが1億ドルでの買収をもちかけてT（ターゲット）と交渉をしていたところ，Yが1億5,000万ドルを提示してきたとする。TはYが買収したとしてもおかしくはない。

　しかし，Xとの間ですでに売買契約が成立した後だとしたらどうであろう。契約後ではあっても，不動産ならば登記移転・引渡しが済んでいなければ，Yに売却できないわけではないが，TはXに対して契約違反による損害賠償の責任を負わなくてはならない。さらに契約と同時に所有権も移転していたときはTに横領罪が成立することもある。

　契約をして，Tをほとんど手に入れかけていた獲物をさらわれたXにしてみれば，Yにも損害賠償をさせたいところであろう。この請求を実際に行って成功したのが，アメリカのテキサコ対ペンゾイルの事件である。

　1983年末，ゲッティ・オイルはペンゾイルに，いわば身売りすることで交渉に入り，翌84年初頭には株式売却の基本合意に達した。その際，Memorandum of Agreement と題する予備的合意書を取り交わしたが，この予備的合意書には，ゲッティ・オイルの代表役員の署名欄はあったものの署名はなされなかった。

　その直後にテキサコが登場し，ペンゾイルよりも1割以上高い買収価格を提示してゲッティ・オイルとの間で新たな買収話をまとめ上げた。ペンゾイルは，すでにゲッティ・オイルとの間に買収の合意ができ上がっていたところにテキサコが不当に介入したとして，テキサコを相手取り損害賠償請求訴訟をいくつも提起した。そのうちのひとつに，1985年12月10日テキサス州地方裁判所は，テキサコに対し総額111億ドルの賠償金を支払うよう命ずる判決を下した。

　同判決は，それに先立つ陪審員の評決（verdict）に基づき，MOA（memorandum of agreement）によってゲッティ・オイルとテキサコとの間に契約関係があったことを認定した。そこに第三者であるテキサコが不当に介入（interference）し，契約違反を惹き起こさせたとして不法行為による損害賠

償を命じた。日本の私法のもとでも，第三者による債権侵害という類型の不法行為が成り立ち得る。

問題は，契約関係がはっきりしてはいない予備的交渉の段階で，こうした「横取り」行為を阻止する手立てがないかどうかである（ゲッティ・オイルの買収事件で，不完全なかたちで MOA が取り交わされたにすぎない状態で契約成立を認めた陪審の判断は，当時，home decision であるとされた）。

この段階では，letter of intent（LOI），memorandum of understanding（MOU），あるいは memorandum of agreement（MOA）が取り交わされることが多いので，これらの文書にどのような条項を入れたらよいかがポイントになる。

まず，売主予定者が，第三者に対し買収交渉の申込みをしたり，積極的な働きかけを禁ずる内容の条項を **no shopping clause** という。他方，第三者からの申入れを受けて，情報の提供や交渉に入ることまで禁止するのが **no talk clause** である。後者は，第三者との一切の接触を禁止する分，強い効果をもたらし，無効とされるおそれがある。

会社の経営陣は，売却するとなれば少しでも高く会社を売却すべき義務を負うため，一切交渉にも応じず検討すらしないのは，株主の利益を害するとみられるからである。

non-sublicensable / non-transferable

non-sublicensable, **non-transferable** ともライセンス契約 (license agreement) におけるライセンスの条件を表すのによく用いる。

ライセンス契約の license は，「何かを許可する，認可する，許諾する」などの意味をもつ。license する対象は契約によって異なるが，たとえばある物の製法ノウハウの license といえば，その製法ノウハウを使って製品をつくることを許諾することになる。

license につける条件としては，ある territory「地域」において 1 社だけの exclusive「排他的」なものにするか否か，sublicense「再許諾」を許すかどうか，transfer「譲渡」を許すかどうかなどが考えられる。sublicense は，再許諾であるから，A から実施許諾を受けた B がさらに C にその製法ノウハウなどの実施の許諾が許されることを意味する。

transfer の場合と違うのは，licensee「被許諾者」がみずから許諾を受けた権利を留保し行使できる点である。この例でいえば，B は製法ノウハウを用いて製造することをすることができ，その上他の第三者に sublicense することもできる。

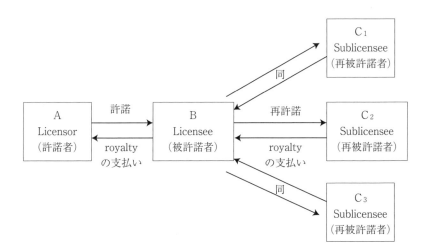

sublicense するについては，その対価としてロイヤリティ（royalty）を受けることになるので，sublicencsable なものとすれば，licensee は，かなりの royalty 収入を見込めることになる。

したがって，sublicencsable「再許諾可能」かどうかは，licensor から licensee に対する許諾の対価にも反映されてくる。特に前頁図のように sublicensee の数を制限せずに3社どころか不特定多数に再許諾が可能とすればなおさらのことである。

sublicensee が不特定多数に上るケースは，コンピューター・ソフトウェアのライセンス契約などにみられる。あるプログラムを中心としたソフトウェアをアメリカの企業Aが有しており，Aが日本市場においてこのソフトウェアを実質上販売しようと考え，B に sublicencsable の条件でこのソフトウェアの使用，複製する権利を与えたとする。

この場合，grant license to use and make copies「使用権，複製権を許諾する」といった表現をする。ただ，マニュアル文書なども含めてソフトウェアの内容をそのまま日本で複製し実質上販売したとしても商品性がないかもしれないので，基本となるプログラム等をもとにして improve or develop「改良または開発する」権利まで併せてライセンスすることがよくある。

コンピューター・プログラムの場合，著作権などの知的財産権で守られているが，これを「販売する」というのは正確ではなく，媒体に収められた情報の使用権を許諾するライセンス契約を結んでいるのである。特にこれを大量にかつ不特定多数に「販売」する場合には，シュリンクラップライセンス契約のかたちをとることが多いのである。

アメリカでは，これを box-top license と呼んでいる。すなわち，プログラムを収めたフロッピーなどの媒体を入れた箱にライセンスの条件が書かれており，箱からフロッピーを取り出してコンピューターで使いはじめるとそこでライセンス契約が成立したものとされる。

これに対し，許諾された権利を transfer すれば，あたかも賃借権を譲渡するように譲渡人（transferor）が譲渡後は権利者ではなくなる。もしXが sublicencsable な実施権をY に transfer したら，Yがもとのライセンス契約の内容に従ってその権利の再許諾することができる地位を得ることになる。

notwithstanding

notwithstanding は「……にもかかわらず」という意味をもつ前置詞である。契約書中に使うときは，すでに書かれてある内容に対する特則を表すために用いる。in spite of ～ という語句と同義であるが，契約や法律中ではnotwithstanding という文語的な表現をすることが圧倒的に多い。

Notwithstanding the provisions of preceding Article, the Seller shall not ～ . は「前条の規定にもかかわらず，売主は……をしてはならない。」となる。「前条」の規定によれば売主による一定の行為が許される内容になっている場合に，特則としてその禁止を明確にするための表現と考えればよい。

「前条の規定にもかかわらず」といういい方には，Notwithstanding the foregoing, ～ . を使うこともある。この foregoing は，previously mentionedあるいは preceding と置きかえることができるので，「前述の」が「前条」をさすのか「前項」をさすのか，それとも前章全体をさすのかは文脈によって判断するしかない。

その意味では，Notwithstanding the provisions of Section 10, ～ . のように対象は明確に示すほうがよい。

逆に，「本契約のいずれかに反対のことが書いてあっても……」のように，対象を広く設定しそれに対する特則を表すときには，Notwithstanding anything to the contrary contained herein, ～ . のようないい方をする。

ただ，この表現は，対象が漠然としていることもあって，法律表現としては適切なものと考えられていない。きわめて複雑に書かれた契約書のなかで，最も重要なことを特記する際に，やむを得ずこうした使い方をすることがあると考えておけばよい。したがって，ひらたく The true agreement is as follows : ～ といいかえられるとする人もいるくらいで，これを乱発することは，契約書全体の信頼性を低めることになりかねない。

notwithstanding が接続詞として使われるときは，通常，that に導かれる節を従える。この場合にも「……にもかかわらず」と訳せばよい。

例外を規定するのであれば，原則を規定したすぐ後に，" : provided, however, that ～" などの但書を示すいい方に続けて書くほうが正確ではな

いかと考えられる。

「例外のない規則はない。」"There is no rule without exception." というが，これは法原則，契約条項に最もよくあてはまる。それだけに，ある規定に対しどのような例外がどのような内容で存在するかは，契約内容を検討する際の最重要ポイントになる。

notwithstanding を使うときは，原則規定からやや離れたところに，目立たずに例外規定を置くことになりかねない。まして，「第何条にもかかわらず」のように特定がなされていればよいが，そうでないときは，どの部分が影響を受けることになるのか捜し出さなくてはならない。

捜した挙句，どこにも対象が見つからないことだってあり得る。それは，「もし矛盾する条項があったとしたら（その時は）」との意味に使ったりするからである。

例外をどの原則に対するものかを明確にするのであれば，なるべく notwithstanding は使わないようにすべきである。代わりの表現としては，subject to を使うのがよいと思われる。

obligee / obligor

「債権者」,「債務者」を表す英語はいくつかあるが,広く一般的な債権債務関係に基づくいい方がすぐには出てこなかったりする。その理由は,英米法と大陸法の考え方の違いにある。

日本の民法典の目次をみれば,第1編「総則」,第2編「物権」,第3編「債権」,第4編「親族」および第5編「相続」の全体構成になっている。このうち財産法は,「物権」と「債権」すなわち,個人が「物」についてもつ権利と「人」についてもつ権利を中心に組み立てられていることがわかる。

英米法は,財産法分野においてこのような権利中心の考え方をしない。特に「債権法」の部分は「債権債務（関係）の方」あるいは「債務法」というように,中立的あるいはむしろ債務者の側から見たとらえ方をする。

日本では,2017年に民法・財産法の中核部分である債権法の改正が成立した。この「民法・債権法」を英訳している例には2通りがある。債権法を "Law of Contract" とする例と "Law of Obligation" とする例で,前者は英米法の私法体系に合わせたいい方といってよい。

英米私法の分野は,もともとの判例法（case law）のシステムであるから,民法典や商法典を制定する成文法主義によっていない。ただ,財産法の主柱である「契約法」（law of contract）の判例法体系はしっかり形成されており,「債権法」に近い。

それにしても,obligation は,「債権」ではなく「債務」と訳すべきなのだが,どうしてこうなってしまったのかといえば,広い意味を内容にもった「債権」を表す英語が見当たらないからともいえる。和英辞典を見ると「債権」の訳として credit や claim が載っているが,いずれも狭すぎる。

特に creditor は,credit「信用,信望」から生じ,credit の語源にあたるのは「貸付け」を表すラテン語 *credere* である。ということは,creditor も「債権者」には違いないのだが,金銭の貸手をいうときに使うことがある。

「債務」は「債権」の対置語であり,「債権法」を逆サイドから見た「債務法」で説明する英米法的発想でいえば「債権法」の訳として,"Law of Obligation" は適訳である。

「債権者」，「債務者」を表す英語としては，obligation を元にして，それぞれ **obligee, obligor** がよいであろう。-ee は受動的立場（の人）を，-or は能動的立場（の人）をいうから，英米法的にはやはり債務を負う人を主体に考えているとわかる。

なお，民事上の「責任」としては，responsibility よりは liability を使うのがふつうである。

offer / order

offer は，英米契約法の基本語で，日本法では「申込み」（改正後民法522条
1項）にあたる。「申込み」を表す一般的な英語としては proposal があるが，
法律用語として proposal は，offer の前段階の行為である点で区別される。

国際物品売買に関し民法の特則であるウィーン国際物品売買条約（CISG）
は，proposal と offer の関係をしっかり規定しており，CISG 第2部「契約
の成立」(Part II Formation of Contract) 中の第14条が次のように述べている。

> *Article 14*
>
> *1. A proposal for concluding a contract addressed to one or more specific
> persons constitutes an offer if it is sufficiently definite and indicates the
> intention of the offeror to be bound in case of acceptance. A proposal is
> sufficiently definite if it indicates the goods and expressly or implicitly fixes
> or makes provision for determining the quantity and the price.*
>
> *2. A proposal other than one addressed to one or more specific persons is
> to be considered merely as an invitation to make offers, unless the contrary
> is clearly indicated by the person making the proposal.*
>
> 「第14条
>
> *(1) 一人又は二人以上の特定の者に対してした契約を締結するための
> 申入れは，それが十分に確定し，かつ承諾があるときは拘束されるとの
> 申入れをした者の意思が示されている場合には，申込みとなる。申入れ
> は，物品を示し，並びに明示的又は黙示的に，その数量及び代金を定め，
> 又はそれらの決定方法について規定している場合には十分に確定して
> いるものとする。*
>
> *(2) 一人又は二人以上の特定の者に対してした申入れ以外の申入れは，
> 申入れをした者が反対の意思を明確に示す場合を除くほか，単に申込み
> の誘引とする。」*

CISG 第14条の1項と2項を合わせて読むと，proposal「申入れ」には，
offer「申込み」になるものと invitation to make offer「申込みの誘引」にな

るものの 2 通りがあるとわかる。

　同条は offer「申込み」の 3 要件（一人または複数の特定の者に向けられた申入れであること，申入れが十分に確定していること，および承諾があったときは拘束されるとの意思が示されていること）を示しているので，事実上の行為に近い proposal とは，内容の確定性で区別をしているといえる。現行民法は，CISG のように「申込み」の定義を明確にしていない。

　offer と acceptance の一致で agreement「合意」ができ，そのなかの"enforceable by law"「法律上強行可能」といえるものが contract「契約」になると英米契約法は説く。ただ，実際にどの程度当事者の意思が噛み合えば「合意」ありとするかは考え方が分かれる。

　mirror image rule では，あたかも「鏡に映る像」のように，申込みをそのままのむ承諾がなければ合意ありとはしない。

　日本の民法第528条はこの立場をとっており，「承諾者が，申込みに条件を付し，その他変更を加えてこれを承諾したときは，その申込みの拒絶とともに新たな申込みをしたものとみなす。」としている。

　このように申込みと承諾の厳格一致を求めるのではなく，申込みの条件を変えたり加えたりした承諾でも合意があったとする立場がある。CISG はこれによっており，申込みの内容を「実質的に変更」（materially alter）しない限り合意があったとして契約の成立を認める（19条（ 2 ））。

　どの程度変更を加えたら「実質的」になるのかは CISG 第19条（ 3 ）によるほか解釈に委ねられ裁判例の集積を待つところでもある。UNCITRAL（国連国際商取引法委員会）では，CLOUT（Case Law on UNCITRAL Texts の略称）と呼ばれる世界各国の数百という個別の裁判例・仲裁判断の要約データベースを公表している。また，CISG の条文ごとに裁判例を整理し解説した Digest 版もあって，いずれも公式ウェブサイト（※）で見ることができる。

　CISG によれば「実質的に変更」を加えて申込みに応答をしたときは承諾のつもりでなしたとしても承諾にはならず，申込みの拒絶になる（19条（ 1 ））。ここまでは民法と同じなのであるが，CISG 第19条（ 2 ）が mirror image rule を緩和し，承諾を意図する応答は，申込みの内容を実質的に変更するものではない場合には，申込者が不当に遅滞することなくその相違について口頭で異議を述べない限り，承諾となり，契約は変更された内容で成立する。

いってみれば最後になされた提案（last shot）が契約内容になるのでこれを last shot rule と呼ぶ。

以上に対し，knockout rule は，申込みと承諾の内容が異なるときは，変更がなされた部分を除いた内容で契約を成立させる考え方である。民法もCISG も採用していないが，2009年 3 月31日に民法（債権法）改正検討委員会が発表した改正提案『債権法改正の基本方針』はこの考え方によったが，改正民法は，これを採用しなかった。

ちなみに，offer の語源にあたるのは「……の方に運ぶ，示す」を意味するラテン語 *offerō* である。

order は，「命令，指令」を表す法律英語であるが，offer の一種である「注文」を表すことがある。offer がほとんどの種類の契約の「申込み」を表すのに対し，order は，売買契約や請負契約に使い，purchase order は「買い注文」である。また，order form は「注文用紙」になる。

なお，2017年改正民法は，契約の成立につき，大陸法の考え方により英米法の下での方式主義によらない旨を，新設の第552条で明示した。英文契約によって国際取引を展開せざるを得ない日本企業にとっては，契約が成立したか，したとしてそのタイミングはいつとみるべきかにかかわる実務上のキーポイントである。

この点は，契約の準拠法として大陸法系，英米法系いずれの法律を当事者が選ぶかによるのであるが，準拠法指定の当事者の合意はなかなかできず，"準拠法の綱引き"になってしまうことが多い。そこで，代表的な国際取引である貿易取引≒物品の国際売買契約についてグローバルルールを定めることにしたのが，ウィーン国際物品売買条約（CISG）である。

CISG は，大陸法，英米法のいずれかに片寄ることなく，折衷する立場によるが，契約の成立については，同条約第11条が，民法第522条 2 項と同趣旨の規定をすることで，大陸法によるとした。

※公式ウェブサイト：http://www.uncitral.org/uncitral/en/case_law.html

on / upon

まず，「特定の日時において」といういい方を考えてみよう。たとえば，「売主は20××年 6 月10日に本件物品を買主に引き渡さなければならない。」は，以下のようにドラフトすればよい。

| *The Seller shall deliver the Goods to the Buyer on June 10, 20× ×.*

ここで使っている **on** は，on Friday「金曜日に」，on Christmas Eve「クリスマス・イブに」というような一般的な英語における on と変わらない。

これに対し，ある特定の時点を表すときは，at four(4) o'clock「4 時に」のように at を用い，比較的長い期間をさすときは in 20× ×「20× ×年に」のように in を用いる。

時を表す on には，「……と同時に」という意味もある。on demand あるいは on call は「請求あり次第ただちに」である。この語は，以下の条項例のように契約書によく用いられる。

| *The costs and expenses shall be paid to X by Y on demand.*
| 「その経費および費用は，請求があり次第，Y により X に対し支払わなければならない。」

on demand は，また手形法の分野で重要な用語である。note (payable) on demand は，「要求払（式）約束手形」を表す。アメリカ統一商事法典 (U.C.C.) §3-108は，次のように規定する。

| *Instruments payable on demand include those payable at sight or on presentation and those in which no time for payment is stated.*
| 「要求払（式）証券は，一覧払または呈示払の証券および何ら支払時期を記載していない証券を含む。」

on のやや文語的なかたちである **upon** とともによく使うのが，「……と同時に」という意味における用法である。たとえば，Upon receipt of the Goods, the Buyer shall 〜，という契約文言があったとする。訳せば「その

物品の受領と同時に買主は……しなくてはならない」であるが，on や upon には in case of ～ という意味もあるため，「その物品を受領した場合は～」と訳すこともできる。

また，on は「同時に」だけではなく，「……のすぐ後で」「ただちに」を表すことがある。

ということは，on や upon を時を表す表現に用いるときは，意味があいまいにならないように注意が必要である。

そこで，「……と同時に」というときは，simultaneously upon ～，「……の後ただちに」というときは immediately upon ～ として区別することもよく行われる。

Column
ワンタイムパスワードは以前使ったパスワードのことか？

パスワードは，オンラインショッピングなどさまざまな場面で日常的に使われる。password を英和辞典で引くと，「（敵味方を見分ける）合いことば（watchword）」といった説明がある。コンピューター用語としては，「パスワード」で広く定着している。誰でもどこでも使うようになったパスワードだけに，企業においても手軽に扱われているきらいがある。ある調査によれば，日本では，主要企業でさえも社員の設定するパスワードの多くが，"脆弱"で簡単に推知できる設定であった。

パスワードを解読され不正にログインされるのを防ぐためにワンタイムパスワード（OTP）を活用する動きがある。OTP の onetime（one time）は，「1回限りの」で，いわば，使い捨てのパスワードである。認証時に使用するパスワードの一種で，一度使われると，即，無効化され，オンラインバンキングなど，高い情報セキュリティが求められる場面で使う。

なお，onetime には，たしかに「1回限りの」という意味もあるものの，一般的な英和辞典で最初に載っているのは，「前の，かつての」といった意味である。以前使ったことのあるパスワードとなると，1回限りでしか使わないとは逆の意味になってしまう。そもそも，「ワンタイムパスワード」という言葉そのものが和製英語っぽいので使い方に注意したい。

one(1)

　小切手の金額欄に「100万ドル」と書くときは，one million dollars (1,000,000 dollars) のように書くが，金額以外でも，たとえば within one (1) week のように one と書いてすぐ後に数字をカッコ内に表示することは一般の英文契約書中でもよく行われる。

　1から12くらいまでの数字につきこうすることが多いようであるが，内容を明確にする意味がある。特に one には，one day「ある日」のような使い方があるため，これと区別し，「1日」であることを明確にしたければ in one(1) day「1日で」のようにする。

　さらに one を人名の前につけて one Mr.White といえば，「ホワイトさんという人」の意味になる。one を代名詞として使い，広く「(すべての) 人」を表すこともある。One must comply with the regulation.「人はその規則を遵守しなくてはならない。」となる。

　このように one には，多義的な用法があるため，数を表すのに使うときは，**one**(1) のようにすべきなのである。

or 【1】

　法律英語がむずかしいのは中学生でも知っている簡単な英語がときに思い
もつかない意味になる点にある。and や **or** もその法律英語としての用法に
は十分な注意が必要である。

　アメリカの裁判例に "or" の意味が問題とされたものがある。この事件で
は，ある会社がもっていた特許のクレーム（請求項）中に使われた "or" が
「選択的」な意味かどうかが争われた。

　問題の特許は，デジタル信号処理による交通レーダー（Traffic Radar with
Digital Signal Processing）と題し，この装置は無線信号を発信し，目標物車
両の表面で跳ね返されて戻った反射信号を受信することにより，車両の速度
と大きさなどを分析するものである。

　特許所有者の K 社は，同じようなデジタル処理機能をそなえた交通レー
ダーを製造する A 社を相手取り，特許侵害訴訟を提起した。カンザス連邦
地裁は，A 社による特許非侵害の略式判決の申立を認容した。

　地方裁判所は，本件特許クレーム中に使われた "or" という文言は，「2
つの選択肢のうちいずれか1つを選択することを意味するが，両者を選択す
ることを意味するものではない」と解釈したが，この解釈が，地裁が下した
非侵害の略式判決の根拠であり，控訴におけるクレーム解釈の唯一の争点に
なった。

　控訴した K 社は特許クレームは，反射信号が最も強いまたは最も速い車
両のいずれかを探知し表示するものではないと主張した。

　"or" という語は最も速い目標データ，または最も強い目標データのいず
れかの探知に制限すべきではなく，これら両者を含み得るものであるとし，
マイクロソフトのコンピューター辞典を引用して，地裁の解釈は "or" とい
う文言の正しい用法に反するとしたのである。同辞典によれば，"or" は
「片方もしくは両方」を意味し，"exclusive or" は「どちらか一方」を意味
するとされている。

　控訴審の連邦控訴裁判所（Court of Appeals for the Federal Circuit）は，
2001年9月5日に判決を下し，"or" という文言は，通常，選択肢を意味す

るものであり，"and"という意味を含むものではない。特別の用法を意図するのであれば，その特別の意味を特許文書中において明確に説明しなければならないが，特許権者が"or"という文言に"and"という意味が含まれることを意図したという証拠は，特許文書中に認められないとした（Kustom Signals Inc. v. Applied Concepts Inc., CAFC, 09 / 05 / 01）。

ふつうの英和辞典をみると，"or"の項にはまず「または，あるいは」とあり，次に「すなわち，いいかえれば」とある。"and"の意味は書かれていないが，後者の意味によるときは，並記したものがいずれも対象に入ることはたしかである。

そこで，誤解のない正確な表現に心がけなくてはならない法律英語においては，特に後者の意味に使う際に注意すべきである。この用法のときは，A, or B のように類義語（句），説明語（句）の前にコンマを入れる。純粋に"and"の意味に使いたいのであれば素直に A and B としておくのがいちばんである。

たとえば，The Buyer may terminate this Contract or dispose of the Goods. は「買主は本契約を終了させるかまたは本物品を処分することができる。」という意味である。

ただ，買主に与えられた権利としては，解約権と処分権のいずれか一方だけなのかそれとも解約した上で物品を売却することまで許されるのかがあいまいである。こうしたあいまいさを極力なくすような legal drafting がポイントになる。たかが or されど or である。

or 【2】

or は and と同じように多義的である。

X shall sell the products to Y or Z. とあれば、「X はその製品を Y か Z に売却しなければならない。」という意味であり、or が Y と Z を並列的、選択的に結んでいる。

だが、X shall sell the products or the motorbikes to Y. となると選択的とはいえない。なぜならば、「製品」の具体的な内容を説明した語が or に導かれた「オートバイ」であり、ここで or は同一のものの説明として「つまり」といった意味で用いられている。

それでは、X shall sell or export the products to Y. とあったらどうであろう。「X はその製品を Y に対し売却または輸出しなければならない。」でも「売却つまり輸出しなければならない。」でもいずれも正しそうである。

この場合、結局は、Y が外国にいる会社か否かなど全体の文脈から判断する以外にない。ということは、いいかえるならば、これはあいまいさを含むものであまりよい表現法とはいえないことになる。X としては、売却するか輸出するかいずれか一方を行えばよいのか、それとも売却つまりは輸出という意味で双方ともしなければならないのか明確ではない。特に、法律的表現としては不適切なものといわなくてはならない。

どうすれば適切な表現になるであろうか。「すなわち」の意味の場合には or の前にコンマを入れることが多い。このコンマのあるなしで区別する方法が1つある。ただ、これだけでは十分とはいえない。そこで、", namely" ", that is (to say)" ", viz." ", i.e." などとすれば、はっきりする。

さらにむずかしいのが、"inclusive or" と "exclusive or" の使い分けである。たとえば、The Buyer may terminate this Contract or dispose of the Goods. は「買主は本契約を終了させるかまたは本物品を処分することができる。」という意味である。だが、買主に与えられた権利としては、解約権と処分権のいずれか一方だけなのかそれとも解約した上で物品を売却することまで許されるのかが問題になる。

厳格さが特に要求される刑事罰について、日本語で「1年以下の懲役また

は5万円以下の罰金に処す。」とあったら，択一的でいずれか一方のみの刑罰を科することができると解釈してよい。「6月以下の懲役もしくは禁錮または1万円以下の罰金もしくは科料に処す。」とあれば，英語で（A or B）or（C or D）と表すことができる。つまり，より小さいくくり方のなかでAかBを選ぶというときには，「または」ではなく「もしくは」を使う。

日本語の「または」「もしくは」は択一的であるため，「懲役」「罰金」いずれを科すことも許されるとしたいときは，「懲役または罰金に処す。ただし，これらの刑を併科することもできる。」のように表現する。これは，（A or B）or（A and B）という関係になる。

英語では，「または」「もしくは」のいずれの場合もすべて or で表現しようとする。その上に，両方を含む場合をも意味する。すなわち，A or B には，A or B but not both というときに，A or B or both とがあることになる。正確に表現しようと思えば，both の語を使って上記のように表すのがよい。

and にも同じような使い分けがある。

34頁において，Every wife and mother shall ～ . という文例があったことを思い出していただきたい。この wife and mother は，2通りに意味がとれる。「妻であり母である」人と「妻および母」別々の人という意味である。英語でいえば，(every) person who is both a wife and a mother と (every) person who is either a wife or a mother の2通りになる。

and の conjunctive あるいは connective な使い方にも2通りあるわけであるが，bread and butter, pen and ink のように，双方あいまって1組のものと考えられるときを "joint and"，AとBのうちであれば片方でもまた双方でもよいときを "several and" と呼んで区別することがある。

すでに気づかれたことと思うが，"several and" と "inclusive or" は，相互に読みかえることができる。

or otherwise

or otherwise は法律文書のなかでよく使われるが，いくつかの使われ方
がある。まず，以下の文例を見ていただきたい。

> *The rights and remedies of Buyer hereunder are cumulative and in
> addition to Buyer's rights, powers and remedies existing at law or in equity
> or otherwise.*
> 「本契約のもとでの買主の権利と救済方法は，コモンロー上，衡平法上
> またはその他において認められている買主の権利，権能および救済方法
> に累積的で追加的である。」

内容はややむずかしいが，英米法は狭義のコモンローと，これを一般原則
とすると例外にあたる衡平法（equity）の2本の柱で成り立っている。契約
違反などによって損害を受けた場合の救済方法（remedies）としても，第1
次的救済であるコモンロー上の損害賠償（damages）と，これによって救済
の目的を達し得ないときの第2次的救済としての均衡法上の特定履行
（specific performance）の2種類がある。後者は，通常，差止命令
（injunction）を内容とする。

本文例のいわんとしているのは，こうしたコモンローや衡平法その他で認
められる救済方法に対し，この契約で特に認められる救済方法は累積的で追
加的であるということである。

そこで or otherwise は何を意味するかといえば，コモンローや衡平法以
外で救済方法を定めているもの，たとえば，特別法などの制定法や規則など
がここに含まれることになろう。

これらのいわば法律上認められた救済方法に対し，「契約に規定された救
済方法が cumulative で additional である」とはいかなる意味をもつのであろ
うか。

ここに特別に規定の上列挙したとしてもそれらは，法律上認められる救済
方法を排斥するものではなく，それにプラスアルファ的に付け加わるという
ことを注意的に意味している。つまり，排斥的な列挙ではないということで

ある。

or otherwise は「その他」には違いないが，その他，何でも入るかといえばそうではない。コモンロー，衡平法と並んで「その他」とくれば，「似たようなしかも別のもの」におのずから限定されてくる。

or otherwise の前に書く語句は，以下の文例のようにひとつだけのこともある。

> *This contract may be terminated due to discontinuance of business or otherwise.*
> 「本契約は，事業活動の停止その他によって解約することができる。」

当事者の権利義務関係をなるべく明確に規定するという契約書本来の目的からすると，このようないい方はあまりよくない。

この契約が，事業活動の停止があったときに解約できるのはわかるが，その他いかなる場合に解約できるのかがあいまいではっきりしないからである。解約事由がこのように不明瞭であっては，契約としてきわめて不安定なものになりかねない。

したがって，or otherwise のようないい方をするときは，一般にその前にはなるべく具体的にいくつかの事由を並べるほうがベターである。A, B, C, D, or otherwise とあれば，A, B, C, D の内容にもよるが，それらに含まれないところの同種の何かを or otherwise が拾い上げる効果をもたらす。

似たような表現に，A, B, C, D, and any other ～ というのもある。よく見かけるのは，契約書中のいわゆる不可抗力条項（Force Majeure Clause）における以下のような規定である。

> *Neither party shall be liable for any delay or failure of performance hereunder when such delay or failure is due to fire, flood, labour troubles, riots, ～, or any other causes beyond the control of the parties.*
> 「いずれの当事者も，本契約における履行の遅滞または不履行につき，それが火災，洪水，労働争議，暴動，……その他当事者の支配しえない一切の事由によるときは，責任を負わない。」

「その他一切の事由」とあるが，これは文字通り包括的無制限に一切の事

由をカバーするわけではない。その前に列挙された事由の延長上，つまり具体的列挙事由と同種類の事由でそこに漏れたものを拾い上げるためのものでしかない。

これを英米法では「同種文言の原則」（rule of *ejusdem generis*）と呼ぶ。ここでも，やはり列挙事由はなるべく具体的に，問題となりそうなものを網羅するのがよい。

Column
「安くて良い製品」は
cheap and good product か？

　消費者は，安くて良いものを購入したいと考える。「安くて良い」を英語で言おうとしてすぐ思い浮かぶのは，cheap and good~ である。ただ，cheap は，値段は安いが品物はよくないとのニュアンスをもち，端的に「安っぽい，安物の」とする英和辞典が多い。となると cheap で good は矛盾した言い方と言わざるをえない。そのため，ネイティブスピーカーは，cheap のかわりに reasonable を使うことが多い。

outlet

outlet を英和辞典で引くと，アメリカ英語として「（電気の）差し込み口，コンセント」が載っている。元は，液体や気体などの出口，はけ口を表したものであろう。ちなみに，「コンセント」は完全な和製英語のようだ。

outlet は out + let で成っており，let は「置き去りにする」を表す古期英語（OE）の *lettar* から派生している。*lettar* は，「遅れた，遅い」の late の語源でもある。遅れるのは何らかの妨害があるからであり，let には「妨害，障害」の意味もある。

法律英語表現で without let or hindrance は「何らの障害なく」と訳す。また，テニスでネットに触れて入ったサーブは「レット」といって再プレーになる。

let を out とともに動詞で使い，let out ～といえば，「……を……から放出する，出す」の意味になる。outlet が名詞で「放出（口），はけ（口）」を表すのは以上のところからきている。商品の「はけ口」がアウトレット店だと思えばよいだろう。

ただ，outlet は，もともとの意味が「出口」なので，商品でいえば「販路」であり，訳あり品を格安で販売することをはじめから意味していたわけではなさそうである。日本でアウトレット店がいわばブームになるかなり前から，アメリカなどでは特定のメーカーと卸売業者の系列販売を outlet sale と呼んできた。

retail outlet といえばふつうの「小売店」であるし，outlet store for jeans はジーンズの安売り店ではなく，「ジーンズの小売店」がふつうの意味である。

いつの頃からかは定かではないが，アメリカに巨大な outlet mall 「アウトレットモール」が登場した。それは，何百というメーカーや卸売業者が直営の小売店を出す一大ショッピングセンターで，不良品・きず物，過剰在庫品，型が古くなった製品などを安く売る。日本でもこの種のアウトレットモールが各地につくられ人気を集めているのはご存知のとおりである。

そうしたモールを構成する店舗が outlet store である。なかには，系列外

のメーカーの製品やどこにも問題のなさそうな正常品を安値で販売する店舗もあるようになっている。また，対象商品も広がってきた。

「アウトレット店」のことは store をつけずに outlet 一語でも表す。日本語では，outlet mall のことを「アウトレット渋谷」のように地名とともに呼んだりしている。販売店契約のなかで outlet での販売権を許諾するといった使い方はできる。outlet がこの分野で長期間にわたりはっきりした内容をもって正式な用語として使われてきた経緯があるからにほかならない。

とはいえ，英語の outlet には，「意見や作品などの発表の場」「放送ネットワーク傘下の地方放送局」という別の意味もあるので，outlet store といったほうがよいだろう。

アウトレットの語が普及するずっと前から，たとえば曲がったきゅうりやかたちのゆがんだりんごを「正常品」よりも安く売るといったことは街の八百屋さんでもよく行われてきた。味が劣るわけでもないので曲がっていても気にしないという人にとって「お買い得」であることはたしかであろう。

不景気で消費が低迷するなかでポピュラーになったアウトレットは，商品を大量に売り捌くための流通形態だと考えられる。

消費者にとっては安く買い物ができありがたいが，安くなっている「訳」をよくたしかめてから納得して買うのがよいだろう。

pan-

pan- は，接頭辞で「全……，総……，汎……」の意味をもつ。語源にあたるのはギリシア語の中性語 *pan* である。 Pan-American は「汎アメリカ［汎米］（主義）の」を，Pan- Arabism は「汎アラブ主義」を表す。

pan- と結びついてできた語で法律関係や契約書中で使う語は多い。pandect は，「法典，法典全書」のことで，the Pandects といえば「ユスティニアヌス法典」をさす。本法典は，古代ローマのユスティニアヌス帝の下で6世紀に編集された大法典集で，成文法主義をとる大陸法私法の基礎をなす。「パンデクテン法学」といったいい方もここから生じた。

pandemic は，英文契約書の一般条項である不可抗力条項（force majeure clause）中で使われ解釈が問題になることがある。

pandemic は，形容詞としては，「世界的流行の，汎流行性の」を意味し，名詞では「汎流行病」である。世界中の数十か国に感染者が多数発生した段階で pandemic 状態になったといってもよいだろう。ただ，これが英文契約における force majeure event「不可抗力事由」にあたるかといえばそう簡単には決められない。

英文契約の不可抗力条項は，不可抗力的事態を幅広く列挙するところに内容的な特徴がある。英米法が大陸法よりも不可抗力免責に厳しく，契約中にあらかじめ事由を具体的に書いておいてはじめて免責を認めるとの立場をとるからである。

不可抗力事由は，大きく①天災（自然災害など），②人災（戦争など），および③政府の命令（輸出規制など）に分けられる。①の事由には，地震（earth quake），台風（typhoon）などと並んで疾病，流行病（epidemic）を記載することがよくある。

epidemic, pandemic に共通する demic は，古代ギリシア語の *dēmos*「市民，人民，民衆」が語源である。epi- は，「……の上，の間」を，pan- は，「全……，汎……」をそれぞれ表す接頭辞なので，epidemic が「（人々の間に）流行している病気」，pandemic が「全世界的流行病」の意味になる。

問題は，不可抗力による免責事由となる epidemic はどの程度の感染力を

もった病気を意味するかの解釈である。日本の判例は，不可抗力免責は，一般的に履行がまったく不可能となるような外部的事情が生じたか，そうでなくとも最善の注意または予防方法を尽くしても到底防止できないような特別の事情によって履行できなくなった場合にのみ認められるからである。

2009年4月以降，メキシコから北米，欧州へとまたたく間に広がった新型インフルエンザの場合，契約の債務内容にもよるが，その履行を一時的にせよ完全に不可能にするものとまではいえないだろう。企業レベルでも徹底した感染防止措置を講じればかなり予防はできるだろう。

不可抗力事由としての epidemic は，かつて「人類の敵」とまでいわれた天然痘やペスト，コレラ並みの感染力を想定しているとされる。不可抗力免責までは認められないとしても，履行が困難になったことによって価格その他の取引条件の変更を認める Hardship Clause「履行困難条項」の適用は認めやすいといえる。

ポイントは，単に epidemic や pandemic と書くだけではなく，具体的に new type influenza「新型インフルエンザ」として，できれば型名まで明記するならば，より免責を受けやすくなる。

むしろ新型インフルエンザの場合，特別な検疫（quarantine）が行われ，人や物が一定の期間，一定の場所に留めおかれることによってその期間履行が完全に不能になり得る。こうした措置は多くの国で法律に基づいて政府の行為として行われるので，act of government が不可抗力事由として入っているかがポイントになる。

ちなみに「検疫」の quarantine は，「40日間」を表すイタリア語から生まれた語である。その昔，伝染病が流行している地からきた船の乗客や貨物を40日間検疫のため停船させたことからこのいい方が生まれた。

perform / performance

perform や **performance** は，契約法や企業法の分野でよく使われる法律英語で，原義は「完全に（per）成し遂げる（form）」である。

perform は，仕事や任務などを行うときに使うので，単に何かを行うにとどまらない意味をもつ。そのため，法律的な意味合いで，契約上の義務を履行するといった場面で用いる。ふつうに行うを表す do や carry out よりもずっと公式的な英語が perform である。

「義務を果たす」は，perform one's duty といえばよく，「契約の下での債務を履行する」は，perform obligation under the agreement といえばよい。軍に「約束を果たす」も perform one's promise という。

雇用契約の下で「与えられたところの職務を遂行する」は perform such duties as given by the employment agreement といえばよい。

performance は，perform の名詞形であり，義務などの「遂行，履行」のほか，「演技，演奏，公演」を表す。また，広く「成績，出来ばえ」を表すことから，企業の「業績」としても使う。

The company's performance of the business year was unprecedented. 「当該営業年の会社の業績は空前であった。」のように使う。

関連して日本のビジネス界では，cost performance の語が，コスト・パフォーマンス（略してコスパ）という日本語とともによく使われている。ただ，企業法の分野で，たとえば，資本コストに見合った業績の意味合いで cost performance を正式に使うことはないといってよい。

cost performance は，法律英語としては，和製英語のようであるが，ビジネス・経済の分野では，かなり前から正式な英語として使われてきたらしい。ある専門用語辞典には，同分野で「単位原価当たりの効果・性能」を意味するとある。

こうした公式的な意味とは別に，日本で一般に使われているコスパは，支払ったコストに対して得られる価格やメリットの度合いのことである。かけたコストに対して期待以上の成果が得られたときに「コスパがよい」というのはここからくる。

ビジネスの世界では，以前から「費用対効果」の言葉を使うことがあったが，これとコスト・パフォーマンスはどこが違うのであろうか。違いはほとんどないとの見方がある一方で，コスト・パフォーマンスが消費者目線で使い，費用対効果は企業目線で使うとする立場もある。

タイム・パフォーマンス（タイパ）は，文字通り「時間対効果」を表し，かけた時間に対する満足度を表す指標である。対費用か対時間かの違いがあるものの，昔から「時は金なり」というので，実際のところコスト・パフォーマンスとあまり変わらないともいえるであろう。

ただ，コスパと同様タイパは，くだけた和製英語なので，正式なビジネスシーンではなるべく使わないほうが無難である。

企業社会で，いま大きなテーマになっているのが，「資本コスト」パフォーマンス，である。資本市場で投資する資金の出し手は，一定のリターンを期待するがその期待する収益率こそが資本コストといってよい。

「資本コスト」は，コーポレートガバナンス・コードにも書かれ，東京証券取引所が2023年3月に公表した「資本コストや株価を意識した経営の実現に向けた対応等に関するお願いについて」にも示されている。企業はいま，資本コストを意識した「資本コスト経営」の，中身あるパフォーマンスを期待されているのである。

期待されるパフォーマンスの具体的な中身を詳細に書くことはできないが，上記東京証券取引所の「お願い」を参考にポイントを絞るならば，次のようになるであろう。

求められているのは，企業価値を高め，資本の出し手がなるべく多くのリターンを得られるようにすることである。とはいえ，PBRを1倍以上あるいはROEを8％以上にすればよいわけではない。

東京証券取引所の資料によればPBRが1倍以上の企業のほうがむしろ，「資本コストや株価を意識した経営の実現に向けた対応」に関する開示が低位にとどまっているらしい。事業ポートフォリオの見直しやバランスシートの効率化を通じて，"資本コストパフォーマンス"を高める資本コスト経営を実現すべきであろう。

permanent

permanentは，「永続する，（半）永久的，常設の」を意味する。a permanent committee は「常任委員会」である。名詞では，髪の「パーマネント」が日本語にもなっている。口語では，go for a perm「パーマをかけにいく」のように略して使う。

国際税務の分野では，permanent establishment（PE：恒久的施設）の概念が重要である。日本企業が外国で課税されるとしたら，原則としてその外国にPEがなくてはならない。

この分野では，事業所得に対して「PEがなければ課税できない」が一般的なルールとなっているからである。このルールは，日本が2国間条約として締結している各国との租税条約にも明記されている。それは，OECDのモデル租税条約にこのことがうたわれているからでもある。

近時は，日本企業が特に新興国において国際課税上のトラブルに巻き込まれるケースが増えている。その代表例がPE問題と移転価格（transfer pricing）問題の2つである。

経済産業省は，2013年9月に「新興国における課税問題の事例と対策」を公表している。同資料の「Ⅰ．新興国における課税問題の具体的事例」には，「新興国では，自国の課税権の拡大を目的に，恒久的施設の範囲を以下の事例のように拡大解釈する傾向がある。」とした上で，トラブル事例を紹介している。

同資料には，インドで「従業員数が多いことから，実際には営業活動を行っていないにもかかわらず，実質的に営業活動を行っているとみなされ，駐在員事務所がPE認定された。」とある。また，中国で「6ヶ月を超えない短期滞在である場合はPE認定されないことが日中租税条約に定められているが，6ヶ月基準の定義が曖昧で，1ヶ月に1日ずつ滞在し，それが6ヶ月を超えるような場合にまでPE認定された。」とある。

PEの例としては，①支店，工場などの設置，②一定の役務提供（サービスPE），および③外国企業の名において反復して契約を締結するような代理人の選任（代理人PE）がある。いずれの場合にも，そのための国際契約を

締結することが多く，現地当局から「拡大解釈」されかねないあいまいな内容を避けるように契約をつくることがポイントになる。

plan / program

和英辞典で「計画」を引くと，さまざまな英語が出てくる。project，schedule，scheme，program，design などである。それぞれ，大規模な計画には project を，予定的な計画だったら schedule を，といった使い分けを説明している。他方，「計画」を表す最も一般的な語は **plan** であるともする。

法律英語として，近時，特に重要性を増してきたのが plan と **program** であろう。plan は，日本でも会社法が大規模な会社に要求するようになった内部統制システム構築上のキーワードである。

同システムは，静的な体制づくりよりも，plan → do → check → action の PDCA サイクルによる動的な体制づくりに重点を置くべきだからである。「計画」を立て，「実行」に移し，これを見直し，是正するプロセスを経営者の責任で回していく同サイクルの起点は十分に練られた内容の計画づくりにある。

program も「計画，企画，予定」を表す基本語であるが，現代社会では，コンピューター用語としての用法が多くなった。もともとイギリスでは，programme と綴ってきたが，同国でもコンピューター用語としてはアメリカ式に program と綴っている。コンピューターの"母国"はアメリカだからである。

コンピューター program には，copy right「著作権」の保護が与えられる点が法律的には重要である。日本でも，1986年に，「プログラムの著作物に係る登録の特例に関する法律」を制定し，指定登録機関制度をスタートさせた。

plan のふつうの用法は，have a plan「計画を立てる」で，stick to a plan といえば，「計画を忠実に実行する」となる。five-year reconstruction plan「(事業などの) 再建5か年計画」のように公式的にも使う。

program は，plan と比べ，より目的が明確で実行する内容と手順がより具体的な「計画」について使う。program をコンピューターの分野で使うときは，動詞として，The association programed for forecasting corporate performance. とすれば，「協会は，企業業績を予測するコンピュータープログラムを作った。」となる。

post / posting

「郵便ポスト」なら誰でも知っているし，「社長のポスト争い」といったい方もよくする。また，プロ野球界では，「ポスティング」制度が行われている。

このように「ポスト（post）」は，日本語となってさまざまな使い方をする。

postは，「場所，地位」を表すラテン語*positiō*から派生し，「地位，ポスト」や「任地，赴任先」を表す。**posting**も同様の意味で使うが，特に海外など遠隔地への「配属，転属，任命」を表す。

日本のプロ球団からアメリカのプロ球団に所属を変えるのには，posting の語がぴったりくる。選手の希望が両国のコミッショナーを通じてすべての大リーグ球団に布告され，獲得したい球団は，日本の球団へ支払う移籍金を入札し，最高額を提示した球団が，選手との独占交渉権を獲得する。

選手の側からすると「メジャー入り」が果たせるのであればどちらでもよいような気がするが，FA（フリーエージェント）資格を取得してからの移籍だと，日本の球団に「代価」が支払われない。そこでFA資格取得前にポスティングによる移籍を希望する選手が増える傾向にある。

ポスティング・システム（posting system）は，このように日本プロ野球球団に所属する選手がアメリカ大リーグ入りするための有力な方法になる。2006年11月，松坂大輔投手がこの制度を利用し，ボストン・レッドソックスが約60億円で落札し話題を呼んだ。

日本のプロ野球組織は，アメリカのメジャーリーグにならい，選手は所属球団によって厳重に管理されている。いわば独占的に支配されているので，自由に他球団と契約したりすることはできない。

ただ，これでは選手の職業選択の自由を侵害しかねない。そこで，日本では1993年からフリーエージェント制度を導入した。

ちなみに posting で最高額を提示した球団は，exclusive negotiation「独占的交渉」の権利を手にする。企業社会の M&A における基本合意書であるレター・オブ・インテント（LOI）中にもこれを認める条項が入り，法的拘束力が争われた事例があるのは興味深いところである。

Column
サッカーとフットボール

　法律英語を扱っていて，アメリカ英語とイギリス英語との違いに頭を悩ませたことはないだろうか。身近なスポーツでいえば，サッカーを soccer というのはアメリカであり，イギリスでは football という。

　法律英語とは一見関係なさそうだが，soccer の語源を探ると法的な意味から生まれたことがわかる。いくつかある football 競技のうち，フットボール協会（football association）が制定したルールに基づく競技を association football と呼ぶことにし，やがて association の soc に接尾辞 er をつけ，soccer と呼ぶようになったという。

　イギリス英語では，サッカーを soccer とはいわず，正式な association football か，単に football という。アメリカ英語では，アメリカン・フットボールとの混同を避けるため soccer を使うことが多い。オーストラリアは，ラグビーと区別するために soccer を使うとされる。

prevail

prevail は，「より力がある」を意味するラテン語 *pre* + *valere* を語源にもつ。もともと他者と比較してそれより優っているといった場面に使うので，裁判の勝ちなどを表すのには向いている。

対象を示さずに Justice will prevail in the end. といえば「正義は最後に勝つ。」である。この用法を病気に使うときは，「はびこる，流行する」と訳したほうがしっくりくる。Such belief prevails in Japan. といえば「そうした考えが日本で支配的である。」となる。ごく普遍的に行きわたっているとのニュアンスである。

「敵に打ち勝つ，打ち負かす」というときは，prevail over (*or* against) the enemy のように前置詞とともに使うのがふつうである。

勝訴当事者を winning party のようにいうことはほとんどない。それは，win は相手に勝つというよりは win the race「そのレースに勝つ」，win the election「その選挙に勝つ」のように使うからである。「そのレースでライバルを打ち負かす」というのであれば prevail the rival in the race というべきだろう。

裁判のうち特に民事訴訟（civil litigation）では，漠然と訴訟に勝つというよりは「原告 ABC コーポレーションに対して勝つ」のようないい方をするので prevail over the plaintiff, ABC Corporation のように prevail を使うのがよいだろう。

英文契約中に prevailing party が「勝訴当事者」として登場するとしたら，弁護士費用の敗訴者負担原則の関連が多いと思う。弁護士費用のことは attorney's fee というが，民事訴訟に勝った当事者は，そもそも負けた相手方から弁護士費用を支払ってもらえるだろうか。

日本やアメリカでは，弁護士費用の敗訴者負担を原則としていない。逆にイギリスではこれを原則としており，これを "English Rule" と呼ぶ。

ということは，"English Rule" を採用していない国で裁判をする可能性があるときは，弁護士費用の敗訴者負担を契約中に明記しておかないと，勝っても，原則として支払ってもらえないことになる。

そのための例文は以下のようなものである。

> *The prevailing party in the litigation shall be entitled to an award of its reasonable attorney's fee.*
> 「その訴訟における勝訴当事者は相当なる弁護士費用の賠償額の支払いを受ける権利を与えられるものとする。」

award は「賞品，賞金」がふつうの意味であるが，訴訟においては裁定（額），賠償額を表す。仲裁（arbitration）の結果下される仲裁判断のことは arbitration award という。

principal / *principle*

　principal，**principle** いずれも法律用語として使うが，語源は共通している。ともに，「最初の，初めの」を意味するラテン語 *princip-* が語源にあたる。このラテン語は，「王子」を表す prince の語源にもあたり，*princeps* は first man の意味をもち「王」も表す。ここから，prtncipal は，「頭」「長」「支配人」といった意味をもつようになった。

　principle の最も一般的な意味は「原理，原則」である。次に「主義，信念，方針」が導かれる。「プリンシプルを大切にする人」はめったなことで主義，主張がぶれたりはしない。

　両語は，語源を共通にするだけではなく，発音も〔prínsəp(ə)l〕で同じである。両語の間で互いに「……と同音」と断っている辞書もある。

　近時，たとえば2015年 6 月から適用がはじまったコーポレートガバナンス・コードのように「プリンシプルベース・アプローチ」に拠る "ソフトロー" が目立つようになった。同コードは，「序文」中でこれを次のように説明している。

　　　「プリンシプルベース・アプローチ」は，スチュワードシップ・コードにおいて　すでに採用されているものであるが，その意義は，一見，抽象的で大掴みな原則（プリンシプル）について，関係者がその趣旨・精神を確認し，互いに共有した上で，各自，みずからの活動が，形式的な文言・記載ではなく，その趣旨・精神に照らして真に適切か否かを判断することにある。このため，本コード（原案）で使用されている用語についても，法令のように厳格な定義を置くのではなく，まずは株主等のステークホルダーに対する説明責任等を負うそれぞれの会社が，本コード（原案）の趣旨・精神に照らして，適切に解釈することが想定されている。

　ここでは，「プリンシプルベース・アプローチ」は，会社がとるべき行動について詳細に規定する「ルールベース・アプローチ」（細則主義）に対比されている。

Column
「パーパス経営」の目的は何か？

「パーパス（purpose）」は，誰でも知っているとおり「目的」のことであるが，なぜ，ここにきて急に企業にpurposeを掲げるようになったのであろうか。

もともと，企業にとってpurpose「目的」は，存立の基礎であり続けてきた。企業の大半は，営利を目的とする社団法人としての会社であり，会社の多くは株式会社である。株式会社は，会社が営利活動で得た利益を株主に分配することを目的とする法人といってよい。

一方，民法34条は，「法人は，法令の規定に従い，定款その他の基本的約款で定められた目的の範囲内において，権利を有し，義務を負う」と定める。本条は，法人の本質からくる規定として株式会社にも類推適用され，定款所定の目的外の行為は無効となる。

昨今，話題になる「パーパス」論は，こうした法令上の「目的」論とは趣を異にする。現代社会においては，ESG（環境，社会，企業統治）の強化，顧客ニーズや従業員の多様化が急速に進んでいる。かつてのように「営利」目的と「株主の利益最大化」を掲げ"突っ走る"ことはもはや許されない。こうした流れを受けてパーパスを「目的」というより，多様なステークホルダーの利益と収益向上を両立させつつ見いだす，「存在意義」ととらえる動きが広がっている。

「新しい資本主義論」で資本主義をとらえ直す動きが高まっているなかで，株主価値だけではなく，より多くのステークホルダーの価値を高めるのが企業経営の「目的」ととらえていくべきであろう。

private / privity / privy

private と **privity** は語源を共通にする。語源にあたるラテン語の *privo* は，「（公の事柄から）引き離された，個々の，私の」を意味する。

private は，「プライベートな話」のように日本語でも使う。「個人的な，私的な」がふつうの意味であるが，「非公式的な，民間の，非公開の」としても使う。同じ語源から生まれ，privity に近い語に **privy** がある。これは「内々関与して知っている」を表し，be privy to the secret は「内々その秘密を知っている」である。名詞形で privy（ies）には，「屋外トイレ」の意味もある。

privy や privity には，以上のような，日本語のプライベートにつながる意味とは別ラインで，法律用語としての意味がある。privy でいえば，parttaker の意味である。parttake は何かを「共にする」であるから，「ある行動，事業などに役割や利権（part or interest）をもつ者」が privy である。「利害関係者」といってもよいであろう。

privity は，さらに法律的な意味が加わり，「法律上認められた2当事者間の関係，取引などにおける当事者相互の利害関係」となる。distributorship agreement 中の典型的な Privity Clause の内容は以下のようなものである。

> *"The relationship hereby established between Manufacturer and Distributor shall be solely that of seller and buyer and Distributor shall be in no sense representative or agent of Manufacturer."*
>
> 「本契約によって製造者と販売店間に設定された〔法律〕関係は，もっぱら売主と買主のものであり，いかなる意味でも販売店は製造者の代表または代理人ではない。」

私的なビジネス上の契約で当事者間，しかも役割を分担しながら事業をともに行う二当事者間の関係を述べているので，privy 間の関係といってもよいであろう。privy や privity は，プライベートから連想するのとは異なる意味で使うと述べたが，企業同士の私的な契約関係の中身であるから，単に contractual relation よりは，ふさわしいいい方だろう。

ところで，distributorship agreement に Privity Clause を入れ，売主と買主の関係であって代理関係ではないと断る理由は何であろうか。

一般に「海外販売代理店」のようにまとめたいい方をすることがよくある。ある会社（特にメーカー）が海外市場に自社製品の販売ルートをつくろうとする際に，販売代理店を置くことが多いからなのであるが，販売店（distributor）と代理店（agent）では法的には大きな違いがある。

販売店はいったん販売目的物を買い入れ，それに利益分を乗せて転売するかたちで販売をするのに対し，代理店はメーカー（売主）の代理人として買主に物を販売し，コミッションベースで報酬をもらう。

代理人が本人のために行った代理行為の効果は直接本人に帰属するので，メーカーは売主かつ製造者として製品の瑕疵・欠陥について買主に責任を負わなくてはならない。さらに，国によってはかなり強い効果をもつ代理店保護法を制定しており，代理店と販売店とで適用上差を設けることがある。こうした法的責任を明確にするのが Privity Clause の目的である。

privilege

privilege は，ふつうは「特権，特典，恩典」を表すが，法律用語として
は attorney-client privilege などにおける使い方が特に重要である。privilege
の語源にあたるのは，*privi*「個人の」+ *lege*「法律」を表すラテン語である。
さらに元を辿るならば，ラテン語の *prīvus* が「単一の，独自の」を表し，
ここから，private「個人の，私有の，秘密の」，privacy「プライバシー，一
人でいること，ほかから干渉されないこと」が派生した。

privilege の原義は「個人のための，一人のための法律」であるが，そこ
から一般の「権利」というよりは「特権」あるいは基本的人権のような根源
をなす権利を表すのに使うようになった。官職にともなう特権として「外交
特権」は，diplomatic privilege という。

基本的人権の1つとして重要なのが privilege against self-incrimination,
すなわち「自己負罪拒否特権」である。これは，自己に刑事責任を負わせる
ような供述を強要されない権利であって，合衆国憲法修正第5条（Fifth
Amendment）が規定している。

訴訟手続において重要なのが，privileged communication「秘匿特権付情
報」（秘匿特権の対象であることから裁判所の文書提出命令も免れる情報）
である。なかでも attorney-client privilege は，弁護士，依頼者間の秘密保持
特権としてディスカバリー（証拠開示手続）の対象からも除外される。

アメリカの民事訴訟は，州裁判所，連邦裁判所での手続とも，広範な
discovery procedure に特徴がある。これは，一方当事者の要求によって相
手方当事者または第三者が事実や証拠を開示することをさす。

ディスカバリーは，まず当事者間で契約書や文書などの開示要求が行われ
るが，不当な要求拒否に対しては裁判所の開示命令が出されることがある。
同命令に従わないときは裁判所侮辱（contempt of court）による刑事罰もあ
り得る。

ディスカバリーには，文書類の開示要求だけではなく，証言録取，質問書
送付，身体・精神の検査，および事実認否要求が含まれる。いずれにしても
きわめて対象が広くなる上ルール違反への制裁が厳しいことから，ディスカ

バリーに対しては，開示要求などに応じなくてよい例外が認められている。

例外の主なものには，①秘匿特権（privilege）②職務活動成果（work product）③保護命令（protective order）がある。秘匿特権は，弁護士と依頼者，医師と患者など特別な信頼関係に基づいてつくられた文書などについて生じる。弁護士が依頼者のために作成した意見書は代表例である。職務活動成果と訳される work product には，当事者またはその弁護士が訴訟にそなえて準備した証人の証言録や特に作成した資料・意見書などが入る。

以上の説明だけだと，attorney-client privilege と work product の違いがわかりにくいが，両者には以下の違いがある。work product は，作成者が，広く当事者，その弁護士その他の関係者が入り，さらにその他の関係者にはコンサルタント，保証人，保険会社などが含まれる。

さらに work product は，attorney-client privilege のように絶対的に保障された特権ではない。開示を要求する当事者が対象文書等について訴訟のために相当なる必要性（substantial need）があること，および他の手段によっては実質的に同じような証拠を入力するのにははなはだしい困難（undue hardship）があることを立証すれば開示を拒否できない。

ただ，弁護士その他の代理人が訴訟に関して作成した私的なメモのように重要な work product については，ほぼ絶対的な保護を受けるとする裁判例がアメリカにはある。

一方，attorney-client privilege による保護は絶対的であるといっても，第三者への開示によって依頼者がこれを放棄したとされてしまうことがある。国際カルテル事件に関連して日本の公正取引委員会に提出したことで権利放棄になるかが争われた先例があり，資料提出が強制的でなかったことから privilege は放棄されたこととなった。

弁護士が作成した文書などは，具体的に privilege と work product のいずれにあたるかあいまいな場合もある。実務ではこのいずれかにあてはまるといった主張をするケースもある。

prompt / without delay / soon

　契約書中には，時を表す表現として，「遅滞なく……しなくてはならない」あるいはこれに類したいい方をすることが多い。

　290頁で述べた immediately upon や upon を使ったときは，時間的に接着した感じがする。

　prompt という語も「ただちに」「すぐに」を表す。make prompt payment は「即時払いをする」であり，prompt delivery は「即時の引渡し」である。

　したがって，promptly としたときも immediately とそれほど違いはなく，「ただちに」を表すものと考えてよい。promptly は，「（時間）ちょうどに」を表すこともある。promptly at five (5) o'clock は「5時ちょうどに」である。

　「遅滞なく」という日本語に対応する語に，**without delay** がある。delay の意味は，「延期」「猶予」であるから，without delay では「猶予することなく」である。この場合，何らの猶予も与えない（admitting no delay）ということであるから，「即刻」「ただちに」と同義になる。ただ，この意味を強調するつもりで，without one moment's delay とすることもある。

　これらの語に比べ，**soon** を用いたときはやや間隔をあけて「すぐに」「そのうちに」を意味する。また as soon as possible のように「なるべく早く」という語が契約中で使われることも少なくない。

　しかし，契約中で as soon as possible で何かをしなくてはならないと義務づけても，これが具体的にどの程度の時間内であることを意味するのかは，きわめてあいまいである。

　また，相当な時間が経ったので相手方に対し契約不履行を通知しても，相手方から best efforts でなるべく早くやっていると抗弁されることにもなりかねない。

　したがって，時間を厳格に守ってもらいたかったら，as soon as possible や as soon as practicable のようないい方は避けるほうがよいであろう。

protest

protestには，「抗議，異議（を申し立てる）」の中心的意味があり，法律用語として重要な用法がある。一語で，「（手形・小切手の）拒絶証書」「（船長からの）海難報告書」を表す。

protestの語源にあたるのは*pro*「人前で」＋ *tetari*「証人になる」を意味するラテン語である。

protestを使った成句にも特別な意味をもつものがある。without protestは「異議なく」でよいが，under protestは留保文言としての用法に注意しなくてはならない。

法律英語の留保文言としては，under protestの他に，with reservation, without prejudice などがある。このうち，under protestは使う場面が最も限定される。protestは，語源に照らしても，「抗議，異議」がもともとの意味ではなく，「証言，確言」を表すのがもともとといってよい。ある英和辞典はprotest friendship を「友情の変わらないことを誓う」としている。

法律用語としてのprotestは，「約束手形などの拒絶証書をつくる，支払いを拒絶する」との用法が重要で，名詞では「拒絶証書」になる。イギリスの議会（特に上院）では，通過議案に対する「少数意見書」をprotestという。

under protestは，一般には「いやいやながら，しぶしぶ」の意味だが，法律用語としては，留保文言としての使い方をする。

この用法のprotestにつきBlack's Law Dictionary（9th Edition）は "A formal statement, usu. in writing, disputing a debt's legality or validity but agreeing to make payment while reserving the right to recover the amount at a later time. • The disputed debt is described as *under protest*." 「通常は書面の正式な声明書で，債務の合法性または有効性を争うが，その金額を後に回復させる権利を留保しつつ支払いをなすことに同意をする。争いのある債務を『異議を留めて』のように記述する。」と説明している。

具体例で考えてみよう。XはYに対し，Yによる契約違反を原因として1億円の損害賠償を請求している。Yは，3,000万円までの賠償義務があるこ

とは認めているが，残り7,000万円につきギャップを埋められず交渉は暗礁に乗り上げた。

Yとしては，このままの状態で交渉を続けるとXに対し契約に基づいて年率14%の遅延損害金を支払わなくてはならない点が気になり出した。最終的に半年後に5,000万円で和解が成立したとすると，5,000万円につきこの率で少なくとも半年分の遅延損害金を支払わなくてはならない。

Yは，争っていない3,000万円分についてはこの段階で支払って"余分な"遅延利息の発生を防止することにした。ただ，そうすることで残りの7,000万円分について和解交渉が不利になっては元も子もないので，3,000万円の支払いを通知するレター中に under protest 文言を入れることにする。

under protest によって disputed な7,000万円分について異義を留保しているので，payment in full「（賠償額はこれですべてとの意味を込めて）全額の支払い」の気持ちが込められる。実際にそう書く例もある。

provided

provide は，pro「前を」，vide「見る」が語源で，自動詞の「備える」という意味が導かれる。この意味で使うときは，We must provide against the crisis.「我々は，その危機に備えなければならない。」のように against あるいは for の前置詞をともなう。

他動詞の provide は，契約用語としてきわめて重要な意味をもつ。「供給する」「提供する」「あてがう」といった意味のほかに，「規定する」との意味があるからである。This agreement provides that ～ . は「本合意書は，以下のように規定している。」となる。名詞形の provision は法律や契約などにおける規定のことである。

proviso という但書や条件を表すラテン語がある。provide の語源的なラテン語であるが，現在の英語では，it being provided that ～，直訳すれば，「以下の規定がなされているので」になる。この it being の部分を省略して provided that を条件を表す表現として使うようになったのである。

provided that ～は，providing that ～ということもあるし，that をさらに省略することもある。そうすると，文頭にいきなり provided ～ときて，if と同じような意味をもつことになる。provided がなぜ「もし……とすれば」の意味になるのか不思議に思った人もいるかもしれない。

比較すると，provided は，if よりも文語的な意味になり，条件付けとしてもより強くなる。これを文中に使うこともある。We may accept your offer provided the equipment works well.「もしその装置が良好に作動するのであれば，当社は貴社の申込みを承諾する。」のような例をあげられる。

provided は，「条件」を表すだけでなく，「但書」を表すのにも使う。法律や契約は，一定の原則を書くものであるが，原則に対する例外部分がより大きな意味をもつことがよくある。その場合，例外部分は，次のように但書にする。

The merchandise shall be delivered immediately after the signing, provided the delivery shall take place not later than May 31, 20××.

「その商品は調印後直ちに引き渡されなくてはならない。但し，引渡しは20××年5月31日以前に行われるものとする。」

「条件」「但書」のどちらに provided を使っているのか判別しにくいこともあるので，但書を表すのであれば，provided の前にコンマかセミコロンを入れる。これでもわかりにくいときは，；provided, however, that のようにしてセミコロン以下が但書であることを明確にする。

なお，「例外」を一般に表す英語は exception である。

; *provided, however, that ~*

契約書に限らず，およそ法律関連の文章というのは，原則と例外から成り立つといってよい。諺に，The exception proves the rule.「例外があるということは原則のある証拠。」というが，法原則にはこのことが最もよくあてはまる。そればかりか，例外として書かれているところがより重要であるともまれではない。

原則に対する例外として但書を表すのに一般的なのは，however という接続詞を使ういい方である。however を法律表現のなかで使うこともももちろんあるが，法律表現における原則と例外の関係のもつ重要性に鑑み，例外表現にはもう少し"重み"をもたせたいい方にすることが多い。

よく用いるのが，**;provided, however, that** ～ といういい方である。that 以下に導かれる部分に例外，但書がくる。このいい方では，ここから先が但書であるということをより明確にするため，1つのセンテンスの途中でありながら，provided の P を大文字にすることがよくある。

また，；provided, however, that ～ の that または however を省略したり，however と that をともに省略して但書を表すいい方に使うことがある。

この場合，however が残っていれば以下に但書表現がくることがわかるのでよいが，そうでないと以下のような「条件」を表すいい方に解釈されてしまうおそれが生じる。

たとえば，He agreed to buy the house provided that it was in good conditions.「彼はその家が良好な状態にあるとの条件で買うことを合意した。」のように使うこともあれば，次のように文頭に使うこともある。

> *Provided that such plan is approved by the board of Directors, it shall be binding upon the company.*
> 「その計画が取締役会によって承認されることを条件に，計画はその会社を拘束する。」

provided を用いて但書を表すときは，文脈中あるいはセミコロンやコンマに導かれることで識別することが可能であるが，やはり however を入れ

て明確なかたちで表現するのがよりよい用法である。

　ちなみに，但書そのもののことは，proviso という。with a proviso は「但書付きで」「条件付きで」を意味する。また，He made it a proviso of the agreement.「彼は，それを合意の条件とした。」のようにも使う。

　proviso は，見たところからすぐわかるように，provision と同じ語源をもっている。provision は，契約，法律などの「規定」というのが一般的な意味であるが，より基本的には「条件」「但書」に近い。

　契約や法律の規定が，むしろ「例外」を柱にして成り立っていると考えればすぐ納得がいくし，また，provided that ～ といういい方の意味も理解しやすくなる。

provider / supplier / sponsor

　provider，**supplier**，**sponsor** いずれも何かの「提供者」を意味する。何を提供するかによって，英語を使い分ける。

　sponsor は，慈善目的のためのイベントなどへ「資金を提供する者」を表す。「(テレビ番組などの) スポンサー，広告主」を表すのは，日本語にもなっておりわかりやすい。法律用語としては，「法案の提供者，起草者」を意味し，「身元引受人，身元保証人」も sponsor という。

　もともと語源にあたるラテン語の *spondere* は，「約束した人，保証した人」をさした。

　supplier は，「必要な物資などの提供をする人」である。supply の語源にあたるラテン語の *suppleo* は，to fill up「満たす」の意味をもつ。複数形の supplier で「生活必需品」「備蓄」を表し，medical supplies「医薬品」relief supplies「救援物資」のような用法もある。

　いま各国・地域で課題として抱えるのが，サプライチェーン (supply chain) の寸断リスク対策を通じた重要物資のサプライチェーン強化である。日本では，2022年5月に成立した経済施策を一体的に講ずることによる安全保障の確保の推進に関する法律の内容的4本柱中の第一が「重要物資のサプライチェーンの強靭化」であった。

　supply chain を「供給網」と訳す例は多く見るが，原材料や部品の供給契約 (supply agreement) を網の目のように張りめぐらすのではなく，同契約の連鎖が何本もできるのが一般である。「供給連鎖」と訳すほうがあたっている。なお，supply agreement は，供給者側の視点からのいい方であるが，調達者の視点に立てば，調達契約として procurement agreement というべきである。

　provider が提供するのは，物というよりは役務・サービス (service) である。医療サービスなどの提供 (事業) 者を provider と称してきたが，いま IT 社会で最重要の provider になったといってよいのが，インターネット接続業者としての provider である。日本では，この意味での特定電気通信役務提供者の損害賠償責任の制限と及び発信者情報の開示に関する法律 (通

称，プロバイダー責任制限法）を2001年に制定し，2002年5月27日より施行している。

同法は，特定電気通信による情報の流通によって，たとえば名誉毀損のような権利の侵害があった場合において，プロバイダーの損害賠償責任をどこまで制限するか，発信者情報の開示を請求する権利について定めている。

なお，provide には，単に「物を与える，提供する」だけでなく「物をあらかじめ備え，準備する」との意味がある。さらに，S + V + (for) O の構文で，〜 provides for a family は「……が家族を養う」となる。法律表現そのものだが，The Law provides for protection of consumers. では「その法律は消費者保護」を規定する（定める）となる。

public

public には，「公共の，公開の，周知の」といった意味がある。法律関係に限定しても public law「公法」, public order「公の秩序」, public policy「公の政策，公序」といった使い方がある。民法の「公の秩序又は善良の風俗」（90条）を "public order or good moral" と訳すことがある。

知的財産権法の分野では public domain の用法が重要である。public domain を Black's Law Dictionary（Fifth Pocket Edition）がどのように説明しているかを見てみる。

> 1. *"Government-owned land"* 「政府所有の土地」
> 2. *"The universe of inventions and creative works that are not protected by intellectual property rights and are therefore available for anyone to use without charge."*
> 「知的財産権によって保護されず，そのため使用料を支払うことなく誰でも使える発明，および創造的な作品の領域。」

秘密保持契約（secrecy agreement）においては public domain は，2番目の意味で使われている。実際に public domain がどのように使われるかというと，次のように使われる。

> *"The obligation to observe secrecy shall not apply to such information which:*
> *a. is or becomes part of the public domain; and*
> *b. ……."*
> 「秘密を守る義務は，以下の情報には適用されないものとする。
> a. 公知に属しているか属するようになる情報，および
> b. ～。」

誰でもが知るようになった情報には，そもそも秘密がないのであるから，秘密保持義務の対象から外れるのはあたりまえである。問題は，どの範囲の人が知るようになったら「公知」といえるかである。「公知」の一般的な意

味は「世間に広く知られていること。周知」（広辞苑より）であることはすぐわかるが，法律的な意味ではどうだろうか。

日本の民事訴訟法には，証拠による証明を必要としない「公知の事実」という概念がある。これは「通常の知識経験をもつ社会の一般人がその存否につき少しも疑いを挟まない程度に知れ渡っている具体的事実」（高橋和之他編集『法律学小辞典　第5版』（有斐閣，2016））をさすとされている。ただ，知的財産権法の分野での「公知」は，これとは少し異なる説明をする。

すなわち，特許法や意匠法の下で「公知」（publicly known）の発明や意匠は，出願前に公然と知られた状態となっていて新規性をもたないため，特許や意匠登録を受けられない。この点，1999年の特許法改正の結果，国外での「公知」によっても発明の新規性が失われることになった。

秘密保持契約における「公知情報」は，やや狭く，その分野の専門知識をもった人が調べて知ろうと思えば知ることのできる状態にある情報とされている。したがって，専門雑誌に公表されているだけでもよいことになる。

不正競争防止法の下で，「営業秘密」として保護されるための要件の1つとして「公然と知られていないこと」すなわち非公知性がある。「公然と知られている」状態は，単に多くの者によって情報が入手されているというだけでは生じない。その情報に関して秘密保持義務が守られているならば非公知性は保たれているからである。

reasonable

reasonable は，一般に「合理的な，（人が）道理をわきまえた」を意味する。法律用語としては，ある状況下で fair, proper, or moderate「公正，適切もしくは適度の」を表すとされる。

英文契約などでは，よく reasonable efforts を尽くしての義務履行を求めることがある。reasonable efforts の代わりに best efforts を使うのとどちらが義務内容として重くなるであろうか。

best efforts は，「最善の努力」を表す。efforts の代わりに endeavors を使ったとしてもほとんど意味は変わらないが，effort(s) よりは意味が強く形式ばったいい方とされる。ちなみに effort(s) の語源は，ラテン語の *ef* + *fortis* で「力を出す」を意味する。*fortis* の元の意味は「強い」で force「力」の語源でもある。

best efforts を使った簡単な規定例で説明してみよう。X shall pay U.S.$ 10,000.₀₀ at the end of the month.「X はその月末に 1 万米ドルを支払わなければならない。」で，X が月末に支払うことを怠れば債務不履行（default）になってしまう。ところが，shall と pay の間に ", at his/her best efforts, " を挿入すると「最善努力をして支払う」ことが義務の内容になる。

X が，さんざん親戚や知人を駆けずり回って借り入れようとしたにもかかわらずお金が集まらず，月末に 1 万ドル支払えなかったのであれば，「最善の努力」の結果 default は免れることになるだろう。

このように best effort(s)「最善努力」は聞こえがよく，これを入れることで義務レベルが高まるようにみえるが，じつはそうではない。

日本の民法では，注意義務の程度を表す用語として，一般に行為者の属する職業や社会的地位に応じて通常期待される程度の抽象的な注意義務と，当該行為者の注意能力に応じた個別具体的な注意義務がある。前者を「善良な管理者の注意（義務）」といい，後者における「自己の財産におけるのと同一の注意（義務）」と区別する。企業による契約などでは，前者の善管注意（義務）が求められるのが通常である。

best effort(s) を尽くして義務を果たすとの表現は，日本民法の「自己の

財産におけるのと同一の注意（義務）」の範囲内で「最善」といっているにすぎないとみられる。日本語でも「最善の努力を尽くす」との表現は，その人ごとに「最善」レベルが違う可能性がある。それどころか，アメリカの州裁判所の判例には，best efforts を求める契約条項は何を求めているのかあいまいすぎるので無効（unenforceable）であるとするものもある。

これに対し，reasonable efforts を求めるほうが，義務レベルが上がる。reasonable efforts は，「適当，適切または相当な努力」などと訳され，best efforts よりは要求する義務レベルが低そうに感じるが，むしろ逆で，「善良な管理者」（good custodian）に要求される義務レベルに近い。それは，個々の人ごとに要求されるのではなく，法令など合理的な基準に照らして「然るべき」水準の努力となり得るからである。

commercially reasonable efforts を要求するとさらに明確になる。

commercial は誰でも知っている英語で，名詞の「広告放送」を表すコマーシャルは日本語となっている。形容詞としては，「商業（上）の」「商事の」「貿易上の」をふつう意味する。副詞形で commercially となれば，「商業上」「商事で」「貿易上で」と訳せばいいはずである。

その commercially が reasonable と組み合わされたときは，1つの法律用語としての意味をもつ。「商業上相当な」と訳せばよいかといえば，そう簡単ではない。

Black's Law Dictionary（Fifth Pocket Edition）を見ると，まず以下の説明が載っている。

> *"(Of a property sale) conducted in a good faith and in accordance with commonly accepted commercial practice."*
> 「（不動産の売買につき）善意で一般に認められる商慣習に従って行われること。」

その後，次の説明が続く。

> *"Under the UCC, a sale of collateral by a secured party must be done in a commercially reasonable manner, or the obligor's liability for any deficiency may be reduced or eliminated."*
>
> 「統一商事法典の下で，担保権者による担保物の売却は商慣習上相当な方法でなされなくてはならず，そうでなければ債務者の不足分についての責任は減免され得る。」

　この説明からわかるのは commercially reasonable が「商慣習に照らして相当な」を意味することである。商慣習は，日本では商法 1 条 2 項が「商事に関し，この法律に定めがない事項については商慣習に従い，商慣習がないときは，民法（明治29年法律第89号）の定めるところによる」と書いているように，これには民法を上回る効力が認められ，商慣習法を形成する。

　ちなみに法律英語で慣習のことは custom という。customs と複数形にすると「関税」を表す。custom について上記 Black's Law Dictionary は，次のように説明している。

> *"A practice that by its common adoption and long, unvarying habit has come to have the force of law."*
>
> 「社会一般に採り入れられることおよび長く変わらない習慣によってが法の効力をもつようになった慣行。」

　英文契約中に commercially reasonable や custom の語を用いて，たとえば一定の業務（service）履行上の義務基準を述べる場合，特にアメリカでは判例法下での意味をもった使い方がほとんどといってよい。

reasonable care / utmost care

care は注意を表す。不法行為（tort）法の分野での過失（negligence）の要素となる注意義務についてと契約における当事者の注意義務（duty of care）についての双方に使う。

情報処理の委託契約などにおいて，特に問題となるのは，契約当事者に課される注意義務の程度（degree of care）である。これを表す英語は，slight care, **reasonable care**, ordinary care, proper care, adequate care, due care, great care, **utmost care**, high degree of care など多様である。

このうち，slight care は，注意義務の程度としては最も軽く，民法が無償受寄者に要求する「自己の財産に対するのと同一の注意」（659条）に相当するといってよいであろう。

これに対し，reasonable care は，直訳すれば「相当なる注意」くらいになるが，民法が委託契約の受寄者に要求する「善良な管理者の注意」（644条）に近いものである。

これをある Law Dictionary (Steven H. Gifis 著) は "degree of care which under the circumstances would usually be exercised by or might be reasonably expected from an ordinary, prudent person" すなわち「一定の状況のもとで通常の注意深い人によってふつうになされるであろう，またはそうした人に合理的に期待されうる注意の程度」と説明している。

Black's Law Dictionary もほぼ同じ説明をした上で，due care, ordinary care, adequate care, proper care とあまり違わないとしている。

「通常の注意深い人」が民法「善良な管理者」と同じ程度かというと，そっくり同じとはいえず，ややそれよりも低い程度の注意のように思える。

Gifis's Law Dictionary で great care を引くと，"degree of care usually exercised in similar circumstances by the most competent, prudent, and careful class of persons engaged in similar conduct. Care greater than that usually bestowed by persons of ordinary prudence in similar circumstances." すなわち「通常，同じような状況において，最も能力があり，慎重で，かつ注意深い範ちゅうの人が同様の行動をするときに行う注意の程度。通常の慎

重さの人が同じような状況において通常払うよりは大きい注意。」としている。

　明らかに「通常の人」と区別をしているので，こちらのほうが善良な管理者の注意に近い感じである。ちなみに Black's Law Dictionary は，great care を，extraordinary care, high degree of care, utmost care とほぼ同義としている。

　以上をまとめると，法律英語の care における注意義務の程度には 3 段階あり，たとえば受託者に，日本でいう善管注意義務を要求したいのであれば，utmost care あるいは great care といった語を使うべきであろう。

recall

recall を辞書で引くと，「思い出す，呼び戻す」の意味が載っている。日本語になっているが，recall of the defective products「欠陥製品のリコール」のような使い方が最も重要である。

recall は re「再び」＋ call「呼ぶ」でできた語で「呼び戻す」の意味になる。call の語源は，「大声で（名を）呼ぶ」を表す古期英語（OE）の *ceallian* だとされている。

「呼び戻す」といっても対象はさまざまである。英和辞典で最初に出ている「思い出す」の対象は記憶ということになる。次に「人」を対象に「召還する」「（職に）復帰させる」との意味が載っており，アメリカ英語であることを断った上で，「（公職者を）リコールで解職する」が載っている。自治体の首長などを住民投票でリコールするとのいい方は日本でもする。

次に「物」のリコールで，いったん市場に出回った欠陥製品をメーカーなどが回収する場合に使う。ブレーキに不具合が見つかったので乗用車を大量にリコールするといった使い方は典型例である。リコールには法令に基づく行政庁の回収命令による強制リコールと企業が任意に行う自主リコールがある。

薬品，食品，自動車など，不良品を放置しておくならば人の生命，身体に重大な影響が及ぶおそれがある製品についてはさらなる被害防止のためにも一刻も早い的確な対応が必要になる。そのため，ほとんどの国でこれらの製品については法令が事故を速やかに行政当局に届け出ることを義務づけ，必要なときは行政当局が回収命令を発することができると定めている。

グローバルに事業を展開する企業は，自社製品を販売する現地の法令をよく知った上で，これに違反することがないようコンプライアンス体制を整備しなくてはならない。国・地域によって強制リコールに関する法令内容が同じとは限らないから，迅速に対応できるように，現地法人にリコールなどの決定をする権利を付与しておくことなどが求められる。

リコールの前提になる製品クレームは，現地の販売子会社，販売店に寄せられるケースが多くなる。たとえば日本のメーカー A 社が海外のある国で

販売店 B 社と一手販売店契約（exclusive distributorship agreement）を締結し，製品を販売させていたところユーザーから，不良品クレームが相次いで寄せられたとする。

この場合，一手販売店（exclusive distributor）に指定された会社などは，販売店契約の下で販売権を与えられた地域（territory）内では，販売促進活動に努めるとともに，クレームなどにも対応すべき義務を負うことがある。

どこまでこれに対応する義務と責任を負うかは，契約ごとに異なるが，製品によっては人の生命，身体の安全に直結する緊急事態対応が求められる点がポイントである。クレームなどの情報をただちに製造者に知らせることは最低限義務づけておくべきだろう。

それだけでなく，当該販売地域・国の法令が輸入業者や販売業者に事故情報の収集，開示，届出を義務づけることがあるので，これを見落とさず適宜契約内容にも反映させることである。

ちなみに日本の消費生活用製品安全法は，ガス器具他による事故を受けて2006年，2007年の改正で，事故情報の収集，一般消費者への情報提供義務を，製造者のほか「輸入又は小売販売の事業を行う者」に負わせた。

消費生活用製品安全法は，2024年にも改正された（同年 6 月26日公布，25年 2 月 6 日施行予定）。本改正の背景には，近年のインターネット取引の拡大に伴う，国内外の事業者による，オンラインモールなどを通じた国内消費者への製品販売機会の増大がある。

こうした傾向を踏まえ，本改正は，海外から直接販売される製品の安全確保や子供用の製品による事故の未然防止を通し，国内消費者が製品を安全に使用できる環境を整備するため，(1)インターネット取引の拡大への対応，(2)玩具などの子供用の製品の安全確保への対応のための措置を講じる，ことにした。（経済産業省「消費生活用製品安全法等の一部を改正する法律の概要（令和 6 年11月 1 日）」より。）

本改正により，取引デジタルプラットフォーム（DPF）提供者に対し出品削除要請などの措置が講じられるようになった。

recitals

　英文契約の最初の部分に，"**Recitals**"と題する「前文」が入ることがよくある。こうした「前文」による説明を置くのは，英文契約の伝統的な「形」といってよい。

　英文契約は，英文で，しかも法律的な内容部分は法律英語によって書かれる。「言葉は文化である」といわれるが，法律英語は英米法文化が育んだものである。英文契約も英米法スタイルになるのが自然といえる。

　英米法スタイルの契約は，契約の前文にあたる部分が比較的充実している。契約に至る背景や動機まで細かく書くからである。

　これは英米法の成り立ちと無関係ではなさそうである。英米法（Anglo-American law）は，慣習法，判例法（case law）の体系である。大陸法の制定法（statute）主義と異なり，英米法は不文律（unwritten law）の体系といってもよく，裁判官が具体的な事件について判断を下し，判例の集積によって，法原則が形成されていく。

　いいかえると，英米法は先例重視の考え方であり，ここに至るまでの経緯や背景をきちんとおさえておかなくては成り立たない。契約（書）に対する考え方も異なる。日本でいえば民法や商法のような実体法ルールが必ずしも法文になっていないので，契約書づくりは，極端なことをいえば，それまで積み重ねられた不文律の気になる部分をすべて条文化していく作業であり，立法作業のようなものである。

　ところで，recital を辞書で引くと，「演奏会」や「朗読会」のほかに，「詳しい説明，物語」の意味が載っている。まさに契約に至る経緯，背景などについて書くのが，英文契約における"Recitals"と題する部分といってよいであろう。

　Recitals 部分がどの程度詳しくなければならないといったルールはない。複雑で大きな契約であれば，当然項目も多く，長くなりがちである。

　似たような英文契約前文の説明部分に whereas clause がある。こちらのほうがより伝統的ないい方といってよいであろう。whereas は，現代ではふつう使わなくなった古い英語で，「……なので」「……に鑑み」といった意味

をもつ。

法律表現としては "Whereas ～, ～." 「……なので, ……である。」のように, 1つの文章中で, 従属節を導くのに使う。そうなると, whereas clause をいくつも並べて契約の背景や動機・目的を書いたときは, 主節がどこかにないと文章としては完結しない。

主節にあたるのは, ふつう whereas clause の後に書かれる "Now, Therefore, ～ , the parties mutually agree as follows:"「そこで, したがって, ……, 本件当事者は下記のとおり互いに合意する。」といった文章になる。

この文章には, "in consideration of ～"「……を約因として」という約因文言が含まれるのがパターンで, その昔は whereas clause のところに, 英文契約法の下で原則として契約成立に必要とされる対価関係 (consideration) の内容を書いたという。いまではそうした書き方はしなくなったが, スタイルだけは残っている。

"Recitals" として書くときは, 一文一文が独立していてよいことになるので, 現在では多分に形骸化した, 約因理論に基づく文章を書かなくても理論的におかしくはない。同じ説明条項を置くにしても, こちらのほうがすっきりして現代的な印象を与える。

recourse / *non-recourse*

　non-recourse の正確な意味は，course を説明するところからはじめなくてはならない。course には，「過程，経過，成り行き」という意味がある。これに対して **recourse** は，通常のコースからは外れた意味になる。「頼みの綱」「最後の手段」といった意味になるからである。

　また，通常のコースに対する「逆コース」の意味も含まれる。recourse to violence は「暴力に訴える」であり，recourse to alcohol は，「アルコールの力に頼る」である。この場合の recourse は，resort と置きかえられる。

　法律上の recourse「頼みの綱」は，償還請求権である。つまり，第一次的責任者が履行しなかったときは，第二次的責任者に対して履行を請求することが recourse である。たとえば，The creditor shall not be bound to exhaust its recourse or to take any action against the principal debtor or others. は「債権者は，主債務者その他に対して償還請求権を尽くし，あるいはいかなる行動も起こす義務を負わない。」となる。

　recourse が法律用語としてよく用いられるのは，有価証券法の分野においてである。手形の裏書人は，二次的支払義務者として，手形の所持人（holder）からの償還請求権に応じなくてはならないものとされている。日本の手形法でいう遡及義務者である。

　しかし，裏書をする際，手形上に "without recourse" と明記した場合には，裏書人は遡及義務を負わない。すなわち，without recourse と明記したら，何らの支払義務を負わない意思を明らかにしていることになる。

　この場合，裏書人は，裏書そのものによっては契約上義務を負うものではなく，ただ有価証券上の権利の譲渡人になるにすぎず，日本の手形法にいう無担保裏書にあたり，権利移転的効力のみが生じる。

　手形の正当な所持人のことは，holder in due course という。ところが，recourse は，コースを逆に戻っての請求である。所持人から見てコースの前者つまり裏書人に対する請求という意味で，この recourse の語が使われていると考えられる。

　不動産の証券化・流動化の関連でよく出てくる non-recourse loan につい

て説明する。このタイプのローンは，プロジェクト・ファイナンスで使われはじめた。プロジェクトごとに会社をつくり，運営主体としてプロジェクト資産を所有する一方，プロジェクト遂行に必要な資金の借入人となる。ただ，多くの場合その親会社は借入れにつき保証人になるわけではないので，貸手からみれば，借入れにつき親会社に遡及（recourse）し得ないことになる。

現在では，プロジェクト・ファイナンスに限らず，non-recourse loan といえば，融資に対する求償権の範囲が，担保資産に限定されているローンをさす。

逆は recourse loan であるが，融資に対する求償権の範囲が，担保資産のみならず借手の資産全体に及ぶローンのことである。recourse loan に比べ non-recourse loan は，債務者自身の信用力ではなく，事業単位の担保力を判断して融資を行う。

仮にその事業が失敗に終わり担保価値が下落したとしてもそれ以上の求償はなされない。それだけに non-recourse loan においては，貸手側のプロジェクトを見る眼のたしかさが求められる。

従来型でもある recourse loan の場合，求償権の対象は特定されず，債務は完済まで残ってしまう。これが日本で不良債権処理が遅れた理由の1つともいわれている。

refer / referee / reference

refer は「運び戻す」の意味のラテン語から生じた語で，「言及する」「照会する」，「参照する」，「問い合わせる」といった自動詞としての意味の他，他動詞としては，「（事件などを）……に委託（付託）する」の意味がある。

付託を受ける人のことは，refer の受身形である **referee** という。ボクシングやサッカーの審判員のことをレフリーというのは，ここから来る。法律用語としては，審判員すなわち調停や仲裁を付託された者，調停者，仲裁人の意味になる。

アメリカの民事訴訟手続では，**reference** 一語で，master「補助裁判官」に事件を付託する行為あるいはそのための文書を表す。

reference は，refer の名詞形だが，その一般的な意味は言及，参照，照会であるが，一語で「信用（身元）照会先（人）」の意味ももつ。また，「関係，関連」の意味もあるので，in reference with ～は「……と関連して」であり，without reference to ～は，「……と関係なく」となる。

英文契約書には，条文や条項が書かれている。条文のことを Section，項のことを Paragraph というが，それぞれ §，¶ と略記する。これら参照符のことを reference と称することも覚えておくとよい。

reference を使った成句の１つに terms of reference がある。terms of reference は，直訳すれば，「委託のための契約条件」が最もあたっている。ただ，あらゆる種類の委託ではなく，ある種の委託に限定して使う。それは，「（委員・仲裁人・審査人）への委託・付託・回付」（竹林滋『新英和大辞典第六版』研究社，2002）である。

このうち，実務上，最も身近で一般的な使い方は，仲裁手続のなかに見ることができる。事件を仲裁によって解決するとの当事者の仲裁合意そのものを reference ということがある。

また，仲裁機関のなかには，仲裁人（arbitrator）を特別の委員会（Panel）を設けて決める手続を規則で定めている場合がある。その場合は，Panel に対して仲裁人の決定を委託する Terms of Reference の回付をするといったいい方をする。

342   refer / referee / reference

委託や付託に限定的な terms of reference は，イギリス英語で公式的ないい方をする場合における使い方である。アメリカ英語の場合，（何らかの決定に際して）考慮すべき事項を広く表すときに使う。

なお，terms of reference の terms は契約条件を表す。term には，契約用語としてだけでも，期間，条項，条件，料金の意味がある。このうち，「条件」「料金」として使うときは，複数形になる。

terms of contract が「契約条件」，terms of trade が「貿易条件」となるのはわかりやすい。ただ，terms 一語でも「協約」「同意」の意味をもつ。bring a person to terms といえば「人を同意させる」，come to terms with ～ は「……と（したくないのに）折り合いをつける，話をまとめる」の意味になる。

refusal (right)

　refusal は，refuse の名詞形で，「拒絶」「拒否」が一般的な意味である。
法律用語としては，1語で選択権，優先権，あるいは先買権を表す。「権利」
を明確にするために refusal right とし，さらに「優先」を示すために first
refusal right とのいい方もする。

　first refusal right は，right of first refusal ともいい，直訳すれば「最初に
拒否する権利」である。不動産などの売買契約書にはよく出てくる語句で，
このまま条項の見出しに使われることもよくある。Black's Law Dictionary
(Fifth Pocket Edition) は，"A potential buyer's contractual right to meet the
terms of a third party's higher offer."「潜在的買主の，第三者のものより高
い申込みの契約条件に応じられる権利」と説明している。

　したがって，first refusal right は「優先拒否権」というよりは，「優先買
取権」すなわち「先買権」といったほうがわかりやすいであろう。具体的な
例で考えてみる。ある土地の所有者 X が Y に対しその土地の売却について
first refusal right を与えたとする。X が，Y 以外の当事者 Z に土地を売るこ
とで価格など条件の交渉を進め，一定の条件が Z より提示されたとすると X
は，Z から提示された offer の内容を Y に伝えなくてはならない。

　この場合 Y は同じ条件でその土地を購入したいときは，Z の提示した条件
どおりで自分の土地を売るように要求することができる。つまり，Y が Z の
提示した条件で契約することを希望する限り，X は Y と契約する義務があり，
もし，Y が自分が与えられた権利すなわち「先買権」を行使しなかった場合
にはじめて，Z と契約をすることができる。

　この場合，契約条項例としては，"X agrees to grant Y a right of first
refusal to purchase the Land for six months."「X は Y に対し 6 か月間その
土地の優先先買権を付与することに同意する。」のようになる。

　refusal は「拒否権」であり「拒絶することを選択することのできる権利」
である。その意味で「選択権」の内容をもつ。ただ，「選択権」として一般
に知られているのは，option の語であろう。

　option というと何か並列的にいくつかあるもののなかから，一部を選ぶこ

とのできる権利のみを思い浮かべるかもしれないが，正確には「一定の期間内にあらかじめ決められた価格で商品などを売り，または買う権利」を意味する。

これは，売る権利を対象とする put option と買う権利を対象とする call option とに大別できる。オプション取引の拡大は，最近の金融界において特に顕著である。

option と refusal とは以下の 2 点で異なる。つまり，① option が付与された時点ですでに契約条件が定まっている点，および② option を付与された者は，定められた行使期間中いつでも option を行使できる点である。

なお，合弁契約などに pre-emptive right の語句を見かけることがある。これは，refusal right と似ているが，「既存の株主が株式保有割合を減少させないために新株発行に際し，その株式保有割合に比例して優先的に新株を引き受ける権利」のことで，いわゆる新株引受権をさす。

pre-emptive right は，ある会社の株式につき，第三者に先んじて一定の期間内に持ち分の割合に応じて株式を引き受けることのできる権利で，これも先買権的 option の一種ということができる。

日本の商法では，1955年の改正で株主が新株をもたないことを原則とし，定款で株主に付与することもできるとした上で，新株引受権発行の際に取締役会の決議で株主に付与してもよいことにしていた。

2006年 5 月 1 日から施行になった会社法は，株式の募集発行において株主に株式の割当てを受ける権利を与えることができるとした（会社法202条 1 項）。

remedy / relief

remedy, relief ともに，「（法的な）救済方法」の意味があるので，比較する意味もあって並べて取り上げることにした。

「救済方法」としてより正式な用語は remedy である。だが，relief も，英文契約中などでよく injunctive relief「差止めによる救済」の成句で使う。

差止請求権は，もともとは英米法の救済方法である。英米法は狭義のコモンロー（common law）とエクイティ（equity）の2本立てで，前者が原則的ルールとすれば，後者が例外的修正原理である。法律問題には通常の法的ルールだけでは，具体的に妥当な解決に辿りつけないことがよくある。そこで，修正原理としてのエクイティ（衡平法）を働かせる。

権利侵害に対する原則的なコモンローの救済方法（remedy）は損害賠償（damages）である。ただ，損害賠償だけでは，救済として十分とはいえないので，エクイティは特定履行（specific performance）による救済方法を用意しており，そのなかに差止請求権（injunction）を含む。日本では，差止請求権を個々の実体法が規定して認めている。

たとえば，会社法が株主による新株発行差止請求などを，知的財産権関連法は，特許権や商標権，営業秘密の侵害などに対して差止請求権をそれぞれ規定している。

こうした直接の根拠規定がない一般の不法行為について差止請求権が認められるかどうかには争いがある。これまで，環境保護，消費者保護，プライバシーなどの人格権侵害などの分野で裁判が起こされてきた。

差止命令にもいくつかの種類がある。アメリカ法でいえば，一般に，終局的差止命令（permanent injunction），予備的差止命令（preliminary injunction）および緊急差止命令（temporary restraining order）である。1つ目は，我が国では終局判決で下されるが，後の2つは仮処分命令で下される。最後の TRO は，相手方当事者の審尋をすることなく，一方的に下される。予備的差止命令の申立の審理に必要な限りで，現状を維持することによって後で回復できないような損害を一時的に止めることを目的とする。

rent / rental

　法律英語の用法・用語は，日本語化した身近な語句ほど扱いにくくむずか
しい。それは，日本語化した語の意味と法律英語としての正しい本来の意味
が食い違うことがしばしば起こるからである。本書250頁以下で取り上げた，
「リース」や「ローン」のように身近なカタカナ日本語になっている場合
が代表例といってよい。

　賃貸借契約を英語で lease agreement と表現するのは適切だが，日本語の
リース契約とまぎらわしいので，rental agreement としたらよいのではと考
え，実際にそうする例もある。だが，law dictionary を見ても，rental は
The amount received as rent すなわち，「賃（貸）料」のこととしか説明し
ていない。やはり，賃貸借契約は"素直に"lease agreement と訳しておく
のがよいであろう。なお，finance lease は，正確にいうと会計用語であって
法律用語ではない。

　ちなみに日本語のリースと同じ契約をするときは，アメリカで不動産につ
いては net lease の英語を，産業機械や事務機については equipment lease の
英語を使ってふつうの lease と区別する。ちなみに net lease の net は，「正
味の」を意味し，lease agreement の lessor「貸手」に，税や各種手数料な
どの負担のない正味の利益を保障する内容であることを表す。

　アメリカの法律用語辞典（Law Dictionary）には，正味利益を保障する程
度に応じて net-net lease や net-net-net lease といった見慣れない用語まで
載っている。実際に lease agreement 案文に書かれていたのを見て，typo
「誤植，タイプミス」だろうと早合点して，1つだけ net を残しあとの net
は削除してしまった例があるらしい。

　「賃料」「貸借料」の英語としては，**rent** がある。ただ，rent は，家や土
地などを「貸借する，借りる」との動詞で使うのが元の意味である。特に自
動詞で使って，The apartment rents at ＄500 a month. は「そのアパートは，
月500ドルで賃貸されている。」と訳す。前置詞 at の代わりに for を使っても
よい。

　rental が rent の形容詞と思い込んでいると間違いやすいが，rental にも，

賃貸（料），レンタル（料）の意味がある。

　日本語で「レンタカー」は，主にアメリカ英語で rent-a-car という。ただ，より正確には，rental car というべきであろう。rent-a- ～は，「雇われの……」との意味があり，rent-a-cop「制服を着た警備員」や rent-a-mob「金などで動員されたやじ馬的暴徒」といった，ややネガティブな使い方をするからである。

represent / warrant

　契約中に **represent** の語を用いることは多い。たとえば，X represents that it has the right to license the technology and that it developed it independently. 「X は，その技術をライセンスする権利をもっていることおよび独自に開発したことを表明する。」といった文章は，ライセンス契約ではおなじみのものであろう。

　この場合，represent は，present と同じように，何かを表現したり表明するという意味をもつ。ただ契約中に使うからには単に事実を一方的に表明したというだけにとどまらず，その内容が正しいことを保証しつつ事実を表明するという意味が含まれているものと考えなくてはならない。そのため represent を「保証する」と訳してしまうこともある。

　しかし，より正確には，represent and warrant 〜 というように **warrant** と組み合わされて使うときに「ある事実を表明し，かつその正しいことを保証する」という意味になる。リース契約，ローン契約など財務関連の英文契約，企業買収関連の諸契約などには，Representations and Warranties「事実表明と保証」という表題の条項が入ることが多い。ローン契約であれば，契約時において借主（borrower）が財務上健全な状態にあることなどを表明する。

　事実を表明した上で，その真実であることを保証することは，それが偽りであったり重要な事実を隠していたときには，たとえばローン契約であれば「不履行事由」（events of default）の 1 つに数えられることになる。

　そうした default の 1 つであることを表したい方に次のようなものがある。

> *Any representation or warranty given or made by the Borrower in or pursuant to this Agreement shall prove to be incorrect.*
> 「借主によって，この契約中であるいはこの契約に基づいてなされた事実表明または保証が真実でないことが証明される（とき）。」

ローン契約の下で債務不履行（default）事由にあたるということは，その効果としていわゆる期限の利益の喪失（acceleration）がもたらされることにもなり，損害賠償の可能性が出てくる。単なる事実の表明とはまったく違うのがわかるであろう。

ちなみに warrant は，名詞では本来，権限（authority）を表す語であったが，そこから権限もしくは権利を授与し，またはその授与を証する書面を表すようになった。ワラント付社債（bond with warrants attached）の warrant も同じような意味からきている。

さらに刑事法の分野では，warrant は逮捕状，拘引状のような令状をさす。また，search warrant といえば，捜査差押令状のことである。

warrant から派生する warranty は，契約法の分野で非常に重要な語である。特に implied warranty（黙示的担保・保証）の法理は，売主は買主に対して，契約に何も書いてなくとも一定の保証・担保をしたこととされてしまう重要な法理である。

representation

representation は，represent「表す，表現する」の名詞形である。representation は，単なる「表現，表示」の意味を越えて，しばしば複数形で「陳述，説明」の意味に使うと辞書にある。

契約の条項として使うのは，事実の陳述，表明を内容とする場合である。「保証条項」と訳されることがあるとしても，内容はあくまで事実なので，過去または現在の事実を表明するのが中心である。将来の事実も表明の対象に入れることは可能である。

表明するといっても「事実」(fact) を表明するのであって「意見」(opinion) を表明するものではない。そこで，representations 条項の内容としては，"X represents as follows: 〜." 「X は，以下のとおり事実を表明する。」のようないい方に続けて，"The Products are free from any defect." 「本件製品はいかなる欠陥も有しない。」と表明したりする。過去から現在までずっと欠陥がなかったという意味で "There has been no defect in the Products." 「本件製品にはこれまで欠陥がなかった。」とすることも考えられる。

ところが，売買契約の買主は目的物に欠陥がないこと，これまで欠陥が見つかっていないことだけではなく，そうした事実に基づいて買主の物となった後もずっと欠陥が生じないことに最も強い関心を示すはずである。

契約中に representations 条項を入れるのは，事実について特に契約後のことについて約束させるためといってもよい。買主であれば物の隠れた瑕疵が顕在化したときは，売主に責任を負ってもらいたいに違いない。過去や現在の事実を表明させるのはそのための「前提」にすぎないのである。

representations の表明対象に将来の事実を入れるのは可能といったが，将来における約束の意味を含ませるには represent だけでは弱いとされる。そこで "X represents and warrants that 〜." 「X は……を表明し，保証する。」のように warrant を加えることをよく行う。その場合，条項の見出しは representations and warranties となる。

アメリカ統一商事法典（U.C.C.）の定義によれば，warranty は，事実の確

認または約束（affirmation of fact or promise）のいずれも内容とすることができるとされている。representation よりは warranty のほうが広い対象をもつことがわかる。

　represent を将来の事実について使うことは可能だとはしても，あいまいさを避けるため，過去および現在についての事実表明と将来についての事実表明とで representations 項目を分けることも行う。

　さらに，“The price of a given merchandise does not fall below the stated value during the effective period of the contract.”「規定の商品の価格は，契約の有効期間中は定まった価格を下回らない。」と将来の事実を represent して，暗に一定の価格を下回った時は一方の当事者に解約権を生じさせるといいたい場合もある。

　それならば端的に termination events「解約事由」中に書くほうが明確でよいであろう。

requirement(s)

「条件」を表す他の英語に **requirement** や term がある。condition が法律用語の「条件」としては最も一般的であるが、requirement, term も状況に応じて用いる。

requirement は、必要とされるもの、要求（物）という意味から、「必要条件」を導く。あるいは資格・要件という意味にもなる。requirements for membership は「入会（会員になるための）資格」である。

契約の種類の1つとして requirements contract というものがある。これは、ある当事者（買主）が、特定の製品をその必要とするだけすべて他の当事者（売主）から買うことに合意をする契約のことをいう。この requirements は「必要量」を表す。

requirement と同じ語源から発する requisite という語があるが、こちらはより明確に条件のうちでも必須条件、必要条件を表す。これに pre がついて prerequisite といえば、「前提条件」である。The first prerequisite has been satisfied.「第1（前提）条件は、充足された。」のように使う。

---

requirement の用法例

~ comply with the statutory requirements

　　　　　……は法律上の要件にかかっている。

　　　　　……は法律上の要件に従っている。

~ fills the requirements Clause 12~

　　　　　……は、第12条の要件を充足するものである。

　　　　　……は、第12条の要件を満たすものである。

~ goes beyond the requirements　　……は、多くの法律の定める

of most statutes, but　　　　　　要件を超える（要件を加重する）が、

Three requirements are imposed upon ~ .

　　　　　3つの要件が……に課せられている。

To satisfy the requirements for ~ ,

　　　　　……の要件（構成要件）を満たすためには、

Column
リスキリングでは何を学び直したらよいか？

リスキリング（reskilling）は，一般に「学び直し」を意味する。新しい skill を習得させ直す，あるいはそのために再教育することである。

re- は，「再び，さらに」や「……しなおす」を表す接頭辞である。デジタル分野で，no skill 状態の筆者などは，そもそも reskilling に挑戦する資格がないのかもしれない。ある英和辞典に，re- で「新たに」の意味も書いてあったのが救いである。

専門機関の日米企業比較調査（2021年）によると，「リスキリングを実施していないし検討もしていない」日本企業は，調査対象の半数近くに上ったのに対し，米企業では10%弱であった。

IT企業のなかには，数年前にソフトウェアの"社内スクール"を設け，専用の研修施設とカリキュラムでもって，技術者全員に AI やセキュリティを学ばせているところがある。デジタル分野のスキルは，あっという間に陳腐化する。会社がかりで社員のスキルアップに取り組むのでなければ，技術革新の流れから取り残されてしまう。

デジタル分野に限らず，先の見通せない「危機の時代」を迎え，一人ひとりが自律的にスキルを身につけ，不断に向上をはかるのでなければ，"サステナブル（持続可能）な仕事人"にはなれない。

会社役員にとってもこの課題は共通である。コーポレートガバナンス・コードの2021年改訂では，「各取締役の知識・経験・能力等を一覧化したいわゆるスキル・マトリックス」の作成，開示を求め，注目された（同コード補充原則4－11①）。

resort

resortは，「行楽地」を意味するリゾートとして日本語で定着している。別に，「手段，方策」の意味もあり，こちらも last resort「最後の手段」はよく使う。

行楽地の意味のリゾートが，日本で法案となって論争の的になった。法案は，「IR推進法案」あるいは「カジノ法案」と通称される。同法案は，2018年の通常国会で，「特定複合観光施設区域の整備の推進する法律」として可決・成立した。

IRは integrated resort の略で，カジノを含む統合型リゾートをさす。同法2条1号は，「特定複合観光施設」として「カジノ施設および会議場施設，レクリエーション施設，展示施設，宿泊施設，その他の観光の振興に寄与すると認められる施設が一体となっている施設」と説明している。

同法は，IRの整備推進が「観光及び地域経済の振興に寄与するとともに，財政の改善に資するものであることに鑑み，特定複合観光施設区域の整備の推進に関する基本理念および基本方針その他の基本となる事項を定めるともに，特定複合観光施設区域整備推進本部を設置することにより，これを総合的かつ集中的に行うことを目的とする」（1条）としている。

同法が「カジノ法案」とよく呼ばれたのは，統合型リゾートとしてさまざまな施設を含ませるとはいってもカジノを日本に導入することのインパクトの大きさからであろう。日本では賭博は刑法上の犯罪である。ただ，競馬や競艇といった公営競技については，競馬法などの特別立法の下で賭博罪の違法性が阻却される。

同法が成立したのでその下で同様に「正当行為」（刑法35条）として違法性が阻却されることになるのであるが，公営の競馬や競艇の場合と異なり，法案がめざしているのは民間事業者が設置し運営するカジノである。この点が法案審議のなかで問題とされる可能性がある。

さらに，カジノを解禁するについては，暴力団の介入などをいかに徹底して排除できるかが重要な課題になる。また，カジノ施設は，マネーロンダリング防止の観点から海外では，FATF（金融行動タスクフォース）勧告に基

づき疑似金融機関と位置づけられる。

そこで，同法とは別にカジノなどの設置に必要となる法制上の措置を定める「IR実施法」には，マネーロンダリング対策として有効とされるキャッシュレスシステムの導入を検討する旨規定されるものとみられる。

また，resortは，法律用語としてrecoverと同じ意味をもつ。recoverは，「頼みの綱，最後の手段」last resortの意味があり，手形などで「遡及する」も表す。

同法の成立を受け，政府は，2017年秋にいわゆるIR実施法案を国会に提出する見込みであったが，同国会の冒頭で衆議院が解散されたため提出できず，結局，2018年4月に特定複合観光施設区域整備法案を提出，同年7月に成立にこぎつけることができた。

これらの法律に基づき，政府は，2023年4月，大阪府の夢洲でカジノを含むIR施設のための区域整備計画を認定した。同計画の下で，2029年秋にも日本国内初のカジノ施設が誕生するものと見込まれる。

一方，2022年4月に長崎県が出していたIR整備計画の認定申請については，2023年12月に国から認定を見送られ，2024年3月に長崎県は整備計画を断念した。

right

right は，誰でも知っている法律英語で，「正義，権利」を表す。それだけでなく，より具体的に「著作権，版権」，あるいは「新株予約権」の意味でも使う。

一方で，right には，「右（側）」の一般的な意味があり，これが「正義，権利」とどう関係するのか知りたくなる。

right の語源は，「まっすぐな」を表す古期英語（OE）である。「まっすぐ」なはずがなぜか「右」にそれていくのは，理由がある。まっすぐな行いは正しい行いのはずであるが，古代ローマの頃から正しいのは「右」になってしまったからである。

右利きの人が多いことと関係があるのかもしれないが，古代ローマでは右が「正しい」と信じられていた。Gods live in the right side, evil spirits in the left.「神々は右側に，悪霊は左側に棲む」との格言さえ残っている。古代ローマの公共の建物には右足から入らなくてはならないとする規則があり，入口の監視員がチェックしたという。

現在でも宗教上の理由から，右手を清い手，左手を不浄の手とする人々がいる。ものを食べるときは必ず右手で食べなければならず，左手で子供の頭をなでたりして親に見つかると大変な騒ぎになる。

政治の世界では，「右」は保守派を，「左」は革新派を表す。フランス革命後の議会で保守派が議長から見て右側の席を占めたことからきている。日本でも，与党・保守派は右側の，しかも実力者ほど奥の席に座っている。

right は古代ゲルマン語から生まれた語で，同じルーツの語にドイツ語の Recht がある。Recht は「正義，権利」より広く「法」そのものを表す。「法の目的が正義である」ことからすれば，驚くに値しない。

買収防衛策の1つにライツプラン（rights plan）がある。この場合複数形で使う。rights をある Law Dictionary は次のように説明している。

"In securities trading, a negotiable privilege to buy a new issue of stock at a subscription price lower than the market price of outstanding stock." (Steven H. Gifis "Law Dictionary", Fifth Edition)「証券取引において，流通

する株式の市場価格よりも低い買取り価格で新株を買うことの出来る流通可能な特権。」

　新株予約権は，日本では2001年の商法改正時に創設され，会社法がこれを引き継いだ。この新株予約権が内容的には前述の rights にあたる。rights plan は，いわゆるポイズンピルプラン「毒薬（条項）」の一種である。

　典型的なライツプランでは，普通株式を保有する株主全員に持株割引に応じた新株予約権を付与しておく。そして敵対的買収者が一定の割合以上の株式を取得した場合には，新株予約権を行使して普通株式を取得できるが，敵対的買収者自身はこの新株予約権を行使できないようにする。なお，株主の新株引受権は，pre-emptive rights という。

risk allocation | risk assumption

「先の見通せないリスクの時代」である。それだけに，risk と組み合わさった法律用語は少なくない。

英文契約には，**risk allocation** のための条項が入ることがある。

「リスクアロケーション」の意味から説明しよう。allocation は，資金や資源などを「割り当てる」が本来の意味だから，risk allocation は「リスクの割当て」である。

類義語に allotment があるが，こちらが「適当に割り当てること」なのに対し，allocation は，「特定の目的で（for a specific purpose）一定量を割り当てる」場合に使う。

一般にリスク管理の基本は，"リスクの分散"にあるといわれる。西洋の諺が「すべての卵を1つのカゴに入れるな」というとおりである。

risk allocation は，リスクの「割当て」というよりは，リスクの「（時間的な）分散」に近い。典型例が M&A のための契約である。交渉をはじめる前の段階から買収後（いわゆる，ポストマージャー）に至るまでの時間的流れのなかで，契約中のさまざまな条項によって，分散しつつリスクをヘッジしようとする。

企業結合のための契約といえば，すぐ M&A 契約を思い浮かべる。この種の契約におけるリスクアロケーション条項は，同契約の交渉段階，契約締結時，クロージング時，契約締結後の時間的段階の流れのなかで生じ得るリスクに対し買収後（post merger）も含め対応を規定する条項を総称してこのようにいう。

M&A 契約交渉の入口でというよりは，これに先立って締結されるのは，秘密保持契約（secrecy agreement）である。なぜ，交渉に先立つ必要があるかといえば，M&A の交渉は，S.A. を締結してデューデリ（due diligence：買収監査）をはじめてすぐにも決裂しかねないからである。

決裂したとしても相手方に残存し得る情報が流出するリスクや，リスクに対応するための条項が入っていなくてはならない。

交渉がうまくいって，めでたく M&A の正式契約の締結に至ったとする。

グローバルに使われる M&A の代表的な merger agreement（吸収合併）の場合，ほとんどが諾成契約で，契約時には合意だけで，不動産の所有権を移転したり，買収代金を払い込んだりはしない。

M&A は大きな重要な契約であるから，一度の契約ですべての決済をしてしまうのはリスクが大きくなりすぎる。

そこで，大きくリスクを契約時と決済時に分ける。不動産の契約時に代金の10～20%相当の手付を入れておき，残額は移転登記と引換えで 1 か月後に，といったリスク分散をすることと考え方はよく似ている。

merger agreement には，契約時点における一定の事実の表明保証をする条項（representations and warranties clause），契約時からクロージング（清算結了）までにおいてある行為をするとかしないとかの約束をする誓約条項（covenants clause），定められた条件を充足しなければクロージングを行わず契約を解除する旨を定める先行条件条項（conditions precedent clause）などを規定する。

これら，リスクを分散して配分する諸条項を総称してリスクアロケーション条項という。

契約によってリスクを管理する体制は，内部統制システムとして整備されなくてはならない。リスクアロケーションがしっかりとなされることは，リスク管理と一体をなす内部統制の"証し"でもある。

risk assumption は，正式には assumption of risk で，日本でも「危険の引受」として，判例が認める法理になっている。「危険への接近の法理」ともいう。

この法理は，損害や被害を受けるかもしれないリスク（危険）に対し，みずからその危険性を認識して近づいた者は，これによって損害を被ったとしても，危険を生んだ者に対する損害賠償請求ができないあるいは請求額を大幅に減額させるべきとする。

損害発生の危険を認識していたことで，被害者もその危険による損害を発生させた者と同じような地位に置かれるとの考え方に基づく。

Column
クライシスマネジメントは「危機管理」でよいか？

　crisisは，「クライシス」というカタカナ言葉として使われているが，「危機」と訳されることもよくある。crisisの語源にあたるのは，ギリシア語で「決定」，「分岐」を表す *krisis* である。この原義から，「運命の分かれ目」「重大局面，危機」の意味が導かれる。また，劇などにおける「山場」も表すし，医療分野では，「急性疾患における回復するか悪化するかの変わり目」などを意味する。

　クライシスマネジメントを「危機管理」と訳すこともある。英語では，crisis management であるが，リスクと違い，危機はマニュアルなどによって対応できない管理不能の事態をいうとする専門家もいるので，適切な訳とは認めにくい。

　内閣法15条は，内閣危機管理監についての規定であるが，同条2項は，危機管理を「国民の生命，身体又は財産に重大な被害が生じ，又は生じるおそれがある緊急の事態への対処及び当該事態の発生の防止をいう」と定義しており，緊急事態への対処・対応を中心とした内容となっている。「リスク管理」にも risk management の英語を使うが，risk も crisis も同じように management の対象にできるのか，両者の間には明らかな違いがあるのではとの疑問が生じる。為替リスクでおなじみだが，リスクは日常的であるのに対し，危機は緊急・非常事態として発生する。

　risk には軽減したり回避したりできる場合も多いので，リスク管理は，risk control と表現するほうが適切であろう。コントロールできなかったときは，リスクは一瞬にして危機になり得る，リスクを危機に発展させないための適切なリスク管理体制が求められる。

rule / ruling / regulation

rule や **regulation** は，いずれも「規則」と訳されることが多い。ただ，両者の意味するところにやや違いがみられる。どちらかといえば，rule のほうが広い意味をもっている。

つまり，自然界の法則から人為的に設定された基準や法規までも広く対象に含むのが rule である。スポーツにおけるルールというときにも用いる。この場合は，ラグビーやゴルフのルールのことは，law ともいうようであるから，law に近い用法といえる。

rule はまた，裁判所，議会，会社など何らかの権威をもった者（authority）が発するところの原則や規則のことを表す。たとえば，アメリカの連邦証券取引委員会（SEC）の制定した Rule 10b-5は，証券取引におけるインサイダー取引などの不正行為を取り締まるのに"活躍"した。

また，**ruling** というと，支配，統治とともに，行政府や裁判所が下す裁定や判決を表す。そうした判断のなかでも，特に法律などの解釈について下したものをいう。

regulation は，規則といっても，rule よりもさらに人為的色合いが濃い分野で用いる。統治行為，取締行為そのもの，あるいはこのための準則をいうからである。より厳密に，regulation は，国の立法形式の1つとして行政機関や裁判所の制定する規則を表し，また命令を表すこともある。命令は，ほかに order または decree ともいう。

法律英語である rule の最も重要な用法は，rule of law「法の支配」の使い方にあるといってよい。この場合の law は，国の立法機関が制定した具体的な制定法とは区別され，その上位にある自然法的原理をさす。

日本国憲法の前文は，憲法が「人類普遍の原理」に基づくものであり，「これに反する一切の憲法，法令及び詔勅を排除する」と宣言する。「排除」の対象には憲法も入るが，法令に関しては，憲法第81条が最高裁判所に，違憲審査権を与えている。

同条は，アメリカ合衆国憲法の解釈として判例法上確立した違憲審査権を明文で規定したものである。判例法（case law），慣習法の法体系とされる

英米コモンローを具現した規定といってもよい。ちなみに，イギリスの憲法は，コモンローの伝統に沿い，不文律であり，成文化されていない。

「法の支配」の法（law）は，時の権力者や議会の制定した法律や命令を超越した，人類普遍の自然法的な原則といえる。このところ，領土問題などに関連して，一国の代表者が，広く他国にも法の支配の尊重を要請する事例が目立つようになった。大統領や総理大臣が広く他国に向けて法の支配の原則尊重を呼びかけるのは，内容的には適切と考えられる。ただ，もともと同原則は，国の権力者による権力の濫用を戒めるものであることを忘れるわけにはいかない。

same / such / said

　same，**such**，**said** などを，単に it や the を使えばすむ場面で用いると
いったことはよくある。これも法律英語特有の表現法といってよい。

　さらに補っていうならば same が，it や them の代わりに用いられるとき
は，これを acknowledging same という。この用法は，強く何かを特定して
さし示すときに使う。たとえば，

> *If the transferring party shall not sell all or any portion of the <u>said</u> shares*
> *within the said period of one(1) month or shall wish to sell the <u>same</u> at a*
> *lower price than were offered to the other party hereto, before selling <u>such</u>*
> *shares of any of them, the transferring party shall first offer <u>such</u> shares to*
> *the other party hereto.*
>
> 「もし譲渡当事者が，その1か月の期間内にその株式の全部または一部
> を売却しなかった場合，あるいは本契約の相手方当事者に申し込んだよ
> り低い価格で売却したいと望むときは，譲渡当事者はその株式の全部ま
> たは一部を売却する前にまず相手方当事者に申込みを行わなければな
> らない。」

　この文例で下線を引いたところは，すべて「株式」を表すかこれを形容し
ているが，次頁の例のように一語で代名詞的に使うこともある。中ほどに出
てくる the same はこれだけで「当該あるいは本件の株式」をさし示してお
り，them に置きかえることができる。もっと漠然と「例の」ということも
ある。こうした用法で，same が何をさしているのかを見失わないようにす
ることが大切である。

　同じように最初に出てくる said も shares をともなって「本件株式」とい
う意味を表す。ただ，この said は，aforementioned といいかえることができ，
それ以前に出てきた何かをさす。

　つまり said は，"pointing" word として the，that，this などの代わりに用
いることがある。しかし，「前述の」という意味であることをしっかり頭に
入れて使わないとあいまいないい方になってしまう。たとえば，said

defendants hereinafter named「以下に名前を掲げられた上記の被告ら」というのは矛盾している。この語の解釈が争われた事件で裁判所は,「それ以前に名前の掲げられていない被告を含まない」とはっきり述べている。

法律文書では,said を多用しすぎるきらいがある。the, that, this などですむところはそれらの語を使うか,あるいはより正確に pointing する対象を明らかに示すのがよい。

前頁の文例にも such shares といういい方が2箇所において使われているが,これまた法律文書にはおなじみの形容詞である。

such は,demonstrative adjective といわれる。ただ,この語も一部で考えられているのとは逆に,the, that, those より以上に正確ないい方ではない。また,これを用いるときは,先行する特定した何かをさしていなければならないことに注意する必要がある。次の文例で such は何をさすか考えてみていただきたい。

> *Failure or delay on the part of either party hereto in exercising its right of termination hereunder for any one or more defaults shall not prejudice either party's right of termination for such or for any other or subsequent default.*
>
> *「この契約のいずれか一方の当事者が1つまたは複数の債務不履行について契約の下で解約権を行使することを怠りもしくは遅滞することは,当該またはその後のもしくは他の債務不履行について一方の当事者が解約権を行使することを妨げるものではない。」*

これは,英文契約によく出てくるいわゆる放棄条項(Waiver Clause)の1つである。契約の相手方当事者に債務不履行(default)があったとして,それについて契約で認められている解約権を行使しなかったとしても,以降の債務不履行について解約権を放棄したことにはならない,という意味のことを述べている。

ここで such は,それについて解約権を行使しなかったところのその債務不履行をさすのである。時間的な推移を図示するならば次のようになる。

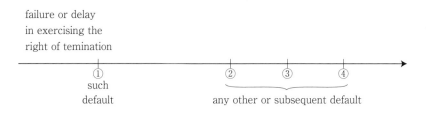

Column
BREXITはどんな「出口」か？

　イギリスは，2020年1月，正式にEU（欧州連合）を離脱した。この動きをBREXITと一般に称しているが，イギリスを表すBritainと「出口」や「退出」を表すexitを組み合わせた造語である。
　EU離脱が決まったのは，2016年6月23日に行われた国民投票においてであったが，移行期間を経て正式に効力が生じたのは，2021年1月1日であった。その後は，イギリスとEU間の通商協力協定（TCA）が適用されている。

scout

有力なプロスポーツ選手を「スカウトする」のように日本語でもよく使う。

scout は，「聞く」を表すラテン語や古期フランス語（OF）から派生した語である。元は，軍事用語で「斥候」や「偵察兵，偵察機」を表す語として使われた。on the scout といえば「偵察中で」を意味し，go out scouting は「斥候に出る」になる。

軍隊ではないがボーイスカウト，ガールスカウトの協会を The Scouts という。単に Scout といえば同協会の一員になる。ただ，イギリスでは，ガールスカウトを the Girl Guides と呼んでいる。

偵察すること，捜し歩くことの意味から，take a scout around では，「あちこち偵察する，捜し回る」となる。scout out といえば「物色して見つけ出す」である。そこから，スポーツや芸能などの新人探しをする人を scout ないしは talent scout というようになった。

タレントというと芸能界をすぐ連想するかもしれないが，元は「才能（のある人）」を意味した。語源は，ギリシア語の貨幣の単価であるタラントである。これが「才能」の意味に使われるようになったのは，新約聖書のマタイによる福音書中のイエスのたとえ話「才能に応じてタラントを分けた」からとされる。

secure / secured / security(ies)

secure は，「心配」を表すラテン語 *cura* に「ない」を表すラテン語の接頭辞 *se-* をつけたのが語源である。したがって，secure は，「心配のない（状態を確保された），安全な」を意味する言葉といってよい。

この原義から，**secured** は，「安全が確保された（状態の），担保付きの」を表し，**security** は，「安全，セキュリティ，担保」を表す。「担保」を表す英語はいくつもある。すぐ思いつくだけでも security, collateral, charge, encumbrance, pledge, lien, mortgage, hypothecation がある。

このうち，security は最も一般的に担保を表す語とみてよい。この英語は「セキュリティ」として日本語化しているが，担保の意味も secure「安全にする」から生まれたものである。

債権には担保付き債権と無担保債権がある。債権者の立場は担保付きであればより安全に守られているといえる。そのため，「担保付債権者」のことは secured creditor，「担保付取引」は secured transaction という。「担保権」は security interest というのが最も一般的である。なお，security は，通常，複数形で「証券」を表す語としても使うが，これも元は「安全」から生まれた。

日本の私法で担保（権）は，民法上の典型担保である留置権，先取特権，質権および抵当権が中心になる。英米法は体系が異なるので，それぞれ近い概念をもった英語は possessory lien, lien, pledge, mortgage となる。

2007年の金融不況の要因にもなったサブプライムローン（低所得者層向け住宅ローン）は mortgage と大きくかかわりがある。ただ，mortgage は，抵当権というよりは非典型担保権である売渡抵当に近い。いったん担保目的で形式的に所有権を移転しておき，万が一 default（債務不履行）になったときには，foreclose（受戻権喪失）によって実際に所有権を取り上げる。

概念の比較でいうと，日本法の属する大陸法の抵当権は，hypothecation のほうが近いが，英米で圧倒的に多いのは mortgage の設定である。

担保権は，所有権から見ればこれを制限する権利である。そこで，元来「邪魔物」を意味する encumbrance や「負担」を意味する charge を担保権

の意味で使うことがある。特に英米法には floating charge「浮動担保」といって，企業の資産を特定せずに広く担保に取り込む形態があり実務上重要な役割を果たす。

collateral は，担保権というよりは担保物を表す。形容詞では「付随した，補足する」を意味するから，従物，付属物と訳すことがある。ただ，文脈上担保物や見返り物件を意味するときは，そのように正しく訳さないと誤訳になってしまう。

ファイナンス関連の英文契約によく使われる negative pledge clause について説明しておく。これは無担保でローンによる借入れをする場合に，後に登場する債権者に担保を提供しないことを約束する内容をもつ。pledge は狭義では「質権」であるが，この場合，担保権を広く代表して使う。いわゆる誓約条項のなかの negative covenants といえば negative pledge のこととされるくらい一般条項化している。

shall

英文契約書には，**shall**, may, will などの助動詞が多く使われる。

これら助動詞の意味を知らない人はいないはずであるが，法律英語は，簡単な語句ほどむずかしいということを忘れてはならない。英文契約書をはじめとする法律文書に用いられる助動詞を１つずつ検討していくことにする。

英文契約書を見てすぐに気づくのは，shall の多用である。一般の英文で shall は，単純未来であることが多い。Shall you go to school tomorrow ? は，「明日は学校に行きますか？」である。

やや古いいい方で，予言を表すのに，shall を用いることがある。R. Kipling の有名な詩の一節に，East is East and West is West, and never the train shall meet.「東は東，西は西，両者交わることなかるべし。」とあるのはご存知のとおりである。

だが，英文契約書に登場する shall が単純未来の意味になることはまずない。いかなる意味でこれを用いるかといえば，「義務」を表すためである。

たとえば，販売店契約書中に，Distributor shall make periodic report to Manufacturer on its financial standing and other information. とあったら，「販売店は，製造者に対しその財産状況その他について定期的に報告しなければならない。」と訳す。これを「……報告するであろう。」としたら，ほとんど契約条項らしくなく間が抜けてしまう。

このように，契約書中で shall は，何らかの行動を起こすべき義務を課すときに用いる。実際には，shall を権利や特権を表す文脈中に用いることもあるが，適切ないい方ではない。

たとえば，「所有者は，……の権利を有する。」を，The owner shall have the right to ～. とするのは誤りで，The owner has the right to ～. か The owner may ～. とドラフトすべきである。

法律の文章などでは，「義務」ではなく命令的に shall を用いることがある。

This Act shall be known and may be cited as Uniform Commercial Code.
(U.C.C. § 1 - 101)

これは，アメリカ統一商事法典（U.C.C.）中の条項であるが，「本法は，統一商事法典として知られ，かつそのように引用することができる。」と訳せばよい。shall は，「……となるべき」という意味で，命令的に使われている。

古くは，神のような絶対権力者が一般の人間に向けて何かを命じたり，戒律を与えるときに用いた。

Thou shalt〔shall の古い形〕not steal.「汝盗むべからず。」などは，その例である。

このように禁止・命令を表す shall が，法令の表現に用いるときは，特に「立法の shall」（shall of legislation）と呼ぶことがある。

しかし，実際の解釈になるとそう簡単ではない。立法の shall で命令ないしは強制を意味するのか，あるいは通常の単純未来にすぎないのかが大問題になって裁判で争われたケースがある。

問題とされた法律は，1986年6月，カリフォルニア州で住民投票によって成立した Fair Responsibility Act of 1986「1986年公正責任法」である。

この法律は，従来から PL（製造物責任）分野で自治体や大企業のいわゆる deep pocket を狙い撃ちにする訴訟が多いため，「連帯責任」"joint and several liability" 法理を，慰謝料などの非経済的損害には適用しない旨などを内容とするものであった。

この法律の発効日をめぐって争いが生じた。法律の効力発生については，shall が使われていたために，「本性は，将来に向けて適用されるであろう。」か，あるいは「問題となるすべての案件について適用されなければならない。」と解釈すべきなのかをめぐってである。

後者であるとすれば，法律の内容をできるだけ多くのケースに適用させるために遡及効をもたせる趣旨にもとれる。

問題になった事件はアスベスト訴訟で，原告側は「本法は，1986年6月4日の発効日以降に発生した訴訟案件のみに適用される」べきであると主張した。

カリフォルニア州地方裁判所は，1986年9月，問題となった法律（プロポジション51）中には，効力が遡及するとは明記されていないという点を理由として，原告の主張を支持する判決を下した。同年10月，同州最高裁判所は，

この地裁判決を支持する判決を下した。

　ところが，翌87年2月になって，同州第2地方裁判所でまったく相反する内容の判決が下された。

　事件は，18歳の少年が自家製の花火をつくるため化学物質を混合している際に爆発，失明したケースでのPL訴訟であったが，同地裁は，「本法は，1986年6月4日に州の住民投票で可決された係争中のすべての訴訟事件に適用する」と判決した。

　同判決の理由中には，「プロポジション51の条項中で用いられた"shall"に関する第1地方裁判所の解釈は理論的にも文法的にも誤っている」との指摘がなされている。

　カリフォルニア州内の2つの地域で別々の解釈がまかり通ったのでは不都合もはなはだしいので，1988年4月，同州最高裁は，「"shall"は単純未来を表す」との見解を示して論争に決着をつけた。

　つまり，本法の発効日問題について同最高裁は，「連帯責任の廃止は，1986年6月4日法案成立当時すでに係争中の案件には適用しない」と判示したのである。

　この州最高裁による最終判断によって，メーカーなど企業側は大きな打撃を受けたといわれる。法律を制定する際に，遡及効の有無について疑義が生じないようにしておくべきであったといってしまえばそれまでであるが，たかが助動詞1つと軽んじていられないことを示してくれた事件である。

　なお，ニュージャージー州でPL訴訟事件における「法律の遡及効」が争われている。同州では，1987年7月に州の不法行為法改革がなされ，消費者が製品の危険を承知していた場合にはメーカーの責任を問うことはできないとする法理が導入された。同州の連邦地裁所は，タバコのPL訴訟事件のなかで，改革法の遡及効を認めメーカー側勝訴の判断を下した。

　契約でも法律でも，効力発生日がいつになるかは争いの生じる余地のないようになっていなければならない。この重大な点に助動詞の解釈がかかわっていたりする。

shall / will

英文契約書などの法律文書に助動詞を多く用いるのは用語法上の特徴といってもよいが，ふつうの文書で使うのとは用法が異なる。

たとえば，契約書中に "X shall pay the sum of One Hundred Thousand United States Dollars（U.S.\$100,000）by the end of August, 1997."「X は10万米ドルを1997年8月末までに支払わなければならない」とあったとする。この場合の助動詞 shall は単純未来を表すとは考えられず，契約上の義務を表すとみなくてはならない。

それでは，同じ文例で **shall** の代わりに **will** を使ったとしたらどうか。この場合も単純未来ではなく規範的な意味をもつことが多いといってよいだろう。ただ，will は shall よりもニュアンス的にやや弱い義務といった感じがある。そこで，双務契約中に同じ義務を書くときでも，たとえば不動産の貸手（lessor）の義務については will を用い，他方，借手（lessee）の義務については shall を用いるといったように使い分けることもある。

英文法律文書中に使われた will や shall がいつも義務を表すとは限らない。場合によっては単純未来ということもあるので，文脈の中で的確に判断をすることである。

契約ではないがカリフォルニア州で制定されたある法律の適用関係を表すのに shall を用いていたために，解釈上の論争が生じた例もある。その法律は，連帯責任（joint and several liability）が，慰謝料などの非経済的損害には適用しないとするものだったが，「将来に向けて適用される」のか，「問題となるべきすべての案件につき適用されるべき」なのかが争われ，同州最高裁判所は，法律発効日以降に発効した訴訟についてのみ適用されるとして，前者の解釈をとった（371頁参照）。

shall や will が，法律英語では一般に義務を表すことから，これを not で否定すると禁止を表す。特に "X shall not distribute the products outside of the territory." のようにいえば，「X はその製品をその地域外では販売してはならない。」として強い禁止行為を示す。これに反した販売をすれば契約上の義務違反である。

禁止を表す別のいい方には may not や must not などもあるが，shall not が使われることのほうが多い。shall not は，たとえば聖書の「汝盗むなかれ」といった一節の英訳に使ってきた。

ただ，shall not を "Seller shall not be liable to Buyer's employees or to customers."「売主は買主の従業員または顧客に対して責任を負うものではない。」のように使うこともある。これを「責任を負ってはいけない」と訳すのは適切ではない。

とはいっても「責任をもたないであろう」と単純未来的に訳すのも適当とはいえない。やはり規範的なニュアンスは残しながら，「責任を負わないものとする」あたりの訳が最もふさわしい。

契約条項の作成・起案などのドラフティング面から見ると shall not を禁止以外の意味で使うのは，意味があいまいになって好ましくはない。" ～ is not liable ～ "のように現在形で表現したほうが明確であることが多い。

なお，禁止を表現するためよりストレートに "X is forbidden to ～ ."のように表現することもあるが，この「禁止」は法律・規則によることを本来的に意味するので，必ずしも契約内容としての「禁止」に使うのは適当とは思えない。

-ship

　海外市場へ参入する手段として国際販売店契約を海外現地企業と取り交わすことはよくある。この販売店契約を英語でどう表現すればよいだろうか。

　「販売店」は，distributor とするのがふつうなので，直訳的に Distributor Agreement とすることは考えられる。ただ，実務界では Distributorship Agreement と称するほうが多い。なぜ -ship の接尾辞をつけるのか，そうしたときの表現上の違いを探ってみたい。

　-ship の接尾辞は，名詞や形容詞につけて抽象名詞をつくるために使う。名刺の friend を friendship とすれば，「友人」が「友情」になる。形容詞の hard を hardship とすれば，「困難な」が「困難な状態」を表すようになる。

　名刺に -ship を付して抽象名詞にするにも，いくつかのパターンがある。性質や状態のほか職業，地位や資格，能力，手腕などいずれを表すかによるからである。championship tournament は，チャンピオンの地位を競う大会を意味する。

　distributorship は，正確には，「販売権を与えられた地位」と訳すべきである。一般に，一定の地域（territory）のなかで一定の製品や商品を販売する権利を与えるライセンス契約（license agreement）の一種が distributor agreement だからである。

　販売権がその地域内で独占的（exclusive）か非独占的（non-exclusive）かは，契約によって異なるが，前者のほうがより強く価値の高い販売権とされる。

　販売店契約と訳されることの多い distributor agreement には，目的物を販売する際の条件として，価格，引渡，品質保証などについての定めがなされるのがふつうである。この部分は基本売買契約の性格をもつが，売買契約や販売契約ではない。契約の要素について合意をし，目的物の引渡義務や代金支払義務を直接生じさせるものではないからである。

　その意味の売買契約は，基本契約（master agreement）の下で締結される個別契約（individual contract）がこれにあたると考えられる。個別契約によって製造者（manufacturer）から商品などを仕入れ，一定の地域内で再販

売する権利・地位を与えられるのが販売店である。その契約の本質は，ライセンス契約であるというのがあたっている。

　英文契約の一般条項に，履行困難性条項（Hardship clause）がある。ここに使われた hardship は，契約義務履行の困難さを表す。自然災害によって，同義務の履行が不能になった場合には，債務不履行の責任を免れるとする不可抗力条項と似る。履行が不能までいかず困難になった場合の責任軽減を内容にするのが，ハードシップ条項である。

shop / shopping

shopといえば，「小売店，商店」であり，shoppingはそうした店での「買い物」として覚えている人が多いであろう。それはそれとして，法律用語としてユニークな使い方があることに注意すべきである。

shopの語源にあたるのは，古期英語（OE）で「小屋」を表した*sceoppa*である。そこで，shopは「商店」だけでなく，「仕事場，工場」を表した。

shopは動詞としても「（買い物をするために）店を見て歩く」の意味をもつ。ここからshop aroundといえば，「店を見て回る」だけでなく，「（何かを）物色する，捜し回る」の意味にも使う，shoppingは「買い物」とともに「物色」にも使う。

forum shoppingは，「裁判管轄（権）漁り」と訳す。forumは「人の集まる場所」の意味で日本語の「フォーラム」にもなっている。元はラテン語で，古代ローマの中心部に立法，行政，司法を行う建物に亡くなった皇帝の名を冠して ～*Forum*と称していたらしい。その後，司法を行う場所＝裁判所についてのいい方だけが残ったとされる。

したがって，forum shoppingは，なるべく有利な裁判所を漁る動き，すなわち「裁判管轄（権）漁り」をいうようになった。有利な行政庁の管轄になるように"画策する"ことを意味することもある。

M&A関連の基本合意書であるLOI（レター・オブ・インテント）には，no-shop条項と呼ばれる条項が入ったりする。これは，ある会社の株式を支配権が移転するほどまとめて親会社から一定条件で譲り受ける基本合意をしたとする。親会社に，他にもっとよい条件で買ってくれるところがないか条件を"漁ったり"しないと約束させる条項がno-shop条項である。

no-shop条項は，他のよりよい条件を求めて交渉しないとする，exclusive negotiation条項，あるいは話し合うこともしないとするno talk条項に代替され得る。

M&A関連の契約では，no-shopの反対でgo-shopを許す条項を入れることがある。go-shop条項はM&Aの正式契約に入れ，売却先をshoppingしてもいいとの内容になる。正式契約が成立した後にもかかわらず，買収者側

にとっては大逆転を許す不利益をどうして受け入れるのかというといくつか
の理由が考えられる。最も大きい理由は，アメリカにおける1985年のレブロ
ン判決（Revlon, Inc. v. MacAndrews & Forbes Holdings, Inc. 506 A.2d 173）
の存在である。

　同判決により，取締役会は会社を売却すると決めた以上，株主にとって最
も有利な条件で売却しなくてはならないとする取締役の忠実義務の内容が確
立した。同判決の考え方によれば，正式契約締結後といっても買手は安心で
きない。

　なぜなら，特にアメリカでは解約金（break-up fee；機能的には解約手付
に似ている）条項を入れるのがふつうなので，売手はその解約金を支払って
もなお有利な買手が出現すればすぐ「乗り換え」てしまう。

　また，取締役は忠実義務違反で株主から代表訴訟で訴えられることをおそ
れ，買手を確定することをためらい，なかなか最終契約に踏み切らずに交渉
が長引いたりする。そこで買手は，いっそのこと期間を定めて go-shop する
ことを認める条項を入れた上で契約を締結し，明らかにより有利な条件を提
示する第三者が登場したときは潔く解約金を手にして退場するほうが得策と
考えるのである。

　go-shop 条項には，go-shop の期間を規定するのがふつうであるが，同期
間経過後に高い条件を示した買手候補の提案を売手がのむこともある。その
場合でも，より高い解約金をもらって買主は退場することにするとの内容を
契約に規定することがあり，これを二段階解約金（two-tiered termination
fee）条項と呼んだりする。

should / would

　should や **would** は契約交渉などの場面で hedge word として用いること
がある。hedge を辞書で引くと動詞で「どっちつかずの返事をする」「言葉
を濁す」といった意味が載っているが，この連想で明確な commitment を避
けるときに使う言葉のことである。

　たとえば，I wish you would reconsider our proposal.「当社の提案をご再
考願えればと考えております。」のように，譲歩しつつ相手の反発を招かず，
ややあいまいな表現にする際に使う。

　This court would agree with the District Court's conclusion.「本裁判所は
地方裁判所の結論に賛成するものである。」のように正式な判決文のなかに
表れることもある。より明快ないい方をしたいのであれば，This court
agrees ～ .とするのがベターである。

　法律文書には，断定を避けて，わざともったいをつけたような表現をする
ことがよくある。これもそうした法律文書特有の表現法とみてよいであろう。

　should には「義務」を表す使い方がある。たとえば，You should clean
the desk. は，「あなたは机をきれいにすべきである。」となる。しかし，義
務といっても契約上の義務を表す shall や will の代わりに使うことはないと
いってよいであろう。should は，道義的に「……すべき」というニュアン
スになるからである。

　should は，ought to と置きかえることもできる。ought to は should より
はやや強いニュアンスで義務を表すが，それでも契約書などにはあまり使わ
ない。should には，would と同じように hedge word として使い方がある。
たとえば，We will render our opinion on December 10, 2018.「われわれは
2018年12月10日にわれわれの意見を示す。」を We should be able to render
our opinion around December 10, 2018. といえば，「2018年12月10日頃意見
を示すことができるのではないかと思う。」のようにずっと柔らかないい方
になる。

　should, would は仮定法の文脈で使うが，特に should は条件節に用いて
「万が一……ならば」という強い仮定法または譲歩を表す。

should / would　　　　379

そこで，契約文中でも以下のように使うことがある。

This agreement shall terminate automatically and forthwith if :

a)　either party should be adjudged bankrupt or insolvent ; or

b)　either party should totally discontinue business.

「本契約は，万が一

a) 一方当事者が破産もしくは支払不能の宣告を受けた場合，または

b) 一方当事者が完全に営業活動を停止した場合には，自動的かつただちに終了する。」

なぜここで should を使用しているかはすぐわかるであろう。「かりそめにもそのようなことがあってはならないが……」という意味が込められているために should が使われたものと考えられる。

一般的に would や should は，単に will や shall の過去形としても使うから，日本人にとっては間違いやすいものである。特に，We should have paid it. は単なる過去形表現ではなく，「われわれは，それを支払うべきであった（のに実際は支払っていない）。」となる。

最後は，法律英語というよりはふつうの英文法の話になってしまった。

sign / signature

日本語で「契約書にサインをする」のようにいうが，英語の **sign** に「署名」の意味があるわけではない。

サインが英語の sign からきたものであることは明らかである。sign には名詞だと，「記号，標識，兆候」の意味はあるが，「署名」の意味はない。sign を動詞で使うときは，「署名する」が，ふつうの英和辞典でもいちばん先に載っている。ここから日本では「署名」のことを「サイン」というようになったものとみられ，いわば用法における和製英語である。

sign の語源は，ラテン語の *signum* で，この語は，「目印」だけでなく，「封印，捺印，印章」とともに「前兆，兆候」，「象徴，シンボル」などを広く表した。「印章」といえば seal の英語とともに sealed contract「捺印契約」が思い浮かぶが，seal の語源を辿ると *signum* に行き着くので元は同じである。

語源からわかるのは，**signature** が，sign という法的にも意味のある，場合によっては責任負担の意思も表す行為のしるしであることである。契約書や小切手の「署名」が signature であることの理由がこれでわかった。

なお，「署名者」のことは signer ともいうが，signatory というほうが公式である。この語は形からうかがえるように，17世紀から19世紀頃までは「捺印に使った」「署名した，調印した」との形容詞であった。いまは，「(条約などに) 参加調印した」との意味とともに，名詞で「調印者，(条約の) 加盟国・調印国」として使う。「契約署名者」として使ってもかまわない。

autograph は signature に比べればずっと法律用語的ニュアンスは薄れる。

autograph の語源は，ギリシャ語で，「自筆 (の原稿など)」を表した *autographone* である。*autographos* といえば，「自筆で書いた」との意味になる。これが，ラテン語の *autographum*「自筆，原本」になった。autograph を英和辞典で引くと，まず出てくるのが「自筆，肉筆，自著」で，その後に「(有名人の) サイン」などが続くのがふつうである。

いまはデジタル社会で，デジタル署名で契約を締結することもよく行うようになった。デジタル署名の有効性を実体法的に確認する意味でアメリカの

ユタ州で1995年に初めて制定された法律は Digital Signature Act といった。

　ここに signature の代わりに autograph を使うべきではない。デジタル署名は，肉筆でなされないので，そもそも言葉の矛盾になってしまう。

　ところで筆者もたまに拙著に「サインして下さい」と頼まれることがある。もちろん悪い気はしないが，いつも心のなかで「これは autograph でしかないので，法的責任を負うつもりはない」とつぶやきながらサインしている。

simulate / *simulation* / *simulator*

simulate は，「まねる，模擬実験をする」との意味をもち，名詞形に **simulation** や **simulator** がある。英和辞典を引くと simulation には「見せかけ，にせもの」といった意味のほか精神医学の分野で使う「詐病」が載っている。サッカーでもわざとおおげさに倒れたりする反則をシミュレーションという。

シミュレーションは「……のふりをすること，まねること」が元の意味である。simulate は，similar「類似の，似ている」と同様に like にあたるラテン語 *similis* が語源である。

したがって，simulation をはたらかせるといっても，相手方のことではなく自分が何者かになるあるいは他人をまねることを内容とする。

simulator には訓練用に実際と同じ状況をつくり出す「模擬実験装置」の意味があり，法律問題を処理したり，契約交渉をしたりする際に最も重要なことは，相手の立場になって物事が考えられるかどうかである。

取引関係であれば相手に有利なことはこちらに不利というように利益相反関係になるのがふつうで，相手方になりきり simulate して検討することでかえってこちら側の弱点，リスクが見えてくる。

sight / site

sight も site も英語としての読み方は同じである。また，いずれも「サイト」として日本語として使う。

sight の元の意味は，「見ること」で，語源は古期英語（OE）の(ge)sihth とされる。この原義から，「視力」「視界」「見地」などの意味が生ずるが，法律用語として重要なのは，「一覧」の意味である。

at sight は，文字通りは「見てすぐ」であるが，「（手形などの）提示（手形法では『呈示』）があり次第，一覧で」を表す。a bill payable at sight は，「一覧払いの手形」となる。

日本の手形法（33条1項）は，手形所持人が支払いのために手形を呈示した日を満期とする手形を「一覧払手形」としている。振出人は，一定の期日まで支払呈示を禁ずることができ，これを確定日後一覧払手形という。

「一覧払手形」はややこなれない日本語の印象を与えるが，おそらく payable at sight を直訳したのであろう。

さらに sight は日本語化して，「サイトが30日と長いから手形の割引を受けなければ……」のように使う。この場合の「サイト」は手形などの振出日から満期日までの期間をさす。これから，単に決済期限のことも「サイト」というようになった。

site は，「キャンプサイト」でおなじみの日本語となっており，「用地，敷地」を表す。事件などの「現場」や建設「現場」を表すこともある。site of the murder は「殺人の現場」である。

IT（information technology）社会にあって，site はキーワードである。インターネットにおいて，情報・データを蓄積しているコンピューターまたはそのコンピューターを含むシステム全体を表す。

web site は「ウェイブサイト」のままよく使う。web は，「くもの巣」を表すが，web site でくもの巣状につながっている一連のウェブページがまとまって置かれている，インターネット上の場所のことをさす。

site map も「サイトマップ」として日本語で呼ぶが，ウェイブサイトの構成を簡便かつ視覚的に示したもののことである。

site license「サイトライセンス」といえば，会社や研究所など法人が，ソフトウェアやコンテンツの使用権を組織単位で取得するためのやり方，契約をさす。

ECサイトはどんなサイト？

　ECは，electronic commerceのことで，電子商取引である。サイト（site）は，もともと，「敷地」や事故・工事の「現場」を広く表したが，いまはコンピューター用語として，インターネット上，特定の情報を蓄積しているコンピューターまたはこれを含むシステム全体をさして使うようになった。ＥＣサイトは，電子商取引のためのウェブサイトといってよい。

　近時は，ECサイトがサイバー攻撃で狙われるケースが増えている。ウェブサイトを改ざんした偽サイトに顧客を誘導し，顧客データを盗み出す"手口"が横行している。攻撃側からは，ECサイトは顧客個人データなどの詰まった宝の山に見えるであろう。改ざんに気づいたら，不正なページの削除などの迅速な対応が欠かせない。

フィッシングとウェブの関係は？

　偽のメールやSMSを使ったフィッシング被害が急増している。fishingのもとの意味は「魚釣り」である。魚を一匹ずつ釣り上げるだけではなく，網で大量に捕獲するのもfishingであり，漁業や漁場も表す。

　いま，サイバー空間の"漁場"で主に狙われるのは，クレジットカードに含まれた個人情報である。巧妙な偽サイトに誘い込み，個人データを一網打尽に手に入れるさまは，fishingそのものの観がある。

　インターネットの情報網をweb（ウェブ）というが，もとの意味は，「くもの巣，織物」である。そこから，webが「仕組んだもの，わな」を意味するようになった。webを悪用したfishingの被害に遭わないよう，あやしげなsiteには近づかないことである。

social | anti-social

　人間の活動全般にわたり，いま **social** であることが求められ，社会の隅々にまで及んでいる。

　一昔前まで，メディア（media）といえば，新聞，雑誌，テレビ，ラジオが4大メディアとされ広く使われてきた。近年は，インターネットを利用したソーシャルメディア（social media）の台頭が著しい。

　従来型のメディアとの最大の違いは，ソーシャルメディアの場合，一般のユーザーが誰でも投稿できる点にある。なかでも，SNS（Social Networking Service）には，他のユーザーとの交流を可能にしやすいメリットがあり，ウェブマーケティングの有力ツールに活用する企業も急増した。

　ソーシャルメディアの social は，「社会の，社会的な」を表す形容詞で，名詞の society は，「社会」を表す。society の原義は，仲間（socie）の集まりであるところから付き合い，交際の意味になる。social にも，「社交界の」といった意味がある。social dance は「社交ダンス」と訳せばよい。

　新型コロナウイルスが猛威をふるった頃，さかんにソーシャルディスタンス（social distance）を守る必要性が強調された。ソーシャルディスタンスを直訳すれば「社会的距離」であるが，「3密」を避け，感染を防ぐため人と人との接触機会をなるべく減らし距離を置くねらいは，よくわかる。

　とはいえ，実際にどの程度距離をとればソーシャルディスタンスをとったことになるかの判断は難しい。当時調べた資料によれば，社会学では，「社会（的）距離」が，個人や集団間の親近度を表し，心理学では4〜7フィートの近接相と7〜12フィートの遠方相があると説明するらしい。

　企業などの活動がソーシャルすなわち社会的であるべき旨を端的に示したのが CSR（Corporate Social Responsibility）であろう。CSR は文字通り「企業の社会的責任」であるが，これが単なる社会貢献の枠を超え，本業における積極的な責任の遂行として具体的な内容を与えられるようになったきっかけは，2000年7月にアナン元国連事務総長の呼びかけでつくられ公表された，社会・環境面の企業行動原則（国連グローバル・コンパクト（UN Global Compact）の9原則，のちに反贈収賄が加わり10原則になった）である。

CSR をさらに推し進め，対象をガバナンスにも広げて企業などの行動指針を示したのが，ESG（Environment, Social, Governance）である。

たとえば，日本で2015年6月から適用が始まったコーポレートガバナンス・コードは，「株主以外のステークホルダーとの適切な協働」（第2章）の内容に，「いわゆる ESG（環境，社会，統治）問題」への積極的・能動的な対応を含めることを示唆している。

日本では，1992年3月に暴力団員による不当な行為の防止等に関する法律が施行になり，暴力団の勢力は年々低下の一途を辿っている。国は，先立って，2007年6月，企業が反社会的勢力による被害を防止するための指針を公表し，同勢力との関係遮断を強く要請したところである。いわば，反ソーシャルな勢力（**anti-social** forces）との関係を断つことで，反面的にソーシャルな行動を呼びかけているといってよい。

なお，sociolegal analysis は「法社会学的分析」のように sociolegal の英語を使う用法がある。これは「法と社会の分野に関連した」（relating to the field of law and society）を意味する形容詞である。法現象の社会学的研究を行う法社会学は，SR（Social Responsibility）論とは別に，それより前からある学問といえる。

solution/resolution

　solution をふつうの英和辞典で引いても，「(問題などの) 解決 (策)，溶解」といったふつうの意味しか載っていない。いま，ビジネス界で，特に最先端の事業を行う会社の名称にも使うソリューションとのあいだには，かなりのギャップがあるといわざるを得ない。

　その理由は，問題解決の方策・方法といった，もともとの意味から，問題の解決手段であるシステムをさすように用法が変わったからである。ちなみに，solution は，solve「解決する」の名詞形で，その語源にあたるのがラテン語で「緩める」を表す *solvere* である。

　システムキッチンといえば，流し台や調理台，収納部などを組み合わせて一体化して作りつけた台所をさしている。ソリューションにおけるシステムは，こうした使い方ではなくコンピューターシステムをさすと考えるべきである。

　コンピューターシステムそのものよりは広く，ハードとソフトの両面をカバーしつつ，人材やノウハウなどの多様な要素を一体化させて生み出されるのが，先端的意味のソリューションである。先端的ソリューションの活用がさかんになった背景には，インターネットの普及があるとされている。インターネットによるならば，複数のネットワークを相互接続できる。

　多くの企業がこれを利用することで，従来自社 (グループ) だけで完結したシステムが，グローバルに取引先などのシステムと相互作用するようになった。その結果，ビジネス活動にともなって生じる課題が，一気に多様化・複雑化した。それとともに，問題解決そのものを目的としたソリューションの考え方が定着したともされている。

　他方で，「ソリューションサービス」を提供するビジネスも生まれ，「ソリューションビジネス」というようになった。顧客である事業者の抱える課題を分析し，解決に必要なシステムの構築，提供を内容とするサービスとこれを展開する事業をさす。

　ここまでくると，ソリューションサービスの提供を主な事業目的とする会社が生まれるのは，自然な流れである。現に，日本でも，「〜ソリューショ

ンズ」のような名称の会社をよく見かけるようになったのは，そのためである。

　"本業の"自社サービスや生産性向上の課題解決のためにソリューションを使うこともよく行われる。特に，IoT（Internet of Things）ソリューションといって，IoTやデジタルツールを活用して，自社製品の老朽化などのデータ管理や分析に役立てている製造業者は，少なくない。顧客のデータベースの作成や新規システムの導入など，もっぱらコンピューターシステムを用いて課題解決をはかろうとする場合は，ITソリューションと呼んで区別している

　resolutionは，re「完全に」solve「解く」を原義とするresolveの名詞形である。そこでsolveだけでは「解決する」がふつうの意味だが，resolveでは，「（解決に向けて）決心する」の意味になる。決心する主体が会議体ならば，「……することを決議する」となる。

　「取締役会決議」は，resolution of the board of directorsという。

　本来の意味に近く一般的「解決」を表すためにresolutionを使うことはある。ただ，法的な意味で「解決（手段，方法）」を表すにはresolutionが正式である。alternative dispute resolution（略してADR）「代替的紛争解決手段」におけるresolutionの用法が代表的といってよい。

　ADRは，"Any procedure for settling a dispute by means other than litigation, as by arbitration or mediation." 「紛争を解決するための仲裁または調停になるような訴訟以外のあらゆる手続」（Black's Law Dictionaryより。筆者訳）と説明されている。

　紛争解決にsolutionではなくresolutionを使うのは，単なる問題解決というよりは，民事上の法的紛争解決手段をさすためである。そのため，ADRは最広義では，交渉や話し合いによる解決を含むが，より法的な裁判外紛争解決手続をさす正式な用語といってよい。

　日本では，2004（平成16）年に裁判外紛争解決手続の利用の促進に関する法律（通称ADR法）が制定され，2007年4月1日に施行された。迅速性，廉価性，柔軟性，専門性などの特性を生かし，裁判と並ぶ紛争解決の選択肢としてADRを位置づけるための立法であり，2007年は，日本における「ADR元年」とされている。

specific

specific は,「特定の,明確な,具体的な」を表す。反対語は general である。act for a specific purpose は「ある明確な目的のために行動する」と訳せばよい。「限定的な,特異な,限られた」の意味に使うこともあるし,「(税や利用料などにつき) 従量制の」を表すこともあるので,文脈で訳し分けないといけない。

名詞としては,複数形で「細目,詳細,各論」を,単数形で「特効薬」を表すこともあるので,これまた文脈をよく見ないといけない。

specific performance という英米私法のキーワードがある。performance は,この使い方では「(義務などの) 履行」を表すが,perform の名詞形でふつうは「演技,上演,実行」を意味する。問題は,法律用語としての「特定 (の義務) 履行」が,specific な対象 (この場合「義務履行」) として具体的にどのような内容をもつかを見極めることである。

契約違反によって損害を受けた"被害者"が"加害者"に対し被害に対する救済 (remedy) を求める場合が最もわかりやすい。すぐ頭に浮かぶのが「金銭による損害の補塡,賠償」である。ところが,損害によっては,賠償金額の算定が困難な場合や金銭賠償になじまない場合がある。

典型的なのは,守秘義務に違反して情報を流出させてしまう場合である。情報はいったん流出してしまうと,モノと異なり,「回収・リコール」がむずかしい。個人情報のネット大量流出事故だとほとんど回収不可能といってもよいだろう。

ただ,情報が雑誌や本の印刷物になっているときは,その出版・販売の事前差止め (injunction) が有効な救済手段になり得る。反面,「情報」被害には,事後的救済があまり有効ではない特徴がある。金銭による損害賠償は,ほとんどが事後的になされる。

それどころか,個人情報流出・流布のなかには名誉毀損になる場合もあり,人によっては,加害者から「10億円の賠償金をもらうより謝罪広告を新聞に掲載してもらいたい」とする人がいるはずである。この謝罪広告の掲載が specific performance にあたる。

specific

　英米私法は，契約違反などによる救済内容を「2本立て」にした。1つは，コモンロー由来の損害賠償で，もう1つがエクイティ由来の「特定履行」である。前者が救済の原則形態で，後者は損害賠償ではカバーできない場合に例外的，補充的になされる救済形態と考えればよい。

　ちなみにequity（衡平法）は，「平等，公平」を意味するラテン語 *aequus* を語源とする。重さで正しいのはどちらかを判定するとして，それぞれの重量を重量計によって100gと50gのように計り比べるのと，天秤に載せるやり方と2通りがある。

　前者がコモンローのやり方で後者がエクイティのやり方であるが，後者のほうが正確かつ公平な判定ができるケースも多いだろう。

　なお，specific performance の内容は，差止めや謝罪広告に限られない。損害賠償以外の具体的な救済方法を広く含み得る。契約中で具体的に特定された義務履行を裁判所が強制することをさす場合もあり得る。

squeeze

squeeze は，「（ものを）搾る」が元の意味である。squeeze an orange「オレンジを搾る」はわかりやすい用例である。転じて，「（経済的に）圧迫する，搾取する」「経済を引き締める」といった意味ももつ。

squeeze の語源にあたるのは，中期英語（ME）で，「圧迫する」を表した *quease* に強調のための s が頭につけられたものではないかとされている。

squeeze in は，「押し入れる，押し込む」，squeeze out「押し出す」であるが，野球でいうスクイズプレー（squeeze play）は，3塁走者を押し出すようにして本塁に迎えいれることをいう。ただ，squeeze play には「ゆすり，強要」の意味もあるので使い方に注意を要する。

squeeze out は会社法分野で少数株主の「締め出し」の意味に使う。他社を M&A（企業買収）で取得し，完全子会社化するときの手段になる。

M&A における squeeze out は，いったい誰をどこからどう「搾り出そう」というのかを少し詳しく見てみよう。M&A の方法としてはいくつか考えられるが，まとまった数の株式を譲り受けるかたちで会社の支配権を取得する場合，少数株主が残ってしまう場合がある。

買収者としてはその会社を完全子会社（wholly-owned subsidiary）にしたければ，何とかして少数株主から株式を譲り受けるしかないのであるが，上場企業であれば少数株主が何万人もの「多数」に上ることもまれではなくすんなりとはいかない。ただ，法律に規定があれば少数株主がいやだといっても無理矢理 squeeze out できる。

日本でも2006年の会社法の施行によって「合併等対価の柔軟化」が実現したので，M&A の手段として株式交換を行い対価として現金を交付するならば，買収者の株主にすることもなく，いわばお金を払って株主の地位から去ってもらえる。

合併によるときも，アメリカの州会社法の下では cash out merger と呼ばれる完全子会社化の手法があり，ある本はこれを「締出合併」と訳していた。少数株主にとってはあまり穏やかではない言葉かもしれないがニュアンスはよく出ている。

standard-form contract

standard-form は，「標準形（式）」であるから，**standard-form contract** は，「標準契約」あるいは「標準（取引）約款」と訳す。

いわゆる約款取引と国際取引，英文契約は，深い関係をもっている。

高橋和之他編集『法律学小辞典　第5版』（有斐閣，2016）は，「約款」を「多数取引の画一的処理のため，あらかじめ定型化された契約条項（又は条項群）」とし，代表的なものとして，「普通保険約款，運送約款，銀行取引約定書，倉庫寄託約款，建築請負約款，ホテル宿泊約款など」をあげている。

これらの約款には，国際取引から使われはじめたものが多くある。従来，国際取引といえば貿易取引が中心をなしてきたし，貿易取引は，ほぼイコール国際物品売買契約である。

物品の国境を越えての移動は，船による海上輸送や積荷にかける保険，積荷を入れておく倉庫，代金決済銀行が発行する荷為替信用状など，付随していくつもの契約を必要とする。それらは，ほとんどが英語で約款のかたちでつくられてきた。

これらの約款を英語でつくらなくてはならないとする条約や国際ルールはないが，何といっても近代以降，イギリスが貿易大国として，海運，保険金融の分野で先駆者的役割を果たしてきたことが大きかったといえる。

こうした分野では，早くから英語でもって船荷証券（bill of lading），用船契約（charter party），保険証書（insurance policy）などの標準化，定型化がなされてきた。ほとんどが企業間で用いる約款であって，内容は長年にわたる業界間の話し合いと慣行によって定まった。

そのため，交渉力（bargaining power）に大きな差がない企業間（B to B）で合意し設定した約款であってそれが広く使われている事実があれば，内容の不公正，不合理さが問題になることはあまりなかった。

現代社会ではそうはいかない。企業間取引においても格差が広がり，「優越的な地位の濫用」的な不公正な契約条項の押し付けなどが増えてきた。

他方で，大量生産・販売，大量消費の時代を迎え，B to C である企業とコンシューマー（消費者）との取引に約款を多く使うようになると，消費者

に不利な一方的内容の約款を規制する必要が生じる。

約款を広く国際的にも使ってきたのが海運や保険の分野であることからすぐにわかるのは，伝統的な約款問題は，日本でいえばむしろ商法の分野の問題であったことである。

消費者約款規制問題の登場が，様相を一変させたといってもよいであろう。それも背景にあり，2017年の民法改正によって「定型約款」の規制を新たに導入することになったとみられる。

伝統的な約款とは別に，日本企業が今後，内容の適正化に心がけるべきなのか，新興国の企業からの原材料や部品の継続的調達契約（procurement agreement）である。

この種の取引においては，日本企業がより大きな bargaining power「交渉力」を相手方である新興国企業に対し行使するケースがよくある。日本法を準拠法と指定する governing law clause「準拠法条項」や一方的な内容の免責条項を含んだ裏面約款を"押し付けた"といわれないようにすべきである。

standstill

standstill は，文字通りには「じっと立っていること」を表す。stand still のように stand を形容詞で使うとその意味はより伝わりやすいだろう。ただ，その場合でも，抽象的に「活動を停止した」との意味が生じる。

名詞の standstill は，「立ち往生」のほか，「停止，休止」を表し，さらに「(事業活動の) 行き詰まり」「事業活動停止」すなわち倒産状態まで表すことがある。

standstill の「合意」となると，たとえば秘密保持契約（secrecy agreement）中の１条項として入ることがある一方で，独立した standstill agreement になることもある。

standstill agreement を，Black's Law Dictionary（Fifth Pocket Edition）は，次のように説明している。

> *"Any agreement to refrain from taking further action; esp. an agreement by which a party agrees to refrain from further attempts to take over a corporation (as by making no tender offer) for a specified period, or by which financial institutions agree not to call bonds or loans when due."*
>
> 「さらなる行動を控えるとのあらゆる合意で，特に，当事者が会社を買収するためのさらなる試みを（一切株式公開買付けをしないことによるような），特定の期間しないことの，あるいは金融機関が返済期限に達した債券あるいは貸付けの返済を求めることをしないことの合意。」（筆者訳）

M&A の場面での standstill の合意は，同 Law Dictionary が「特に，……」以下で述べている内容をもつといってよいだろう。

M&A の契約交渉に先立って，よく秘密保持契約を締結するが，同契約中に入れる standstill 条項は，買収対象会社の事前の同意なく，①同社の株式・資産の購入，②同社の経営陣の交替を妨げる委任状の勧誘，③株式の公開買付けなどによる同社の買収提案をすることを，ふつうは内容にする。

典型的な standstill 条項の狙いは，M&A の契約締結後に他の買収希望者

が対象会社の同意なく新たな買収提案をするのを阻止するところにある。

　企業倒産の場面でつくる standstill agreement は，Law Dictionary による説明の最終部分にあるように，倒産会社の債権者である複数の金融機関が貸金の回収などに走らず"じっとしている"約束を多く内容にする。

　法的な倒産手続を申立てれば，手続の開始とともに法令上債権者による債権回収行為は封じられるが，再建型倒産手続がない国や地域でこれをやろうとするには，債権者が任意に話し合い standstill agreement の締結を行ったりする必要が生じる。

　ある日本企業が倒産した際，香港現地法人に対する債権者の多くは日本の銀行だったため銀行間で本合意を行い，その間に日本の親会社を含む同企業グループの"引き取り手"すなわち，スポンサーを探すことが行われ，結果的にはうまくいったケースがあった。

　standstill は「停滞」の意味でよく使われるが，この意味では stagnation の語を使うこともある。比較すると，不況のような経済的な文脈における景気の停滞などを表すのには stagnation を使うのに対し，standstill は，交渉や手続などが行き詰まり完全に止まった状態を表すのに使う。

　The negotiations are at a standstill. は，「交渉は，行き詰まっている」となる。come to a standstill では「(何かが) 行き詰まる，止まってしまう」である。

sur-

　sur- は，接頭辞として2通りの用法がある。一つは，r の前にくるときの sub- の異形としてであり，他のは super- と同じ意味の用法である。

　ここでは，第二の用法に関連して，sur- を付した surcharge の用法を検討する。

　surcharge は，一般に基本料金に対する追加料金，割増料金をいうときに使う。接頭辞の sur- は，「……上に，……に加えて」を表すので，surface といえば「顔の上に」で「表面，うわべ」になる。

　さらに surprise は，「上からつかまえられた」で，「驚かす，びっくりさせる」の意味に転じる。prise には prize と同じ「捕獲（物），拿捕」の意味があるからであるが，上から捕獲されたらサプライズとなるのは当然である。

　sur- は，古期フランス語（OF）が語源であるが，super- と同じ意味でその変形とされる。superficial は「表面上の，見かけの」であるが，of the surface を表すラテン語から派生した語である。

　surcharge は，「追加的な，過度の charge」が本来の意味で，追加料金，割増料金の意味に使ってよいのであるが，眼に見える物品の代金にはあまり使わない。charge の語源は，「荷を積み込む」を表すラテン語であるから飛行機や船を使った旅行代金の追加，割増料金を言うのには surcharge は適している。

　charge には，名詞で「代価，請求金額，料金」といった，ふつうの意味があるが，辞書では，「負担，税金，課徴金，告訴・告発」のように "悪い" 内容の語がその後に並ぶ。他方，charge には，金額を内容とする語とは別に「義務，責任，任務」の意味もある。どうやら charge には，税金に代表されるようないやいや押し付けられる金銭額といった意味がありそうである。

　ある英和辞典には，surcharge の最初の意味として「（代金などの）不当請求，暴利」をあげている。その後，「追加料金，割増金，課徴金，不足金，（課税財産の不正申告に）追徴金を課すこと……」と続く。また動詞の意味としては，「（サービス料）として……に追加料金を課する，（不正申告に対し）…から追徴金を徴収する」が最初に載っている。

となると，単なる「割増料金，代金」に surcharge を使うのはあまりそぐわなそうである。ちなみに，法律用語辞典は surcharge をどう説明しているだろうか。

まず，Black's Law Dictionary（9th Edition）である。名詞（*n.*）では最初の３つだけあげると，"1. An additional tax, charge, or cost, usu. one that is excessive."「通常は超過した追加の税，負担または費用」，"2. An additional load or burden."「追加的負荷または荷」，"3. A second or further mortgage."「２番またはそれ以下の売渡抵当」である。これだけでもかなりテクニカルタームとして限定された場面で使うことがわかる。

次に，Ballentine's Law Dictionary（3rd Editon）であるが，こちらは surcharge の項には，簡単に "An additional amount added to the usual charge. An exaction." すなわち「通常の charge に付加された追加の金額」とだけ説明している。

ただ，末尾に exaction というあまり見かけない英語を載せている。これは，「取り立て（金），強要（されるもの）」を意味するので，まさに税金的ニュアンスである。

さて，海外パック旅行の広告にも登場するサーチャージであるが，これは国際線を運航する航空会社が航空運賃に上乗せする「燃油特別付加運賃」のことである。これをサーチャージそのままで旅行会社が使うのは押しつけがましい感もある。通常の契約で「追加料金・代金」といいたければ単に additional fee, additional payment といったほうが "穏当" であろう。

subscribe / subscription

「申し込む」の英語表現は，何をどう申し込むかによってさまざまである。法律用語としては，契約の成立要件としての「申込み」と「承諾」を，それぞれ offer と acceptance という場合が最も一般的であろう。offer の代わりに，売買契約や請負契約については，order の語を「申込み」に使う点は，offer/order の項にも書いたところである。

また，大学などへの入学を申し込むあるいは志願するは，apply to three universities「3大学に出願する」と訳せばよい。仕事を求めるための申込みであれば apply for a new job「新しい職に応募する」である。apply の名詞形 application の用法については，42頁以下参照。

subscribe も，「(何かに) 応募する，申し込む，予約する」を表すが，subscribe to our electronic newsletter「電子版ニュースレターを予約購読する」といった内容で使う。subscribe の名詞形は，**subscription** であるが，定額課金の「サブスクリプション方式」として，日本でもいま新たな使い方をするようになった。

ある英英辞典 (ロングマン現代英英辞典) は subscription を "an amount of money you pay, usually once a year, to receive copies of a newspaper or magazine……"「新聞や雑誌などを購読するために支払う金額」(筆者訳) として伝統的に説明している。

こうしたサブスクリプションの伝統的な説明は，デジタル化が急速に広がる IT 社会にあって変更を迫られてきた。きっかけは，シェアリング・エコノミーが浸透するなかで，デジタル分野の「使い放題」サービスが登場したことである。

具体的にはソフトウェアをクラウドで提供する SaaS (Software as a Service) モデルやオンラインでの動画配信などのサービスが，ファッションや飲食など，さまざまな分野で行われている。

こうしたデジタル分野のサブスクリプションサービスの普及は，従来なかった法的トラブルをもたらす。動画配信サービスに加入したが，見たかった作品の配信が終了してしまったので，解約の上，返金を請求したいができ

るか，といった相談やクレームの事例も増えている。

　トラブル解決は，サブスクリプションサービス契約（subscription service agreement）次第といってよい。一般に，同サービス契約は，対象が有体物か無体物か，契約類型が売買型か賃貸型かで分けられる。有体物を対象にする契約の典型は，「サブスクリプション・ボックス」をサービス内容とする契約であって，商品の選定は，一定の範囲でサービス提供者（売主）に任されることが多い。

　デジタルコンテンツを対象にする契約は，多く写真や映像などのダウンロードサービスを内容とする。映画にしても，その複製物を取引の対象とするので，多くの人が同じタイトルの映画を鑑賞できる反面，これを独占的に利用するのがむずかしい。

　サブスクリプションサービス契約は，B to B（企業対企業）かB to C（企業対消費者）かで，トラブル対応などの場面で，解釈基準や法的処理が異なる。B to Cの契約では，消費者契約法10条が，消費者の利益を一方的に害する条項を無効にすると想定するので注意を要する。

　たとえば，B to Cの契約に，利用者が解約手続をとらないかぎり，契約が自動的に更新され，サービス利用料の支払いが継続するとの自動更新条項を入れたときは，内容次第で無効になりかねない。

subject to / conditional upon (on)

英文契約書には，かなりの頻度で登場する。このフレーズは，be subject to のかたちで，A is subject to B. のように使うのが基本である。

この場合「A は B に服従する，従属する」という意味になるが，A, B がともに人間であれば，B は A の使用者の立場で，A がその召使いであるかもしれない。

ところが，A, B が人間以外であるとすれば，「主従関係」というよりは，「条件関係」を表すといったほうが適切である。たとえば，This plan is subject to approval of the company.「この計画は，その会社の承認を条件としている。」のようになる。

subject to は，効力発生条件を表すときによく用いられる。その効力発生がいくつもの条件にかかっているレター・オブ・インテント（予備的合意書）には，必ずといってよいほど登場する。

たとえば，契約のための基本的な合意事項を書いた文書に，This Agreement is subject to our board of directors' approval and to execution of final contract.「本合意（書）は当社の取締役会の承認および最終契約の締結を条件としている。」と規定する。本合意書が条件付けられているのは to 以下であるから，条件は 2 つあることになる。1 つは取締役会の承認であり，他は最終契約の締結である。後者は正確には条件ではなく，将来，最終契約の締結を「予定」している。すなわち未完成のものであることを意味する。

ここで重要なのは，これら 2 つの条件が and でつながっていることである。and と or の用語法のなかで前に述べたように，こうした箇所に使う and や or には細心の注意が必要である。ここでは，and で条件が結びつけられているから，本合意書は，A かつ B という 2 つの条件に重複的にかかっていることになる。合意書や契約書が条件付けられているのは，効力がそれだけ制約されていることを意味する。

つまり，この文書が予備的合意書であるならば，正式な最終契約（formal or final contract）とは効力上区別されるべきであって，そうした本文書の法的性格を表すのに subject to が使われている。

こうした条件関係を表す似たようないい方に **conditional upon** (**on**)があ る。condition の語は，法律用語としての「条件」を表すため，A is conditional upon B. で「A は B を条件としている」の意味になる。

ただ，より一般的な表現として His success is conditional upon his efforts.「彼の成功はその努力次第だ」のように，depend on (upon)に近い 使い方もよくするため，法律表現として「条件関係」を表すには，subject to を用いることのほうが多いようである。

条件関係からややかたちを変えて，subject to が原則，例外，制約関係を 表すために使われることも多い。

たとえば，We would like to purchase from you the products, subject to the following terms and conditions：「われわれは，以下の条項・条件に従っ て〔制約を受けながら〕，その製品をあなたがたから購入したいと願ってい ます」では，subject to 以下がやはり条件ではあるが，「……の条件・制約の もとで」といういい方になっている。subject to となっているのは，being subject to が省略されたものといってよい。

subject to が文頭に出るかたちもよくある。Subject to execution of the Distributorship Agreement, we intend to order ～ .「販売店契約の締結を条 件として，われわれは……を発注する予定でいる。」がその例である。ここ でも subject の前の being が省略されていると考えられる。

On and subject to the terms and conditions contained in this contract, we confirm our invitation to you to join the selling group.「本契約書に含まれた 条項・条件に従いこれに則りつつ，われわれはあなたがたが販売団に参加す ることを勧誘するわれわれの意思を確認する。」のような用法もある。

なお，ついでに述べておくと，subject の語にはいろいろな意味がある。 「支配を受ける，従属する」という意味からは，a subject people で「属国 (民)」が導かれる。同じように，King または Queen に対して，たとえば a British subject といえば「英国臣民」である。

ところが，これとともに subject は「主体，主題」を表すことがあるのは よく知られているとおりである。「主」と「従」を同じ語で使い分けなけれ ばならないので注意が必要である。

英文契約書の一般条項としてよく登場する完全合意条項 (entire

agreement clause）もしくは統合条項（integration clause）には，This Agreement contains the entire and only agreement between the parties relating to the subject matter hereof ～．「本合意書は，当事者間の，本合意書の主題に関する〔量的に〕完全で唯一の合意を含んでおり……。」と書かれるように，subject matter は，事柄としてのメインテーマを表す。

これが裁判に関連する文脈のなかで使われるとすれば，主たる「争点」のことになる。より正確にいうならば，請求原因（cause of action）中の，実体・中核部分（nature）といわれる。

Column
スタートアップとアップスタートは大違い？

スタートアップ（Start up）は，一般に「起業」や「創業」を表す語として使うが，一語で「新たに立ち上げられた会社」をさすことも多い。

また，事業や操業の開始，コンピューターの起動などの意味で広く使われてきたのがスタートアップである。英和辞典を見ると，現在は使わない複数形で「（田舎者が用いた）半長靴」の意味が載っている。upstart と語順を逆にすると，「成り上がり者」の意味がある。うっかり，「貴社は upstart company だから……」といわないように気を付けたい。

ユニコーンと呼ばれるベンチャー企業がある。unicorn そのものは，ギリシャ神話に出てくる伝説上の一角獣で，まれとはいえきわめて大きな利益をもたらす可能性を秘めた企業をユニコーンという。このユニコーンのいくつかは，スタートアップから生まれ，なかには上場を果たして世界的大企業に育ったベンチャー企業もある。

substitute / substitution

substitute は，「……に代える，取り替える」を表す。**substitution** は名詞形であるが法律用語として「代理人，補欠」を表す点が重要である。

substitute の語源にあたるのは *sub*「下に」+ *statuere*「置く」を意味するラテン語である。

substitution を使った法律表現で最も誤訳しないようにしなくてはならないのが，委任状（power of attorney：POA）中によく出てくる with power of substitution「復任権付きで」の用例である。

この場合の power of substitution は，「復任権」である。この契約英語を正しく訳すためには，委任契約に関する基本的な法律知識が必要である。弁護士に契約の締結やそのための交渉を依頼することなどは，委任契約の典型例といえる。委任状がなくとも委任契約は成立するが，委任契約と委任状の双方を作成することはめずらしくない。

委任状を教科書的にいえば「ある者に一定の事項を委任した旨を記載した書面」となる。法律行為の代理を委任する場合であれば，一定の事項についての代理権限を書く。power of attorney は，「代理人の権限」が直訳だが，代理権限を書いた文書，すなわち委任状のことである。

日本の私法の下で説明すると，委任契約の受任者は委任事務を善良なる管理者の注意義務をもって処理しなくてはならず，委任事務の処理を他人に行わせることはできない。民法は「委任による代理人は，本人の許諾を得たとき，又はやむを得ない事由があるときでなければ，復代理人を選任することができない」（104条）としている。なお，民法は，復代理人の語を使っており複代理人ではない。

そこで委任状においては復任権を与えることにつき「本人の許諾」を示す文言を入れておくのがふつうで，これがないと，「やむを得ない事由」がない限り他人に委任事務の処理を任せることはできない。委任による代理の法律関係についての以上のような説明内容は，英米法の下でも大きく変わることはない。

すなわち，POA に書いた委任事項につき代理権限を A に与えたとすると，

"～ appoint Mr.（or Ms.）A my lawful agent, with full power of substitution, to act individually for me ～." 「A氏を完全な復任権とともに単独で私を代理して……の（代理）行為をする代理人に指名する。」のように書く。

　substitute には名詞で，「代わり，補欠」の意味のほか「代理人」の意味があり，substitution も同様なのであるが，民法は，復代理人は代理人の代理人ではなく，本人の代理人であるとしている（106条1項）。

　act の後に individually「単独で」とあるのは，A氏が他の代理人と共同代理ではなく一人で代理権を行使できることを念のため述べている。複数の代理人を指名する際には入れるのがふつうである。

survive / survival

survival は，「生き残る，生き延びる」を表す動詞 **survive** の名詞形である。survive の語源は，*super* とラテン語の *vivere* :to live「生きる」が組み合わさってできた *supervivere*「越えて生きる」である。いまでは日本語にもなって，サバイバルゲームのように使う。

接頭辞 sur- を同じようにつけた surcharge は396頁で取り上げている。

survival clause は，一般に「存続条項」と訳すことが多いのであるが，法律英語としては，遺言（will）において贈与（bequest）を行う場合に，受贈者が遺言者の死亡後一定期間（たとえば60日間）生存することを条件にする遺言中の条項を特にさす。

それとは別に，各種契約においてその終了後も特定の条項が存続し効力をもち続けると書く条項・規定を広く survival clause と称している。英文ライセンス契約によく見られる典型的な survival clause は，次のようなものである。

Article ×× (Secrecy) shall survive any expiration or termination of this License Agreement.

「第××条（秘密保持）は，本ライセンス契約のあらゆる期間満了または（中途）解約後も存続するものとする。」

なぜライセンス契約中の秘密保持条項が存続すべき条項としてよく選ばれるかを考えてみる。ライセンス契約のうち，ノウハウのライセンスを内容とするものにおいては，秘密保持条項が欠かせない。ノウハウは非公開であることが価値の"源泉"だからである。

あるメーカーが製法ノウハウのライセンス（実施許諾）を受け製品の製造に従事するとする。そのノウハウが主力製品を製造するのに必要でそれに見合うだけのロイヤリティ（ノウハウ使用料）を支払う場合は，秘密保持契約に違反して技術ノウハウを流出させれば契約は解除されるだろうし，事業が続けられなくなるおそれがあるので絶対に避けようとするに違いない。

しかしながら，契約期間が満了したり何らかの理由で契約が終了した後は利益状況が大きく変わる。その製法ノウハウはすでに移転し元ライセンシー

のものとなっていることだろう。いってみれば元ライセンシーがその立場を
"乱用"しようと思えばいくらでもできる状況になるのである。

そこで，他の条項の効力は失わせたとしても秘密保持条項だけは効力を残
存させることによってリスクを軽減しようとするのである。

紛争処理条項のうち，特に仲裁条項の効力を survive させることもある。
理由は，契約上のトラブルは，契約終了後に生じ事後的にどう処理するかが
問題になるケースがあるからである。

仲裁条項は契約上のトラブルを，裁判ではなく民間機関の行う仲裁によっ
て解決するとする当事者間の合意を内容とする。仲裁合意は，裁判を受ける
権利（憲法32条）を放棄する意味をもつので，有効性につき慎重に判断がな
されなくてはならない。

ただ，仲裁合意の有効性をめぐって当事者間で争いが生じたとして，その
争いを仲裁で解決することはできるだろうか。仲裁合意が有効であることを
前提として仲裁にかけることは"自己矛盾"のようだが，仲裁条項は他の条
項とは区別して判断する必要がある。

たとえば，一方が錯誤によって契約は無効であると主張し，相手方当事者
がその主張を認めなかったとする。契約が無効になればその一部である仲裁
合意も無効になるはずだが，それでは本件争いを仲裁で解決できなくなって
しまう。仲裁合意は特別扱いすることとし，その旨を契約中に明記すること
もよく行われる。

term(s)

termは，期間，用語，条件，協約などを表す多義的な語であるが，すべて法律用語としての重要性をもっている。

つまり，契約期間は contractual term あるいは term of contract である。同じ契約について使うときでも terms of contract と複数になると，契約条件ということが多い。terms が「条件」を表すときは，このように契約や取引の条件という意味で用いるのである。

貿易関係で trade terms というときは貿易条件を意味する。ICC（国際商業会議所）の作成にかかる Incoterms（インコタームズ）は，International Commercial Terms からきた語であるが，1936年に ICC が制定した International Rules for the Interpretation of Trade Terms（貿易条件の解釈に関する国際規則）がもとになっており，1953年，1980年，1990年，2000年および2010年に大改訂が行われてきた。

1990年7月1日に発効した同年度版インコタームズは，13種類の取引条件について，売主・買主の義務等に関し各々10項目について整理されている。1990年の大幅改訂は，ICC の説明によると，①コンテナ輸送，複合輸送等における輸送手段の変化への対応，②電子データ交換（Electronic Data Interchange, EDI）の利用増加への対応の必要性からなされた。

2010年版のインコタームズには，EXW, FCA, CPT, CIP, DAT, DAP, DDP, FAS, FOB, CFR, および CIF の各貿易条件（11種）が定義されている。いずれも基本的な貿易条件であり，国際的に統一的な定義がなされていることは大きな意味をもつ。当事者は，これらの貿易条件を略語でもって引用することによって，価格条件・引渡条件を定めることができる。

ICC は私的な国際団体であるから，その定めるインコタームズは法律ではない。しかし，特定・明記して当事者がこれによることとしたときは，あたかも契約条項中の定義条項を設けたと同じように契約内容の一部となって当事者を拘束する。

インコタームズは，ほぼ10年おきに改訂が行われており，2020年1月からは，インコタームズ2020が発効した。

2020年改正は，2010年改正の延長上になされたといってよい。2010年以降における貿易実務の変化を反映し，義務項目の並び替え，義務項目別の対比，各種費用の集約化などについて，2010年版から内容を"進化"させ，DAT（Delivered at Terminal）をなくし新たにDPU（Delivered at Place Unloaded）を導入した。

　インコタームズは，貿易条件取引条件を書いた「定義集」であり，法律でも条約でもない。国際物品売買条約（CISG：通称ウィーン条約）や民法との関係を考えてみる。

　日本は，ウィーン条約に加盟している。同条約は，準拠法の指定をまつまでもなく，国際物品売買契約が締約国と一定の関連を有する場合（同条約1条）には，優先適用される。

　一方で，同条約6条は，その「適用を排除できるもの」としており，当事者が同条約の内容と異なる特約を契約中ですれば，その特約が優先する。

　そこで，国際物品売買契約中に，特約として，"The trade terms used in this agreement, such as FOB and CIF, shall be interpreted in accor-dance with INCOTERMS(2020 Edition)."「本契約において使われているFOBやCIFのような貿易条件は，インコタームズ（2020年版）に従って解釈されるものとする」と書いておけば，インコタームズの取引条件が優先適用される。

　2020年版が定義している11種類の貿易条件・取引条件一覧を，ICC発行の資料の一部を，国際商業会議所日本委員会が作成した日本語訳とともに以下，引用しておく。

　いかなる単一または複数の運送手段にも適した規則

EXW | Ex Works 工場渡し

FCA | Free Carrier 運送人渡し

CPT | Carriage Paid To 運送費込み

CIP | Carriage and Insurance Paid To 輸送費保険料込み

DAP | Delivered at Place 仕向知持込渡し

DPU | Delivered at Place Unloaded 荷卸込持込渡し

DDP | Delivered Duty Paid 関税込持込渡し

海上および内陸水路運輸のための規則

FAS | Free Alongside Ship 船側渡し

FOB | Free On Board 本船渡し

CFR | Cost and Freight 運賃込み

CIF | Cost Insurance and Freight 運賃保険料込み

terminate

　英文契約に解除条項を入れ，「次のような場合には契約を解除できる」を英文でどう表現したらよいであろうか。「解除できる」は，may terminate〜とする例が多いが，cancel や rescind を使うこともある。いずれを選ぶかは，契約関係の解消に遡及効をもたせたいのかもたせたくないのかによる。

　遡及効なく将来に向けて契約関係を解消するときは，**terminate** を使うのがよい。terminate は，「（行動，状態などを）終了させる，終結する」を意味する。terminate の語源にあたるのがラテン語の *terminō* で，「区切る，制限する，終わらせる」を表す。名詞形は，*terminus* で，「境界線，地の果て，結末」の意味のほか「判決，裁定」を表すこともある。『終着駅』という古い名画があるが，日本語でも終着駅を「ターミナル」という。

　ただ，terminal は，「終末の」も表すから，terminal 〜というと「終末医療の（施設など）」をさすこともある。ひところ全国で見かけた「……ターミナルホテル」は，ある外国人に「ここはホスピスであるか」と聞かれたとかで，その後使われなくなった。『ターミネーター』と題する人気シリーズ映画があるが，これも訳せば単なる「殺人者，殺し屋」かもしれない。

　逆に，遡及効をもたせて契約関係を解消するには，cancel や rescind の語を使うのがよいだろう。cancel は，「予約をキャンセルする」のように日本語としてもよく使う。ホテルの宿泊予約をキャンセルすると，宿泊約款などには「5日前までのキャンセルならばすでに支払った金銭などの全額をお返しします」などとあるように，遡って原状回復をするのがふつうである。

　rescind は，もともとは法律や条約などを「破棄する，廃止する」というときに使ってきた。初めからなかったことにする，「無効」にするといった意味にも使うので遡及効が生じる。cancel にも「無効にする」との意味があるが，rescind のほうがそのニュアンスは強い。

　「解除できる」というときの助動詞は，may を使えばよい。単に「……ができる」を表すだけでなく，「解約権をもつ」と訳してもよい表現法になる。「できる」といっても can 〜はあまり使わない。can は，物理的，肉体的に can run fast「速く走れる」のような使い方をするからである。

territory

territory は,「土地, 地方」を表すラテン語から生まれた英語である。い
までは, 国の「領土」「領地」を表すことのほうが多いであろう。ライセン
ス契約 (license agreement) や販売店契約 (distributorship agreement) に
は, territory が必ずといってよいほど出てくる。

それは, 特許権 (patent right) や販売権 (distributorship) の実施をどの
範囲で許諾するかが問題となるからである。世界中を１つの territory とし
てある権利の実施を許諾する例も考えられるが, あまり現実的ではない。有
力な価値のある権利となればなおさら地理的な限定を加えた上で実施を許諾
することになりがちである。

territory は国ごと地域ごとのいずれでも設定できる。ただ, これらの契約
においては政治的な国境や地域の線引きよりもマーケット(市場)を中心に
territory を考えることが重視されている。特に, 排他的・独占的 (exclusive)
な実施権を許諾するときはある市場に１社だけ認められた販売店といった意
味合いがより強くなる。あまり広く territory を設定すると, その地域では
他に実施を許諾できくなる不都合が生じる。

territory を設定するのにマーケットを基準にするといっても, 範囲が不明
確になるのは避けなければならない。そこで通常は, 国や自治体などの行政
区画を用いる。アメリカ合衆国であれば,「ニューヨーク州およびニュー
ジャージー州」のように州を基準に territory を定義することもよくある。

国や行政区画をもとに territory を定義すれば範囲が明確かといえば必ず
しもそうではない。たとえば, United States of America は,「アメリカ合衆
国」だといわれるように50州を連邦政府が束ねた状態にある。そこで, グア
ムやサイパンは U.S.A. の一部といえるのかが問題となる。これらの島は,
米国領であるが, 正確には50州いずれの一部でもない。

特にサイパン島は太平洋戦争中は激戦地となったところで, 戦後, 米国の
信託統治領となり, 1978年から北マリアナ諸島として米国の自治領になった。
グアム島が米国領になったのは, 1898年からで, それより前はスペイン領で
あった。

プエルトリコも50州には入らない。米西戦争の結果，スペイン領からアメリカ領に編入され，現在は同国の自由連合州となっている。かなり細かいことまで書いたが，ただ「Territory は U.S.A. とする。」と書いただけではこれらが入るかどうかあいまいになってしまう。これらも入ると明記しておくべきであろう。

中国には1997年に返還された香港が含まれる。ただ，香港は経済・商業的には独立したエリアを構成している。法制度的にも返還後50年間は「一国二制度」によって，英国法が支配している。裁判制度も英国式である。販売店契約においても territory を Republic of China とする際も Hong Kong は除くとしたり，別に入ると明記したりすることが行われる。

2010年代後半に広がりを見せた香港における民主化運動をおさえる目的で，2020年には，いわゆる香港国家安全維持法が制定された。その結果，「一国二制度」は風前の灯と化したともされるが，法制度や司法制度そのものが変わったわけではない。

何も書かなくても当然入ると考えるのはトラブルのもとである。まして台湾につき中国は同国の一部と主張しているが，経済的には別の territory として扱うのが適切である。

text

　日本語の「テキスト」は「教科書」を表す語として使われるが，これは英語の textbook を略したいい方である。ちなみに，**text** には，元「(説教の題目などに引用する) 聖書の原句」という意味がある。

　text の語源にあたるのは，「織られたもの」を意味するラテン語の *textum* である。「織物」や「布地」を表す textile は同じ語源から発する。

　「織物」と「教科書」は，一見関係がなさそうであるが，物を構成する「生地」「基盤」の意味で共通する。ここから，原典，原文や本文といった意味が生じる。

　契約条項の見出しに "Text" とあったら，契約の正本を何通，いかなる言語で締結，作成するかを書くのがならわしである。ちなみに，「英語を正本として二通作成する」は，This agreement shall be made in English in duplicate. のようにいえばよいだろう。

　次に，正本の言語が訳語に優先するとしてあたりまえのことをなぜわざわざ書くかであるが，準拠法条項と裁判管轄条項の内容と関係がある。ある国際契約の準拠法が日本語だったとする。日本法は六法全書を見ればすぐわかるように日本語で書かれているので，たとえ正本が英語でも，放っておけば日本語訳による解釈が優先しがちである。そこで，相手方の外国企業としては，一言「釘を刺し」ておきたくなるのである。

　また，その場合に日本の裁判所でも訴えが起こせるような管轄合意がなされていると，日本での裁判は日本語で行わなくてはならない (裁判所法74条)。英文契約書を証拠で出すには日本語訳も一緒に出す必要があり，裁判官は日本語訳を元に解釈をすることになるだろう。事実上の不利は避けがたいので，外国当事者としてはいちいちいわないと落ち着かないのである。

　一部の日本企業では，「社内公用語」を英語にするところがあり話題にもなっている。

　グローバル化対応としてはもちろんよいことだが法律の分野では，日本法の下での解釈やコンプライアンスのためには，どうしても英文契約を和訳しなければならない場合があることに注意してほしい。

therefore | therefor

この2つの似た単語はまぎらわしいので注意を要する。まず，**therefore** は「それゆえ，その結果」を表す副詞であるから，14頁に述べたとおり accordingly の1つの用法に近い。「したがって」という軽いニュアンスで使いがちであるが，正しくは結論を導くときに使う。

英文契約書のなかで，最もよく見かける therefore は，Now, Therefore, in consideration of 〜.「そこで，したがって……を約因・対価として」という表現のなかに表れる。この表現はいわゆる約因文言といって，英文契約の前文中に，WHEREAS CLAUSE（説明文言）と呼ばれる部分のすぐ後にくる。

その昔，WHEREAS CLAUSE には，英米法の契約理論に固有の概念である約因・対価関係を書くのがならわしであったが，現在では，契約に入るに至った動機や背景を書くことになっている。いずれにしても，説明部分に書かれたことを受けて，結論的なかたちで文章がくるため，therefore が用いられると考えてよい。

これに対し，**therefor** は，for that あるいは for it を表す。したがって，here, there を使った一連のいい方の1つである。たとえば，He bought the land, paying $10,000 therefor.「彼は，その土地を1万ドル支払って購入した」のように使う。この場合の therefor は，for it あるいは for that land と置きかえてみるとずっとわかりやすい。

次の文例になると，there のさし示すものが名詞ではっきり文章中に表れるわけではない。The plaintiff terminated the contract without just cause therefor.「原告は，その契約を正当な理由なく打ち切った。」この場合，there は，より不明確なかたちで termination を表しているといってよい。

契約書などで，この therefor と therefore を誤用する例を多く見かける。therefor を，therefore とすべきところに使う例のほうが多いようである。

therefor を古語として for that reason という意味で使うこともあるから必ずしも間違いとはいえないかもしれないが，結論的な部分を導くときの副詞としてであれば，therefore を用いたほうが誤って解釈されるおそれが少ないであろう。

また，therefor には，単に for it（that）というだけではなく in exchange for that「それの代わりに」という意味もある。語源的に，therefore は there「それ」と for「……のために」が組み合わされた語句である。

「そのため」という意味で for that reason という語を使うこともあるが，これは therefore よりも論理的というか因果関係がより明確なときに使う。

なお，デカルトの有名な「我思う，ゆえに我あり。」は，英語で I think, therefore I am. という。

third party

third party はふつう「第三者」と訳しているが,「第三当事者」と訳すこともできる。日本で「第三者」といえば「当事者に対する語。ある法律要件についてこれに直接関与しない者,すなわち当事者以外の者（たとえば,家屋の売買契約における目的家屋の賃借人）をいう。ただし,当事者の一般承継人（相続人等）は,当事者の地位を承継した者として,第三者ではない。」（竹内昭夫〔ほか〕編『新法律学辞典 第3版』有斐閣,1989）とされている。

これに対し,Black's Law Dictionary (Fifth Pocket Edition) は,third party を "One who is not a party to a lawsuit, agreement, or other transaction but who is usu. somehow inplicated in is ; someone other than the principal parties." 「訴訟,契約または他の取引の当事者ではないが何らかその取引に関係のある者；主たる当事者以外の者。」と説明している。

これらの説明を単純に比較しても,当事者の「一般承継人」を入れるかどうかに違いがみられる。一般承継人は,会社でいえば吸収合併 (merger) をした場合にも生じるから,譲渡禁止特約に抵触する場合が出てくる。

third party のほうが「第三者」よりは広く考えられているようであるから,英文契約のドラフティングではその点に注意が必要である。

つまり,アメリカの企業社会におけるように M&A（企業買収）が日常茶飯事で行われると,契約の当事者がいつの間にか他の企業に吸収合併されてしまうこともよく起こる。吸収合併が行われた場合,日本の会社法では,権利義務は合併会社に包括的に継承されることになるが,この場合にも合併会社は third party にあたり,第三者に権利,義務が譲渡されたことになり得る。

そこで,譲渡禁止特約に違反しないようにするには,合併によって権利,義務が包括的に承継される場合 (merger with assumption of rights and obligations) を除くと明記しておくのがよいことになる。

同様に,関連会社や,たとえ完全子会社 (wholly-owned subsidary) であったとしても当事者とはいえず,third party に入る。

「第三者には秘密情報を開示してはならない」(may not disclose the

confidential information to any third party）とする契約条項があったとする。研究所である子会社に評価をさせるために秘密の技術情報の開示をするのも third party に開示したことになるから，こうした条項の下では，具体的に子会社や関連会社名を列記し，それらに情報を開示する場合は除くと書いておくのがよいであろう。

　アメリカは法の下で third party が「第三者」よりも広いのは，法律用語としては，それだけで民事訴訟における「第三当事者」を意味することからもわかる。party には，訴訟や契約における「当事者」という意味が込められているからである。

　そのため，契約においても「第三当事者」の意味にとられることをおそれて third person の語を使う人もある。たしかに third person のほうが「第三者」に近いといえるし，Black's Law Dictionary（同）には，third person の見出し語はないが，Ballentine's Law Dictionary には "One not involved. A bystander." 「関与しない者。傍観者。」となっている。

　ただ，third people といういい方はふつうしない。

time is of the essence

英文契約中に，**Time is of the essence** of this contract. といった条項が入ることがあるが，直訳すれば，「時間はこの契約の根本的要素である。」となる。これだけでは何のことかわかりにくいが，契約上のときにかかわる規定であることは察しがつく。

契約には，履行時期や支払時期，有効期間など時にかかわる取り決めがよくなされる。ある契約で利息の支払時期を20××年4月30日と定めてあり，他方で支払期限に遅れたときは債務不履行（default）として，相手方当事者には解約権（right of termination）を生じさせることになっているとする。規定の上からは，同年4月中に支払うことができず1日遅れただけでも解約権が生じてしまう。

ただ，これではあまりにも杓子定規の解釈にすぎるし，実際は，少なくとも4～5日は猶予を認めることが多いであろう。こうした猶予期間（grace period）をいかなる根拠で，どの程度認めるかは各国の法律によって必ずしも同じではない。一般に英米法と呼ばれる法システムのほうが期限にきびしいといえる。

英米法の原則的なルールであるコモンローは大陸法と異なり特に契約義務の絶対性を要求するので，オーバーにいえば1日たりとも容赦はしない。これに対して，英米法を支えるもう1本の柱であるエクイティ（衡平法）は，"修正原理"の役割を果たし，厳格性を緩和する。

すなわち，エクイティによると契約の履行期にわずかばかり遅れたとしても，default とはされず，grace period を認めようとする。

コモンローとエクイティを合わせた英米法の全体からすると，厳格性は維持されないことになりかねない。そこで，調達契約など履行期を厳しく守ってもらう必要のある取引では，本来の原則に戻って厳格に法律を適用するために Time is of the essence of this contract. のような規定を置くのである。

猶予期間は認められないことになるが，その結果，逆に考えておかなければならない規定が生じる。

それは，waiver clause「権利放棄条項」と呼ばれる条項である。この条項

には，書面によらない行動（不作為を含む）だけでは権利が放棄されない旨をうたう。履行期を厳格にとらえると1日遅れても default になり解約権を生じさせる。

ところが，行使せず放置していると，英米法の権利放棄の原則（doctrine of waiver）あるいは禁反言の原則（doctrine of estoppel）によって，その後の解約権行使が妨げられることになりかねない。

これらの原則は，権利を行使しなかったことによりその権利を放棄したものとみなし，または，ある行動（解約権の行使）をしようとするとき，過去にそれと矛盾することをしていた場合はその行動をできなくする考え方である。権利放棄の原則は，コモンローに基づき，禁反言の原則は衡平法から生じる。

いずれにしても，英米法の原則からくる条項・規定であることはわかっていただけたと思う。ただ，英文契約のなかには日本法が準拠法にも指定される契約も多い。

国際契約としての英文契約は，単に国内契約として使う日本文の契約書を英訳しただけのものをさすのではないことを思い出してほしい。半ば「精神規定」に近いこうした規定は準拠法にかかわらず，英語とともについてくることがあるわけである。

いいかえれば，こうした規定には，形骸化した面もあるので，これを入れたから安心というわけにはいかない。あくまで履行期を厳しく守ってもらいたければ，遅延利息について規定するなど具体的に書くことが必要である。

trade

日本語でも「トレードマーク」や「(プロスポーツ選手の) 交換トレード」のようによく使う。原語の **trade** の語源にあたるのは,「わだち」や「航路」を表す中期英語 (ME) で course や path と同じく「道」のことを表した。昔, Silk Road「シルクロード」が東西交易の主要ルートであったように,「道」は通商や貿易を象徴する。

そこで trade は,「貿易」を意味するようになった。free trade は「自由貿易」である。貿易・通商の元になる「取引」や「商業」も trade という。日本の経済産業省は,英語で Ministry of Economy, Trade and Industry (METI) という。

ところで,貨幣経済が発達する前,取引は,物々交換で行われた。特に,国際取引,貿易ともなると,外国とも共通した価値をもち得るのは金や銀くらいなので,かなり長い間物々交換が主流を占めた。trade が「交換」を意味するのはそのためだと考えられる。

ただ,英和辞書によっては,trade を「交換」の意味で使うのはアメリカ英語であると断っている。プロ野球界で trade を「選手の交換」の意味で使うのはアメリカからはじまった使い方で,日本のプロ野球界がこれを「交換トレード」とのいい方で直輸入した。

trade には「業界」の意味もある。「業界団体」のことは trade association というし,ある業界,同業者に通じる専門用語,特有のいい方を trade jargon「業界用語」という。「交換トレード」といった言葉は意味は通じるが,trade jargon のような響きである。

transfer

transfer は，「(……から……へ) 移す，運ぶ」を意味し，ここから「(物や権利を) 譲渡する，移転する」を表す。名詞としても使うが，「(株式などの) 名義書換」「送金，為替，振替」の意味になる点が特に重要である。

transfer の語源にあたるのが，*trans*「向こうへ」＋ *ferre*「運ぶ」のラテン語である。

transfer payment(s)「移転支出」は，政府が物品やサービスの見返りとしてではなく一方的に給付する支出をいうが，これと似た transfer の使い方をする transfer pricing「移転価格」がいま企業法務の大きな検討課題となっている。transfer は移転することで pricing は価格設定である。利益を海外子会社に移すために物品の調達価格を高く設定するのは典型的な transfer pricing である。

世界には，日本の法人税よりはるかに税率の低い国や地域がいくつもある。そうした国や地域にある海外子会社に利益を移すことで，日本国の課税権は侵害されてしまう。日本の親会社が意思決定をコントロールできる海外の完全子会社 (wholly-owned subsidiary) を使うならば，取引の条件はいわば親会社のいいなりで決めることができる。

移転価格によって課税権を侵害される国としては何をしないわけにもいかないので，移転価格税制を導入して対応をはかる。日本では，1986年，アメリカの内国歳入法 (Internal Revenue Code) の規定などを参考にこの税制を導入した。本税制は，国内企業が国外の関連当事者 (子会社など) と取引を行う際に，独立企業間価格と異なる価格を用いたことによって当該国内企業の所得が減少している場合には，その取引が独立企業間価格で行われたとして課税所得を増額し，差額につき推定課税する。

移転価格税制が厳しい国としてはアメリカ，日本，ヨーロッパ諸国をあげることができるが，中国でも最近この制度を導入しており注意が必要である。同国は2009年1月に新通達を発して「文書化」を義務づけた。対象になる文書は，国際取引に広く使われる英文契約書類が中心だと思えばよいだろう。

これらの契約書類を元に企業は，取引条件・価格の適正性を立証できるよ

うにしなくてはならない。中国の通達によれば文書化ができていない取引については税務当局に事前確認を申請しても受け付けないとしている。

　日本の企業は特に完全子会社との取引について後で説明のできるしっかりとした英文契約書を作成せず，極端な場合は「阿吽の呼吸」でやっている場合もある。この面での取引の「見える化」と文書化は日本企業の課題である。

Column
ターゲッティング広告は誰をめがけた広告か？

　ターゲット（target）は，「目標」を意味する。targetの語源にあたる語は，古期英語（OE）で，歩兵や弓手がもつ小さな円形の盾を表す *targe* である。アイスランド，スカンディナビア半島，ユトランド半島で用いられた古期ノルド語では *targa* といった。

　現代デジタル社会における最大のターゲットは広告の"名宛人"である。これを絞り込んで狙いを定めた広告のことをターゲッティング広告という。

　単純に商品を売り込むためであっても，まったく関心のない人に向けた広告の効果は期待できない。若者向けの商品は，若者をターゲットにした広告をしてはじめてよい結果を生む。

　とはいえ，一口で若者といっても，それぞれの嗜好は「十人十色」といってよい。そこで，性別や年齢，職業，趣味，交友関係などの個人情報をなるべく多く集め，"買ってくれそうな" 若者層にターゲットを絞り込めれば効果的である。そのための広告手法が「ターゲッティング広告」であるが，この言葉で呼ばれる広告は，ネットを通じて集めたデジタルデータを利用することをさす。

　ターゲッティング広告の弊害も起こっている。アメリカで低所得者層に向けてローンの広告がさかんに配信され，「多重債務者」を増加させるきっかけにもなったからである。ユーザーや消費者の視点で考えると，「いいね！」ボタンを何回か押しただけで，自分の個人情報が集められ分析されて売り買いされていることに不安を感じる人は少なくないであろう。

try / trial

try（*n.*）で誰でも知っている意味は，「試し，試み」である。ラグビーで得点をあげるプレイをトライというのはなぜか，try の英語としてのふつうの意味とどう関係があるのか，昔調べたことがある。

いまのルールでは，トライをすれば 5 点が入る。加えて，トライによって，ゴールポストの間のバーを越えて conversion kick を試みる権利が与えられ，成立すれば 2 点がさらに与えられる（conversion goal）。

ラグビー（rugby football）をモデルにできたとみられるアメリカンフットボールでは，try といわず，try for point または touch-down という。もともと「転換・転化」を表す convert や conversion の語を使うのは，try をgoal に変えるとの意味をもたせるからであろう。

try には，法律英語として重要な用法がある。動詞で用い「審理する，審判にかける」try の原義は，フランス語の *trier* と同じく「ふるいにかける，仕分ける」であるから，刑事裁判であれば，被告人が有罪か無罪かを，「審理の上ふるいにかける」を意味する。

もともと try には，「試す」の意味があるから，The employer tried to contact the employee. は，「その雇い主は，その従業員に連絡をとろうとした。」でよいが，この try の用法は「しかし連絡はとれなかった」を含意することに注意を要する。

裁判用語としての try は，訴訟における，証人を含む証拠調べを通じた事実認定手続を意味すると考えられる。ラグビーのトライのように try を名詞として使う用法はいくつかあるが，公式に「審理」を表す名詞は **trial** である。

特に，アメリカ法では，民事訴訟における本格審理を jury trial といい，trial 一語でも，原則12人の juror「陪審員」の前での証拠調べ手続をさす。

というのも，アメリカでは民事訴訟法においても陪審審理（jury trial）が原則とされているからである。合衆国憲法修正第 7 条は，コモンロー上の民事訴訟で係争金額20ドルを超える場合につき，陪審裁判を受ける権利が認められるべきとしている。

U.S.$ ~

契約中に金額を書く場合の表現法を考えてみる。300万米ドルを表すのには，**U.S.$3,000,000**とすればよい。ドルという通貨単位を使う国はアメリカだけではなく，オーストラリア，香港，リベリアなど数多くあるので，米ドルの場合，U.S. の表示は必ずつけるようにする。

ところが，アラビア数字で金額を表すだけでなく，併せて文章でも併記することが多い。

たとえば，On 25th May, 20××, the Bank shall make a loan to the Borrower in the amount of the United States Dollars Five Million and Eight hundred thousands (U.S.$5,800,000). 「20××年 5 月25日に，銀行は借主に対して580万米ドルを貸し付けなければならない。」のように書く。

文字と数字を並べて書くのは，文字だけで書く場合の読みにくさを補うとともに，数字で書いてうっかりゼロを 1 つ付け忘れたというような単純ミスをなくすためであろう。また，一方の表示が手書きなどで不明瞭なためわかりにくいときには，互いに補完し合うこともできる。

だが，双方の表示に不一致があったときは，かえってやっかいなことになる。手形や小切手においては，数字と文字を併記することがならわしになっているため，特に問題となりやすい。

そこで，日本の手形法 6 条 1 項は「為替手形の金額を文字及数字を以て記載したる場合に於て其の金額に差異あるときは文字を以て記載したる金額を手形金額とす。」のように規定している。（本規定は約束手形についても準用される。小切手法 9 条も同様の趣旨を規定する。）次頁に日本の手形法 6 条全文をあげる。

アメリカ統一商事法典（U.C.C.）§ 3 -118(c)も，Words control figures except that if the words are ambiguous figures control. 「文字が不明瞭で数字が優先する場合を除いて，文字は数字に優先する。」としている。

手形や小切手については，多くの国で文字表示が数字に優先するものと考えてよさそうである。また，手形や小切手以外の証書や文書にもほぼ類推的にこの原則はあてはまるものとみてよい。

ただ，すべての国であらゆる文書についてこういえるかは定かではない。いずれにしても，数や金額の表示にはミスのないようにするのがいちばんである。

手形法6条【手形金額に関する記載の差異】

① 為替手形の金額を文字及数字を以て記載したる場合に於て其の金額に差異あるときは文字を以て記載したる金額を手形金額とす。
② 為替手形の金額を文字を以て又は数字を以て重複して記載したる場合に於て其の金額に差異あるときは最小金額を手形金額とす。

なお，dollar の語源は，ボヘミアの Joachimst(h)aler （ヨアヒムの谷）の後半部分である Taler の英語名とされている。もともとは，同地で鋳造された銀貨をさした。

unconditionally

「無条件で」を表すこの語には，法律的に厳密な意味があるわけではない。たとえば，英文契約に If X fails to perform any provision of this Contract, Y may terminate this Contract unconditionally.「もし X が本契約のいかなる条項も履行しなかったときは，Y は無条件で本契約を解約することができる。」とある場合，この **unconditionally** にはいかなる法的意味があるのだろうか。

解約の際の「条件」といえば，まず何らかの手続を要するかどうか，たとえば，without any notice「何らの通知を要せず」なのかが問題となる。その通知が少なくとも three(3) months prior notice「3 か月間の事前通知」なのかどうかといったことも重要である。

さらに重要なのは，unconditionally に解約できるといっても，解約にともなう「補償」や「損害賠償」をどうするのかという点である。これらのことをすべて含めて「無条件で」解約できると解釈するのは危険である。

特に販売・代理店契約の解約・打ち切りにともなって，切られた側から損害賠償や補償の請求がなされることが多い。そこで，X may terminate unconditionally and without any compensation. のようにする。compensation の代わりに liability の語を使うこともある。

逆に相手方の契約違反（breach of contract）を理由に解約するような場合，解約する側の損害賠償請求権のことも考えておかなくてはならない。そのため，Either party terminating this Agreement shall reserve the right to claim damages against the other party.「本契約を解除するいずれの当事者も，他方当事者に対する損害賠償請求権を留保するものとする。」のように書くこともある。

understand / understanding

understand の「理解する，了解する，わかる」といったふつうの意味は
誰でも知っているはずである。ただ，この語には「合意する」との意味も
あって，用法を誤らないようにすべきである。

たとえば，契約締結に向けた交渉のなかで，「そちらの提案は理解できる
が，同意はできない」のつもりで，"We can understand your proposal but
can not agree it." というとする。これを聞いた外国人は，not〜, but の構
文にもなっていないし，とたんに機嫌を悪くするか，場合によっては怒り出
すかもしれない。

この場面であれば，understand を「合意する」ととらえ「合意できるが
同意できないとはどういうことだ」となるからである。

正式な契約の締結に向けた交渉段階で取り交わす基本合意書を MOU
(memorandum of understanding) と称する。この使い方における
understanding は「合意」である。すなわち，正式契約に至る途中の段階
でも合意に達した事項を文書化・記録化しておくことで確認する意味がある。

unless otherwise ~

契約中に，「別段の合意のない限り……」と表すことがある。このフレーズに導かれる部分は原則であり，別段の合意にあたる部分が特則になる。

Unless otherwise provided in this Agreement ～. は「本契約中に別段の規定がない限り……。」である。また，対象をもっと狭くして，次のようないい方をすることもある。

> *Unless otherwise specified on the face of the Contract, the title of the Goods shall be transferred from Seller to Buyer when ～.*
> 「契約の表面に別段の定めが特記されていない限り，本件物品の所有権は……の時点で売主から買主に移転するものとする。」

逆に，きわめて漠然としたいい方でもって，**Unless otherwise** agreed between the parties, ～. 「当事者間に別段の合意がない限り……。」とすることがある。この場合，「本契約」だけでなく，関連する当事者間の別契約，合意書，口頭の約束までをも広く含んだ上で，それらに「別段の合意」があるかないかを問題とすることになる。

このように漠然と原則と例外を示すいい方は，けっしてほめられたものではない。できれば，「何条に規定された原則に対する例外として……。」のように，原則と例外の関係を明示するほうがよい。

Unless otherwise provided ～，といういい方は，別に Except as otherwise provided（*or* agreed, etc.）～，や In the absence of specific agreement ～，に置きかえることができる。

until

until ～は，その時点で継続してきたことが停止することを意味し，「その時点になったらもう遅い」ことを表す。であるから，shall wait until three (3) o'clock といえば「3時まで待たなくてはならない」であるが，3時になったら待つことを止めてよいのである。逆に，by the end of March といえば「3月末までに」であるが，3月31日が終了し4月1日になる直前まで含むと考えられる。

until を否定語の後に用い，It was not until ～のようにしたときは「……までは……しない」「……になってはじめて……する」となる。この場合，until を before に置きかえてもよいとされるのは，やはり後に続く日時を含まないからである。さらに，prior to に置きかえてもよいことになるが，～not prior to はそれほど使われない。

before と prior to を比較したとき，後者は lawyerlism の表れであるといわれる。すなわち法律家が好んで使う表現でありなるべく使わず，before を使ったほうがよいであろう。

アメリカ連邦裁判所の判例中にも「prior to を before に置きかえるべきだとする法律ドラフティングの本が多くある」ことを指摘しつつ prior to は "clumsy"「まずい」と決めつけたものがあるほどである（Until States v. Locke, 471 U.S.84,96 n. 11(1985)）。またある本の著者は，もし after の代わりに posterior to を使うのに抵抗がないのであれば，before の代わりに prior to を使えばよいだろうと述べている。

until, before あるいは prior to が後に続く時点を含まないのであれば，含むいい方をするには，法律英語には on or prior to 15th として，15日にまたはそれより前，つまり15日以前であることを明確にするいい方がある。prior to の代わりに before にしたほうがより一般的といえるであろう。あるいは，until Sunday inclusive とすれば，「（継続的に）日曜日までで同日を含む」ことは明らかになる。

ただし，「午後3時までに」のように時刻を入れるのであれば，not (no) later than three(3) o'clock のほうが正確に表現できる。「3時より遅くない

ときに」が直訳であるから，3時ぴったりは含めないわけである。

アメリカ人の書いたある法律用語辞典には no later than = on or before とあり，「後にくる特定の日を含まないところの before と同じではない。」とはっきり述べている。

「以上」や「以下」を表すときも，正確ないい方としては，no less than, no more than を使い，no less than ten(10) meters で10メートルそのものが入るようにする。

「その仕事は7日以内に終了させなくてはならない。」は，The work shall be finished within seven(7) days. でよいが，in less than seven(7) days でもよく，フルに7日すべてを含むようにしたければ in not more than seven(7) days とすべきであろう。

veil

日本語の「ベール」でおなじみの語である。the veil は，特にイスラム世界で公共の場において女性が髪や顔を覆う制度を表すことがあるとともに，「修道女の生活や誓い」を表すこともある。ここから「（何かを）覆い隠す物，見せかけ，口実」の意味が生まれる。under the veil of charity は「慈善の名に隠れて［美名の下に］」となる。

法律用語としての重要な使い方は，会社法分野の doctrine of piercing the corporate veil で「法人格否認の法理」と訳されることがある。直訳すれば「会社のベール貫通の法理」とでもなるであろう。

法人格の否認は，法人格が濫用されたり形骸化していると認められたときに，問題となっている法律関係に限って，支配株主などとその会社を同一視して扱う考え方である。日本では判例法で法人格否認の法理が採り入れられているが，この点はアメリカも同様である。

つまり，法人格を **veil** ＝ "隠れ蓑" のように責任追及を免れようとする動きに対し，veil をはがすまではいかずともこれに "風穴を開ける" のが piercing the corporate veil である。法人格を否認してベールの陰に隠れているいわば張本人に迫るのであるが，この場合の法人格は株式会社のような有限責任原則（principle of limited liability）が適用される法人でないと意味がない。

企業は海外で事業展開をするにあたって，直接，工場や支店を使っての製造，販売などではなく，極力，有限責任の別法人，すなわち海外子会社を通じて行おうとしてきた。

しかし，海外現地で子会社の法人格を否認され親会社に無限連帯責任が生じたのでは元も子もないので，本法理が適用されないようにするにはどうしたらよいかを考えるべきである。これには，海外子会社の独立性をなるべく高めるようにしておき，有限責任原則の "壁" を越えてリスクが日本親会社に波及するのを防止することである。

次に，本法理が適用され，現地の裁判所から海外子会社と無限連帯責任を負わされることのないよう独立性を高めるにはどうしたらよいかを考える。

一般に子会社の独立性は，①資本面，②人事面，③業務面，および④意思決定の4ファクターで決まるとされる。100％出資で，経営陣以下の幹部社員の多くを日本からの出向が占め，販売子会社であれば取扱い商品が親会社の製品のみである子会社は独立性が低いとされるであろうことはすぐわかる。

　これにもう1つ，重要な意思決定が親会社によってなされているか否かを加えることがある。

waive / waiver

waive は，「（権利などを）放棄する，撤回する」の意味をもち，waive
one's right で「権利を放棄する」のように使う。**waiver** はこの名詞形である。

waive には，「（要求などを）差し控える，（規則などの）適用を控える」
の意味がある。The regulation can only be waived under certain
curcumstances.「その規則は一定の状況下においてのみ適用を控えることが
できる」のように使う。

英文契約の一般条項である Waiver と題する条項（Non-Waiver と題するこ
ともある）は，Default Clause「債務不履行条項」との組み合わせで，right
of termination「解約権」の放棄についてよく使う。

英米法には，doctrine of waiver「権利放棄の原則」と doctrine of estoppel
「禁反言の原則」という2つの法原則があり，ともにいわば権利の上に眠る
者に厳しい内容をもつ。その点は，消滅時効制度が，権利が発生しているに
もかかわらず一定期間行使しなかったことで消滅させるので制度趣旨が似て
いる。英米法と大陸法を比較した場合，英米法にはほぼ同じ趣旨で2つの原
則があることからもうかがえるように，大陸法より権利不行使に厳しいとい
える。

なぜ2つの原則があるかだが，これは英米法が狭義のコモンロー（common
law）とエクイティ（equity）の2本立てでできていることと関連している。
コモンローが一般原則とするとエクイティはこれを補正する修正原理である。

法的判断の基準を事案にあてはめたとき常に公正な結論が導かれるとは限
らない。具体的妥当性を求めて当事者のいい分を秤にかけてみて"重いほう
を勝たせる"といった判断のしかたが優れることはしばしばある。エクイ
ティはこうした判断基準を用いる。equity は「公平」というよりは「衡平」
と訳すのは，天秤にかける考え方を示している。

doctrine of estoppel の estoppel は，「（樽などの）栓」を表す古期フランス
語（OF）の *bung* から stop が生じ estop が「禁ずる」を表すようになった。
estoppel が何を禁ずるかといえば，以前行った言動と矛盾する言動である。

たとえば契約の相手方が債務不履行（default）を起こし，こちらが契約に

基づいて解約権を行使できる状態になったとする。7月末に支払われるべき代金が8月1日を過ぎても支払われていない状態を考えればわかりやすいだろう。実務では8月2日になったとしても解約権を行使せずに，もう2，3日は様子を見るのがふつうであるが，こうした恩情は裏目に出るおそれがある。

　権利が発生しているのに行使しなかったのだから解約権は放棄された，あるいは解約権の行使はそれに先立つ不行使＝見逃し行為と矛盾するので許されないとする主張が相手方から出る場合である。この主張の根拠は，英米法におけるほうがより明確である。

　英文契約における Waiver Clause は，権利の不行使＝見逃しがあってもその権利を放棄したとはみなされないとする内容の条項で，これがあることによって英米法の下でも安心して"見逃せる"ようになる。

　なお，日米のプロ野球で「ウェーバー制」というときのウェーバーは doctrine of waiver の waiver と同じ意味である。では，この場合，何の権利を「放棄」するのだろうか。アメリカのプロスポーツのうち大リーグ機構（MLB）の各チームはその支配下に選手を所属させ独占する権利を有している。waiver はこの権利をチームが放棄することである。選手からすれば自由になったことになるが，クビになったのと同じだったりする。

war

war は，誰でも知っている英語で，「戦争」と訳すのが一般的であるが，「交戦状態」や「戦い，戦闘」を広く表すこともある。

war は，法律英語としてきわめて重要な使われ方をするが，「war とは，法的な定義は」と，正面きって聞かれると答えに窮してしまう。

「戦争は合法か違法か」との根源的な問いかけは，第2次世界大戦の前からあったので無理もない。

戦争は，一般的には，武力・兵力による国家間の闘争をさすとされるが，法的な説明は，法分野によって異なる。国際法上は，「戦時国際法が適用される状態をいう」とするが，戦争の違法化が進んだ昨今，「合法的に許される戦争はあるのか」との疑問が呈されている。

国内法令は，どのような事態を戦争とみなすかについて，それぞれ異なる考え方を示している。たとえば，保険関連の法令では，非組織的な暴力行使でもこれを戦争とすることがある。反面，宣戦布告や動員に関する法令のように，全面的武力衝突を要求する例もある。

国際法の下では，戦争をどうとらえるかについて考え方の歴史的変遷がある。大まかには，正戦論，無差別戦争観を経て，いまは戦争違法化の時代に至ったといえる。戦争違法論は，国連憲章（2条4項）が，宣言された戦争のみならず武力の行使や武力による威嚇も一般的に禁止したことで確立した。

英文契約中の不可抗力条項の不可抗力事由（*force majeure* event）に使う war の解釈適用について考えてみる。ウクライナや中東ガザ地区で行われてきた戦闘行為が「戦争」にあたるかどうかは，当事者が合意で指定するなどして決まる契約準拠法の解釈による。

日本法が準拠法であるとすると，上述のとおり，国内法令は，戦争をまちまちにとらえて説明している。実体私法である民法や商法が，直接戦争の定義をしてはいないが，保険関連法令の考え方は，参考になる。

特に損害保険関連の法令においては，戦争を，保険金を支払うべき原因たる「事故」ととらえる。いま，武力衝突が行われている地区における建物の建設を請負った企業があるとしよう。契約上の義務履行を妨げるほど危険な

戦闘行為が建設現場にあるか否かが問題なのであって，それが「戦争」その
ものかどうかは，さほど重要ではない。

とはいえ，国際法の下で一般に説かれている「戦争」の定義的説明とあま
りかけ離れる解釈は避けるべきであろう。そのため，近時は戦争の違法化の
流れのなかで，契約中でなくても，「戦争（war）」の語を避ける傾向がある。

契約ドラフティング上は，「戦争（war）」と並んで，「戦争類似の状況
（war-like situation）」を書き入れるようになった。それだけではなく，riot
「暴動」や civil commotion「内乱」などを *force majeure* event に加えるよう
にもなっている。

event として war（declared or not）として宣戦布告があってもなくても
と明記する例がある。いうまでもなく，これらの事態が戦争と同じように，
あるいは，具体的状況によっては，それ以上に契約義務の履行を妨げる要因
になり得るからである。

以下には，上記の趣旨に沿って書かれた不可抗力条項例の該当部分を引用
しておく。

「Neither party shall be liable for any delay or failure of performance when
such delay or failure in due to ～ war, warlike condition, insurrection,
mobilization, riot, civil, commotion, blockade ～ . 」

「いずれの当事者も，履行遅滞，不履行が，……戦争，戦争類似の状態，
反乱，動員，暴動，内乱，封鎖……による場合には，その遅滞，不履行につ
き責任を負うものではない。」

ware / wear

ware は，同じ発音をする wear とまぎらわしいが，wear は，衣服など「身につける（もの）」を意味し，カジュアルウェアのように日本語となって日常的に使う。

wear を法律用語として使うことはまれであるが，建物の賃貸借契約（lease agreement）において wear and tear として用い，建物などの「日常的な使用による傷み，すり切れ」を意味する。

賃借人は，契約終了時には建物を原状に戻して返還しなくてはならない契約上の義務を負っていたとしても，たとえばカーペットの wear and tear については，そのまま返還すればよく，毎月支払ってきた賃料でカバーするものとなる。

ware は，software のように他の語と組み合わされた語の一部として使うことが多いが，ware 一語でもコンピューターソフトウェアを意味するようになっている。ware は，もともと「気を付けるべき物」を集合的に表す語であった。この原義を最も引き継いでいる複合語が warehouse「倉庫」であろう。

いま企業社会の一大脅威が ransom-ware である。不正かつ有害な動作を行う目的でつくられた悪意あるソフトウェアやコンピュータプログラムをマルウェアと総称するが，ランサムウェアはその一種である。malware のmal - は，「悪」や「不良」を意味する接頭辞で，医師や弁護士などプロフェッションの業務過誤を malpractice という。

ransomware の ransom は，身代金を意味する。-ware は，software のことで，ware だけだと，製品や品物を表すほうがふつうである。コンピューターが登場する前から，よく使う warehouse は，広く商品などの「倉庫，貯蔵所」である。

software は，コンピューターが登場してからできた用語である。これに対する hardware は，コンピューターのずっと前からある語で，「金物（類），工具」を意味する。それが，ミサイルなどの兵器をさすようになり，さらにはコンピューターのハードウェアに転用されるようになった。

アメリカを初めて訪れた人が，看板に HARDWARE とあるのでコンピューターを売っていると思いその店に入ったが，どこを探しても見当たらなかったという。それもそのはずで，そこは「金物屋」であったとの笑いばなしがある。

ランサムウェアは，暴露型ウイルスともいわれる。盗み出した情報を広くさらし暴露するぞと相手を脅すからである。従来型のランサムウェア攻撃は被害者のパソコンなどのデータを暗号化し，復旧と引換えに身代金を要求するものだった。暴露型は，先に被害者のデータを盗み，攻撃の仕上げに元のデータを暴露すると二重に脅迫する。暴露型ウイルスでの身代金は，匿名性が高く換金もしやすい暗号資産（仮想通貨）を使うことが多い。

2020年の8月から9月に行われた「CrowdStrike グローバルセキュリティ意識調査」によれば，過去1年間でランサムウェアによる攻撃を受けた日本企業の32%が身代金（平均約1億2千3百万円）を支払ったと回答している。

同調査は，2021年9月から11月にかけても行われ，2020年比で身代金被害額が92.3%増（グローバルでは62.7%増）となっている。

一方で，身代金の支払いを拒否し，盗まれたデータの多くをネット上にさらされた企業もある。身代金の支出を補塡するサイバー保険もあるとはいえ，データを盗まれないようセキュリティ体制を固めるのが先決である。

warranty

　warranty をふつうの英和辞典で引いてもいきなり「（商品の）保証（書）」と出ていたりする。さらに〔法律用語〕であると断って「瑕疵担保責任」の意味が続くことからすれば，warranty がもともと法律関係の語として使われてきたことがわかる。

　"two(2) year warranty" といえば「2年間の（品質）保証」のことで，生活上も身近な英語といわなくてはならない。under warranty は「保証期間内で」である。

　より正確にいうと，法律用語としての warranty は，物品（goods）に関してその品質保証的意味と不動産の所有権などにつき権原（title）保証の意味と2通りで使う。ライセンス契約におけるワランティ条項は，前者の意味で主として使う。特許やノウハウのライセンスは，いってみれば物品を売る代わりに技術を使わせて（実施許諾）対価（royalty）を得ることだからである。

　日本の民法555条以下の「売買」に関する規定の売主の担保責任の諸規定は，「売買以外の有償契約」に準用される（559条）。

　この関連で英米法には「黙示の保証の原理」（doctrine of implied warranty）があって，契約実務においては重要な意味をもつ。この原理はイギリスの判例法が育んできたもので，同国の物品売買法（Sale of Goods Act, 1893）は，売主の担保・保証を成文法にしたものである。

　その内容として，契約に何ら書かれていなくとも黙示的に，売主は目的物についての権原を有していること，説明売買においては目的物が説明に合致することなどを保証したものとされる。そのため，法定担保・保証ということもある。

　何も書かなくても一定の内容の保証をしたこととするので，法定以外の保証内容や保証をしないことを規定するときのほうが契約実務としては重要な意味をもつ。

　というのは，この問題について契約自由（freedom of contract）が支配すると考えられ，法定の保証も任意法規であって，これに反する契約とすることも原則として許されるからである。

ライセンス契約にも "No Warranty" と題してライセンサーの保証責任を否定する条項が入っているのを見かける。しかし，ここで注意しなくてはならないのは，そうした条項が例外的に有効性を保てない場合があることである。

英米法における黙示の保証の考え方は，物品やサービスの供給者（supplier）側の責任を重くして買主側を保護しようとする考え方に発しており，現代の消費者保護（consumer protection）の考え方につながる。

そのため，アメリカ統一商事法典（U.C.C.）は，商品性（merchantability）についての黙示の保証を全部または一部排除または変更するには，商品性について言及しなければならず，それが書面の場合には，明瞭（conspicuous）に記載されていなくてはならないとする（2-316条（2））。

また，適合性（fitness）についての担保を排除し，変更するためには，排除が書面により，かつ明瞭に記載されていなければならないとする。適合性について黙示の担保をすべて排除しようとしたら，"There are no warranties which extended beyond the description on the face hereof."「この契約の表面に説明された以上の保証はしない。」のように記載がなされていれば，裏面約款として十分であるともしている。

保証を全面的に排除，制限するのではなくても，ライセンス契約には，対象となる特許やノウハウの有効性，および有効な知的財産権（intellectual property）の維持，管理をライセンサーが保証する内容を規定したりする。

wash / laundering

　washには，口語的だが「ごまかし，取りつくろい」の意味がある。水で
汚れを洗い流す行為は，汚れを取り去り物をきれいに美しくする良い行いばか
りではない。"汚れ"を水に流して隠してしまおうとする悪い行いととら
れかねない。実際に，証券取引の分野では，washableが「株取引が仮装の」
といった意味で使われる。

　「資金洗浄」と訳すmoney laundering「マネロン」は，詐欺などの違法な
行為で得た収益の出所を，いくつもの預貯金口座に転々と移してわからなく
する行為をさし，法的に規制される。**laundering**の語を使うが，「洗浄」を
悪い行いとする点は共通する。

　ちなみに，laundryは，「洗濯場，クリーニング屋」を表す語で，コイン
ランドリーでおなじみだが，和製英語っぽい。

　企業や個人が「〜wash」をしているといわれるのは不名誉なことである。
たとえば環境にやさしい"eco〜"のロゴも入った商標を現地でも権利化し
て，東南アジアのマーケットで商標の使用をライセンスする英文契約を取り
交わすとする。

　この場合，「環境にやさしいエコ……」のうたい文句は，グローバルな
"基準"に照らすと，グリーンウォッシュととられるおそれがある。イギリ
スのフテラ社は，"The Greenwash Guide"という出版物を出しているが，
そこには，「greenwash」とみなされる可能性のある表現の例が書かれている。
それを『60分でわかるSDGs超入門』（バウンド著，功能聡子，佐藤寛監修
（技術評論社，2019））は，「10の原則」としてまとめてある。

　その原則①は，「ふわっとした言葉の使用」で，例として「エコ・フレン
ドリー」を，原則⑥は，「まったく説得力がない表現」の例に，「エコ・フレ
ンドリーなタバコ」をあげている。

　こうした表現は，環境問題を重視する国連のSDGsウォッシュとして，広
く海外市場でも非難を浴びることにもなりかねない。SDGsのGoal13は，
「気候変動及びその影響を軽減するための緊急対策を講じる」ことを目標に
掲げているからである。

ことは環境問題に限らない。SDGsが掲げる17の目標（Goals）ごとに，嘘や過大な表現を使うことなく誠実に向き合っていかなくてはならない。

見せかけだけの中身のない言葉で消費者をだまそうとするのではなく，行動と一致させることである。eco～の表現ひとつ取っても，海外では日本とは受け取られ方が異なるかもしれない点に注意すべきである。

日本では，SDGsの17の目標を色分けした円形のバッヂをスーツの衿につけた政治家や会社役員をよく見かけるようになった。これも，ふだんは部下をどなりつけ，ハラスメントまがいの行為を繰り返していれば，「SDGs wash」といわれてもしかたない。Goal 8は「人間らしい雇用」の促進を掲げる。

Column
カーボンニュートラルは
カーボンオフセッティングが正しいか？

カーボン（carbon）は，「炭素」であり，ニュートラル（neutral）は，「中立の」である。カーボンニュートラルを直訳すれば「炭素が中立の」となり，何のことかわからない。

政府はカーボンニュートラルを，「CO_2をはじめとする温室効果ガスの人為的な排出量から，植林，森林管理などによる吸収量を差し引いて合計を実質的にゼロにすること」と説明している。

ニュートラルから，「差し引きゼロ」を導くならば，carbon offsettingの語を使うほうが正確である。offsettingは相殺だからであるが，全部を相殺できなければ，「ゼロ」にはならず，削減でしかない。もし実質的にゼロで中立的な状態を，neutralで表すことは，一応筋が通る。

2020年10月，当時の菅首相は，所信表明演説で，「2050年までに，温室効果ガスの排出を全体としてゼロにする，すなわち2050年カーボンニュートラル，脱炭素社会の実現を目指す」旨を宣言した。

カーボンニュートラルを目標どおり実現しようとしたら，再生可能エネルギーや水素・アンモニアの活用などを進めるだけでは不十分である。企業や国民による，温室効果ガスの排出量削減に向けた取組みが欠かせない。同目標実現に向けた政策枠組みとしては，カーボンプライシングがあるが，この語は，英和辞典には載っていないので，和製英語らしい。

whatsoever / howsoever

whatsoever は，whatever の強調形である。whatever は，「……のものは
何でも」「……はすべて」を表す。

英文契約のなかのたとえば不可抗力条項（Force Majeure Clause）には，
不可抗力事由が列挙されるのがふつうであるが，列挙の最後に 〜 or any
other causes or circumstances whatsoever beyond the reasonable control of
the parties,「……あるいはその他当事者が合理的に支配し得ないあらゆる原
因または状況」といういい方を付け加えることがある。whatsoever は，any
other を強調している。

他には，たとえば The price shall be firm and final and shall not be
subject to any adjustment for any reason whatsoever.「その価格は，確定か
つ最終のものであり，いかなる理由によっても調整されないものとする。」
のように否定を強めるときにも使う。

同じように **howsoever** も however の強調形として，「いかに……でも」，
「どんなに……でも」を表す。

whatsoever, howsoever いずれの語も文語的な表現に使い，ふつうの英文
ではあまり使わない。

whereas

この語は，英文契約の最初の部分に出てくる whereas clause でおなじみであろう。

現在使われる英文契約中の wheresa clause は，契約を締結するに至った動機，目的，背景をここに書くのがならわしになっている。この場合，訳すときは，「……なので」とすることも多い。

ただ，伝統的には，Whereas 〜, and Whereas 〜, Now Therefore, in consideration of 〜. と続くところからわかるように，whereas clause には，英米契約法に固有のものといわれる consideration「約因・対価」の内容を書くのがならわしであった。

その場合 **whereas** は，given the fact that と置きかえることができ，「……の事実にかんがみ」などと訳すとぴったりする。

whereas には他に，although, on the contrary, but by contrast という語句に置きかえられる譲歩の接続詞として対比・対照を表す用法がある。こちらは，法律英語というよりは文学的用法である。現在の英語であれば，while を代わりに使うことが多いであろう。

ただ，形式や格式を重んずる英語の文章では，while のより一般的な意味は「時」に関するものであることから，whereas をより好ましい用法としてきたきらいがある。

will

will が契約書に使われたときは，一般に単純未来を表すことよりも shall 同様，契約当事者の義務を表すことが多い。

あるローン・アグリーメントで，Borrower（借手）側の返済義務その他契約上の義務を書き表したところはほとんど例外なく，The Borrower shall repay the Loan to the Lender in six (6) installments on each Repayment Date. のようにしていながら，Lender の貸付約定（commitment）を表す部分のみは以下のように will を用いていた。

> *Subject to the provisions of this Agreement, the Lender will lend to the Borrower amounts not exceeding in the aggregate U.S.$_____ .*
> *「本契約の規定の下で（これに従って）貸手は借主に対して_____米ドルを超えない金額を貸し付けなくてはならない。」*

この will もやはり義務を表すのであるから，訳すのであれば「……すべきである」「……しなくてはならない」となる。

これを一般の助動詞の1つである will と同じように「……するのであろう」と訳していたら契約中の文章らしくない。また，しまりがないだけでなく誤りである。

上記の文章で will の代わりに shall を用いたとしても「義務」を表す意味内容に違いが出てくるわけでもない。それでは，なぜここで will を用いたのであろうか。

そこは，微妙なニュアンスの差を出そうとしたとしか思えない。つまり，ローン・アグリーメントの当事者間では，一般に Borrower よりも Lender 側が契約条件の交渉についても優位に立つことが多い。いわば，superior な bargaining position をもつ。

Lender がみずからの義務を表すときは will を用い，逆に Borrower の義務についてはことごとく shall を用いているのは，そうした bargaining position の反映とみることができよう。

will は，名詞で「遺言」を表す語でもある。

within / under

「7日以内に」というときは，within seven(7) days のように **within** を使うのがふつうである。

同じように「以内」でも「1か月以内の期間」として継続的期限を表すときは，for a period not exceeding one(1) month のように表現したほうが適切である。

まれに **under** を within と同じように使って，under two(2) days「2日以内に」とすることもある。ただ，この使い方の under には，正確には「……未満の」と訳すべきである。「……以内に」と訳すのには使わないほうがよい。

under には，「……に満たされない」のような数量，時間に関連した用法があるほか，「(法令などに) 従って」を表す重要な法律表現に使う。

たとえば，「製造物責任法の下で，……」を，～ under the Product Liability Law のようにいうことがある。この場合の「下で」は，物理的な上下関係を表しているのではなく，「……に従って」の意味であるから，under の代わりに pursuant to を使うこともできる。

pursuant to は，文語的で法律表現によく使うが，何らかの法令やルールに従っていることを表すには，under を使うほうが plain English「平易な英語」の視点からも適切である。

without limiting the generality of the foregoing

この表現は，英文契約にはよく使われる定型的なものである。直訳すれば「上記の一般性を制限することなく……」で，何のことかピンとこない。じつはこの表現の"機能"は，including without limitation とよく似ている。

何か事項を列挙するにも，限定列挙と例示列挙がある。たとえば，In this agreement, the "Technologies" means A, B, and C.「本契約において，本件「技術」はA，BおよびCとする。」としたとする。正確にいうと，A，B，Cの技術に限定されてそれ以外の技術を含まないのか，それともA，B，Cは単に代表的なものの例示かは不明である。

means の後に including without limitation を入れ，以下の「A，B，Cを含むがこれらに限定するわけではない。」とすれば，例示列挙であることを明らかにできる。

同様に **without limiting the generality of the foregoing** も，包括的，一般的な内容を限定しようとするつもりはなく，と断るような表現として使う。以下の文例で考えてみよう。

> *The Buyer must satisfy all the requirements under the relevant laws.*
> 「買主は関連法の下でのあらゆる要件を充足しなくてはならない。」

とあったとする。これに The Buyer must obtain such permit and license as required by the law.「買主は，その法律で要求されるような許可と免許を取得しなくてはならない。」と続ければ，第1文も法律の要件を限定的に書いたとみられかねない。

そこで，第2文の冒頭に without limiting the generality of the foregoing, をもってくるのである。こうすることによって，その法律の下でのあらゆる要件を充足しなくてはならないとする一般的内容を損わずに，例示的に許可と免許を取得しなくてはならない点だけを強調したことになる。

この表現には難点がある。それは the foregoing が何をさすかあいまいになりがちな点である。foregoing は「上記の」「前述の」と訳すことができるが，先立つものすべてを含み得る語である。「直前の」といいたければ

preceding を使うべきである。

　そこで，同じような使い方をするといっても including without limitation のように，１つのセンテンス中で使う表現のほうが明瞭である。どうしても without limiting generality of the foregoing 〜を使いたければ，the foregoing のところを具体的に the foregoing sections 5.3 through 5.8「上記の5.3条から5.8条」のように書くべきであろう。

　なお，including without limitation 〜を「無制限に……を含む」と訳す例を見かけるが，この種の表現の機能がわかっていないことからくる誤訳といってよい。

Column
ウェルビーイング

　well-being を，ふつうの英和辞典は，「幸福，福利，健康」と訳している。人は誰でも，健康で幸福に生きたいと願う。このあたりまえの要求を基本的人権の一つに位置づけ，日本国憲法13条は，「生命，自由及び幸福追求に対する国民の権利については……国政の上で，最大の尊重を必要とする」として，幸福追求権を明記している。

　問題は，これをどう具体的に実現するかである。企業であれば，従業員や取引先，顧客といったステークホルダーの働きがいや幸福感を最大限尊重するところに行き着くであろう。人材の価値を伸ばす人的資本経営志向といってもよい。

　ただ，幸福と感じるか否かは，人の主観に委ねられる。幸福感を究極の目標とするウェルビーイングを，指標作りによって可視化しようとする動きがあるがこれができればその意義は，大きい。

without prejudice

ふつうの英語として直訳すれば「偏見なしに」であるが，法律英語では **without prejudice** を留保文言として用いる。

これを文章中で使うときは前置詞 to をともなって without prejudice to ～ とし，to の後には権利や利益を入れ，「（権利・利益）を損うことなく保留しつつ」といった意味になる。

解約通知レターに without prejudice を使う例で考えてみる。レターの形式は概略以下のようになっていることが多いであろう。

July 20, 20＿

WITHOUT PREJUDICE

Re: Distributorship Agreement
dated January 10, 20＿

Dear ～ :
We hereby terminate the Agreement.

Sincerely,

(Signature)

レターの本文は，極端に簡略化してあるが，ここにはレターの件名に書かれた「20＿年1月10日付の販売店契約」を本レターでもって解除しますとの内容が書かれている。問題はレター右上の **WITHOUT PREJUDICE** との関係をどう理解するかである。

この文言はなぜ大文字でしかもアンダーラインを付して目立つように書かれているのであろうか。それはこのレターで解除をしようとする当事者にとって重要なある権利を留保しているからである。では，どのような権利を留保しているのか。本レターでは，その権利が留保されてはいるがその内容が本文中には表れてこない。

なぜかといえば，書かなくても当然わかってもらえるとレターを出す側では考えるからである。にもかかわらず，いくら考えてもわからないのは大きなハンディになり得る。

どのような権利が留保されているかを考えていくうちに，民法545条４項（2017年改正前，３項）が頭に浮かぶようなら，よく勉強している法的センスのある人といってよいであろう。同条項には，「解除権の行使は，損害賠償の請求を妨げない」とあるから，留保されているのは損害賠償請求権だとわかる。

解除権を行使するのは契約の相手方が債務不履行（default）をした場合が典型的であるが，債務不履行の結果生じた損害についての賠償請求権を解除権の行使によって放棄するものとはみられないようにするのが本条項の趣旨である。

では，英文の解約通知にはなぜ民法にあることをわざわざ留保文言を使って書いたりするのであろうか。それは大陸法と英米法の違いからくる。成文法の体系である大陸法の下では民法や商法に規定していることでも，慣習法・判例法によって立つ法体系である英米法は明文で規定しないことが多い。

その分，個別的に契約書などに明記しておかないと安心できないことになる。その場合でも前頁の文例のように何が留保されているかすぐわかるときには，念のため目立つように留保文言を示して内容は省略する。

もし省略しないで全文を書くとしたら，We hereby terminate the Agreement without prejudice to our right for the damages. 「本レターによって当社は当社の損害賠償請求権を損うことなく留保しつつ解除します。」のようになるであろう。

なお，terminate はふつう将来に向けて契約を解除するときに使う。もし遡及効をもたせ契約をはじめからなかったものとして解除するのであれば cancel あるいは rescind を使うべきである。

work / worker

workは，名詞だと「仕事や労働，職業」を表す一方で，「作品」「工場」なども表す。worker は「働く人，労働者，職人」を表す。

work の語源にあたるのは，古期英語（OE）・ゲルマン語の *werk* で，原義は，「仕事，労働」である。labour も同じ意味をもつが，work が努力して行う仕事，労働に広く使うのに対し，こちらは骨が折れつらい肉体的・知的労働をさす。また，toil は長く続くあるいは非常に疲れる仕事をいう。

work との組み合わせでいくつもの法律用語が生まれた。work permit は，外国人への労働ビザの発給に関する「労働許可証」である。workout は，一般に「練習，トレーニング；点検，チェック，検定」を意味するが，倒産法分野においては，「（法的手続に代わる裁判外での）債務免除の合意」を表すので注意を要する。

アメリカの訴訟手続に関連する work product「職務活動成果」は，特に重要な法律用語で普通の英和辞典には載っていない。同国の広範な対象をもつ証拠開示請求に対し，attorney-client privilege「弁護士—依頼者間秘匿特権」と並んで，例外をなす。両者の比較における work product の詳しい説明については，318頁以下参照。

労働法（labour law）分野で重要なのが，worker's compensation「労働者補償」である。1897年，イギリスで特に危険な業種に限定して労働者災害補償法が制定されたが，後に業種を限定することなく一般に労働者を対象とするように拡大された。また，当時は，名称を workmen's compensastion act といったが，現在は中性名詞の worker を使うように変わった。

Column
シェアリングで従業員も共有できるか？

シェアリングエコノミーの時代になった。家屋や自動車を単独で所有し利用するには負担が大きすぎなので，複数で有償の共同利用をはかるシステムが普及した。

新型コロナウイルス禍で，休業を余儀なくされた業界がある一方で，人手不足に悩まされる企業は少なくない。そこで，外食産業の従業員を小売店の配達員として働かせるといった「従業員シェアリング」が始まった。もともと sharing は，「共有する，一緒に使う」を意味する share(v.) の名詞形で「分かち合うこと，共有」を表す。余剰人員を融通し合って一緒に使うのが合理的な考え方である。

新型コロナウイルス禍によって労働力が余る企業と足りない企業がはっきり分かれるようになった。その間で従業員シェアリングができるように，間をとりもつ公的なマッチングサービスも登場した。

ただ，従業員シェアリングは対象が人であるのでおのずから労働関連法上の法的制約を受ける。一般的に，従業員シェアリングの多くは，「在籍出向」の形態をとる。出向元にとって，休業をせざるを得なくなった場合の雇用の維持をはかれるだけでなく，事業活動の縮小にともなう一時的な出向であれば事業主による雇用調整助成金の給付を受けられ得る。

次に，労働者の契約に基づく供給は，労働者派遣法に該当する人材派遣の場合以外認められないのが原則である。ただ，労働者供給が「業として」行われていなければ，労働者派遣法に違反しない。

X / DX

　X は，アルファベットの最後から 3 番目の文字にすぎないが，法律英語として一定の意味を与えられ使われてきた。いま，デジタル社会のなかで新しい用法が生まれ，用語として登場する機会が増えた。

　伝統的な X の用法としては，英文契約実務に関するものが多い。契約締結のためのサイン欄に，字の書けない人が署名の代わりに書くときに使う。put one's x on the contract は「契約にサインする」と訳せばよい。

　また，契約文言において誤りや削るべき箇所を見つけた際に，誤り・抹消などを示すしるしとして，この文字を用いる。

　近年，X はデジタル化が進むなかで「DX の推進を優先課題とする」のような使い方をすることが多くなった。**DX** は digital transformation の略で，デジタル技術を活用してビジネスなどを変えていくことである。それならば，DT と略さないのはなぜだろうか。

　それは，transformation の trans- を X と表記する慣行が英語にあるからである。ちなみに，接頭辞 trans- はラテン語を語源とし，原義は，across，beyond で「超えて，横切って」である。ここから transformation は，「変換，変革」を意味するようになった。

　DX が，上述のとおり，デジタル化による変革を意味するのはすぐわかるが，デジタル技術によって，広く世の中をよりよくしていくとの広い意味をもつ。さらに X は「未知なる革新」を含意するので，戦略的なビジネスのイノベーションを志向する用語としてさかんに使うようになった。

　そのきっかけとなったのは，2018年に経済産業省が発表した「DX レポート」である。同レポートは，「2025年までに，企業はデジタル技術を活用して，業務・製品・サービス・組織・ビジネスモデル・顧客を変革して，デジタル競争で優位に立つように」として，広く DX 推進を企業に訴えかけた。

　短文投稿サイト Twitter（ツイッター）の運営会社 X は，2023年 7 月，ブランド名とロゴデザインを「X（エックス）」に変更した。「X」には，決済や通販，動画配信などあらゆる機能を集約する意味を込めたと説明されている。

なお，映画には，「未成年者お断り」のような指定表示（film rating）があるが，これを X 指定（X rating）などと示すことがある。

他に映画の rating の例としては，アメリカの MPAA（Motion Picture Association of America）の決定した G，PG，PG-13，R，NC-17，やイギリスの BBFC（British Board of Film Classification）の決定した U，PG，12A，12，15，18，などがある。

事 項 索 引

A － Z

actual damages ·············· 15, 127
ADR（alternative dispute resolution）
·································· 62, 100, 154
AI································· 201
as well·····························30
association football ···················310
attorney-client privilege ··············318
B.F.P.（bona fide purchaser）·········208
bill of rights··························31
box-top license·······················282
CISG ··········· 80, 81, 114, 199, 255, 268, 287
closing ·························· 260, 277, 278
company ···························145, 190
corporation ·························146
decisive···························11
deed··················· 11, 52, 98, 177
Deep Pocket Theory ·················243
diligence ················· 71, 160, 358
diversity case·······················164
dry law···························65
dry lease··························65
EDI（electronic data interchange）···237, 407
encumbrance ·················194, 367
enforceable by law············· 25, 266, 288
exclusive negotiation ······75, 173, 209, 309, 376
FA·······························309
feudalism ·························185
FP（facilitation payment）··············182
GDPR··························· 129, 131, 133
goods and chattels············· 27, 206
ICC（International Chamber of Commerce）
·····························47, 147, 227, 407
IFRS（International Financial Reporting
Standards）························18
injunction···············55, 241, 297, 345, 389

IR（integrated resort）···············354, 355
ISDS（Investor-State Dispute Settlement）
·································155
IT····························· 131, 353, 383
JCAA（Japan Commercial Arbitration
Association）··················· 47, 227
KEDO（The Korean Peninsula Energy
Development Organization）·········117
kickback ·························247
kickoff···························247
kickout clause······················247
LBO（leveraged buyout）···············84
litigation··························61
LOI（letter of intent）
··············· 75, 149, 173, 209, 280, 309, 376
M & A（merger and acquisition）
·························· 84, 209, 277
MAC（material adverse change）·········260
MBO（management buyout）···········84
modify····························32
mortgage ·························367
MOU（memorandum of understanding）
··············· 149, 266, 280, 427
NATO ··························200
net-net-net lease····················· 5
obligation························· 64, 285
PBR···························305
POA（power of attorney）···········163, 403
pre-emptive right··················344, 357
principal··················· 23, 235, 313
reimburse ·························221
retroactive effect·····················92
retroactive law ·····················92
right of common·····················105
ROE···························305
SEC··························· 18, 247, 361
secret agent·······················24

SMS……384	検索の抗弁権……214
specific performance……55, 241, 345, 389	限定列挙……175, 447
statute of frauds……26, 266	権利放棄条項……418
U.C.C.……115, 190, 208, 256,	権利放棄の原則……419, 433
290, 350, 369, 424, 440	幸福追求権……448
transaction……202	コーポレートガバナンス・コード……353
UNCITRAL……48, 61, 288	個人情報の保護に関する法律……131
work product……318	コミットメント……251
	コンプライアンス……13, 108, 160, 183, 335

■■■■ あ 行 ■■■■

コンプライアンス……13, 108, 160, 183, 335

故意……153, 246

公知……328, 329

合弁契約……45, 117, 138, 179, 344

国際連合条約（ニューヨーク条約）……46

アービトラージ……45

アプリ……42

アーンアウト方式……85

移転価格税制……421

委任契約……23, 403

インコタームズ……407

インストール……42

ウィーン国際物品売買条約……26

ウェブサイト……384

ウクライナ侵攻……200

英米法（コモンロー）
……15, 23, 25, 53, 55, 110, 122, 127, 188, 252,
285, 297, 337, 345, 367, 418, 433, 439, 450

オンラインモール……336

■■■■ さ 行 ■■■■

催告の抗弁権……11, 214

サイバー攻撃……44

債務不履行……8, 55, 68, 73, 80, 114, 143, 253,
269, 330, 349, 364, 367, 418, 433, 450

先買権……343

差止請求権……345

差止命令……55, 297, 345

サブスクリプション……43

シェアリングエコノミー……452

資本コスト……304

商慣習……82, 103, 126, 331

信義誠実の原則……208, 269

新型コロナウイルス禍……452

ステークホルダー……448

スワップ契約……276

製造物責任（PL）
……11, 15, 127, 222, 236, 243, 254, 370

全部賠償の原則……255

租税条約……275, 306

■■■■ か 行 ■■■■

ガザ侵攻……200

瑕疵担保責任……114, 439

カジノ……354, 355

カーボンプライシング……442

危機管理……360

コベナンツ……124

仮処分命令……234, 242, 345

管轄合意……238, 244, 413

完全合意条項……78, 119, 401

危険の引受……51, 359

義務の懈怠……80

禁反言の原則……419, 433

衡平法（エクイティ）
……53, 55, 69, 252, 297, 345, 390, 418

契約自由の原則……115, 256

■■■■ た 行 ■■■■

第三者……6, 73, 220, 277, 279, 281, 317, 416

諾成的消費貸借……251

担保付き債権……367

地政学リスク……200

注意義務……330, 333, 403

仲裁規則 ································48
仲裁条項 ··········· 12, 45, 47, 189, 227, 406
ディスカバリー ······················152, 317
デジタルプラットフォーム ··················336
データサプライチェーン ···················109
データポータビリティ ·····················129
特定履行 ················ 55, 297, 345, 390

■■■■■■ は 行 ■■■■■■

反トラスト法 ·······························52
秘匿特権 ·····························317, 451
秘密保持条項 ························· 7, 405
不可抗力事由 ·················· 176, 302, 443
復任権 ··································403
不法行為 ·················15, 56, 127, 162, 233,
243, 253, 279, 333, 345
プライバシー権 ··························109

ブラウザ ·································42
フランチャイズシステム ··················192
法人格否認の法理 ························431
法的拘束力 ············· 25, 72, 75, 102, 149

■■■■■■ ま 行 ■■■■■■

マグナ・カルタ ······················· 97, 119
メイフラワー号 ··························107
無担保債権 ·····························367
黙示の保証の原理 ························439

■■■■■■ ら 行 ■■■■■■

ライツプラン ···························356
リスク管理 ····························360
例示列挙 ·························175, 447
連帯責任 ····················· 243, 370, 372

《著者略歴》

長谷川　俊明（はせがわ　としあき）

　1973年早稲田大学法学部卒業。1977年弁護士登録。1978年米国ワシントン大学法学修士課程修了（比較法学）。元司法試験考査委員（商法）。国土交通省航空局総合評価委員会委員。現在，弁護士として，企業法務のなかでとくに国際取引や国際訴訟を扱う傍ら企業の社外役員を務める。長谷川俊明法律事務所代表。

『ビジネス法律英語入門』（日経文庫），『はじめての英文契約書起案・作成完全マニュアル』（日本法令），『ローダス21最新法律英語辞典』『法律英語の使い分け辞典』（東京堂出版），『改訂版　条項対訳　英文契約リーディング』『改訂版　法律英語と紛争処理—民事訴訟手続，ＡＤＲ，倒産手続　他』『新訂版　法律英語のカギ—契約・文書—』『法律英語とガバナンス』（以上，第一法規）『アフターコロナの「法的社会」日本　社会・ビジネスの道筋と転換点を読む』（経済法令研究会刊）など，著書多数。

サービス・インフォメーション

――――通話無料――――

①商品に関するご照会・お申込みのご依頼
　　　　TEL 0120(203)694／FAX 0120(302)640
②ご住所・ご名義等各種変更のご連絡
　　　　TEL 0120(203)696／FAX 0120(202)974
③請求・お支払いに関するご照会・ご要望
　　　　TEL 0120(203)695／FAX 0120(202)973

●フリーダイヤル（TEL）の受付時間は、土・日・祝日を除く
　9：00～17：30です。
●FAXは24時間受け付けておりますので、あわせてご利用ください。

改訂第2版　法律英語の用法・用語

2025年3月25日　初版発行

著　者　　長　谷　川　俊　明

発行者　　田　中　英　弥

発行所　　第一法規株式会社
　　　　　〒107-8560　東京都港区南青山2-11-17
　　　　　ホームページ　https://www.daiichihoki.co.jp/

法律英語2　ISBN978-4-474-04794-5　C2034（4）